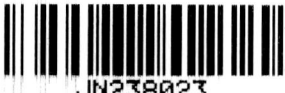

科学でわかる
お菓子の「なぜ?」

基本の生地と材料のQ&A231

監修
辻製菓専門学校
●
共著
中山弘典
木村万紀子

柴田書店

観る、感じる、疑問を持つ
そして疑問を解く科学の目が、お菓子作りの上達のコツ

卵、砂糖、小麦粉、バター、たったこれだけの材料を混ぜ合わせるだけで、おいしいお菓子ができあがります。

お菓子作りの一番の面白さは、これらの材料を、もとの姿からは想像できないような、まったく新しい味と形に変身させることができるという点です。

シュー生地やスポンジ生地をオーブンに入れてじっと眺めていると、時間が経つにつれて、どんどんふくらんで大きくなっていきます。その様子を見ているだけで、期待がふくらみ、わくわくするものです。

しかし、何らかの原因で、一瞬にして悪夢を見ることもあります。「スポンジ生地がうまくふくらまず、かたくなってしまったのですが………」などという、すがるような思いの質問を受けることがあります。いったいどんな作り方をしたかと問いかけると、「本に書いてあるとおりに作りましたが………」と返ってきます。

順を追って話を聞いていくと、確かに手順は本に書いてあるとおりのようです。ただ、手順が同じでも、泡立てる、混ぜるなど、ひとつひとつの工程を終えたときの生地の状態は明らかに違うのです。

その多くは、卵の泡立て方の不足、混ぜ過ぎ、焼き過ぎが原因です。この本は、参考配合例の生地を例に、ベストな状態の見極めのポイント、そうするためのコツを中心に伝え、成功に導くことを目的としています。着地点を知り、そこに到るまでのプロセスが確実にわかれば、失敗は回避できるのです。

お菓子作りで大切なのは、材料を混ぜ合わせて生地を作っているときも、オーブンに入れて焼いている間も、生地の状態の変化をよく「観《み》る」ということです。あえて「観る」と書いたのは、単に様子を眺めるのではなく、じっくりと観察することの大切さを伝えたいからです。五感をはたらかせて、生地が伝えてくる何かを感じ取るのです。

そして、材料を混ぜる順番がなぜそうなっているのか、どうしてここで生地を温めるのかなど、「なぜこうするのか？」ということに、常に疑問を持つことが大切です。さらに、どうしてふくらむのかというような、「なぜそうなるのか？」を考え

ること、そして、これらの答えを知ることが、上達するための一番のコツだと思います。

本書では、その疑問を一問一答のＱ＆Ａ方式にして、木村万紀子さんに科学的な目で裏づけしてもらいました。伝承されてきたお菓子作りの技は、先人が失敗と成功をくり返すことで確立されてきたものですが、時代を経て、「なぜこうしてきたか」という理由が、科学的な裏づけによって、より理解しやすくなってきました。

また、生地の配合例を示すとともに、どのような法則に基づいて生地の配合を決めているのか、小麦粉や砂糖を別の種類に変えたときに仕上がりがどのように違ってくるか、などを掘り下げて解説しているので、自分なりに独自のお菓子を生みだすときに役立てていただけると思います。

お菓子作りでは、技術面だけでなく、それぞれの素材が持つ性質をきちんと理解することも必要です。読者のみなさんが活用しやすいように、作り手の視点から、お菓子作りの基礎知識を一冊にまとめてみました。

最後に、もの作りにおいては、失敗を恐れない勇気と成功するための努力が、上達につながる最大のコツであることを書き添えさせていただきます。

本書が皆さんのお菓子作りの上達にお役に立てることを願っています。

2009年3月

中山　弘典

科学でわかる お菓子の「なぜ？」　目次

［共立てのスポンジ生地Q&A］

CHAPTER 2
別立てのスポンジ生地

［別立てのスポンジ生地Q&A］

CHAPTER 5
パイ生地

CHAPTER 6
シュー生地

撮影／高島不二男
装丁・レイアウト／石山智博
編集／佐藤順子

凡例

＊「お菓子　作り方のなぜ?」47～212頁のQに添えた★印は、技術の難易度を示すもので、★が増えるにしたがって、より難しい技術の解説であることを意味しています。★の数は1つから3つまでです。

＊→○頁、あるいは参考（マークはCHAPTERごとに変えています）として頁数を表記している場合は、○頁を参照してくださいという意味です。

＊STEP UPでは、それぞれのAをさらに詳しく解説しています。

＊本書の生地やクリームなどの状態の比較は、各CHAPTERの冒頭で解説している参考配合例を標準とし、比較したものです。

＊文中で砂糖と表記しているのは、とくに断りのない場合はグラニュー糖を使用した場合の解説です。

＊引用したグラフや表の出典は、巻末に引用文献、参考文献としてまとめています。

お菓子作りを
はじめる前に

知らなかったお菓子の話　Q&A

Q　バースデーケーキの習慣は、いつどこで生まれたのですか?

A　ギリシャで神の誕生を祝ってささげられたのが始まりです。

誕生日には、お祝いのケーキが欠かせません。ケーキにろうそくをともし、願い事を込めて吹き消して、みんなで誕生日を迎えられたことを祝福するというのは、幸せなひとときです。

このようにバースデーケーキで祝う風習は、ギリシャの神様の誕生を祝うのにささげられた食べものから始まりました。そして、中世ヨーロッパになって、人々の誕生の際にもケーキが作られるようになりました。ケーキにろうそくを立てるのは、ギリシャ神話に登場するアルテミスと関わりがあります。アルテミスは月と狩猟の女神であり、彼女の誕生日に食べものをささげるときに、女神のシンボルである月の光をろうそくにして飾ったことが、今に伝わっているのです。

現在のような形のバースデーパーティーは、13世紀頃ドイツで始まったキンダーフェステが起源であると言われています。誕生日の朝に子供が目覚めたら、年齢分のろうそくと、それに加えてもう1本を「命の灯火」としてケーキに飾って火をつけ、子供が願い事をして火を吹き消したそうです。

Q　日本ではいつ頃からクリスマスケーキを食べるようになったのですか?

A　1910年頃始まって、1950年代にポピュラーになったとされています。

日本のクリスマスケーキのルーツは、1910年頃に売り出されたプラムケーキに飾りをつけたものです。1922年頃になってバタークリームで飾ったクリスマスケーキが登場し、クリスマスを知らない人々の間でもとぶように売れたという話です。

一般の家庭でクリスマスケーキを食べるという習慣が定着したのは、1950年代中頃からで、その後冷蔵庫が普及して、今のような生クリームのケーキに変わりました。一時期、アイスクリームのクリスマスケーキがよく売れた時代もありました。

現在の日本では、フランスのビュシュ・ド・ノエル、ドイツのシュトレン、イギリスのクリスマス・プディング、イタリアのパネトーネ、パンドーロなどさまざまな国のクリスマスケーキが作られています。しかし、クリスマスケーキにろうそくを飾る習慣はほかの国にはなく、日本独特のものかもしれません。

Q 丸型のケーキのサイズは「号」で表わされていますが、どれくらいの大きさですか?

A 1号は直径3cmです。3cm刻みで号数が増えていきます。

丸型のデコレーションケーキを買うときに、「号」という表示をよく見かけます。これはケーキの大きさを表わしていて、数字が大きくなるにつれてケーキは大きくなります。1号は直径3cmで、3cm刻みで号数が増えていきます。3cmというのは、昔の尺貫法からきています。一般的なケーキの大きさは、5号(15cm)、6号(18cm)です。

そしてケーキの型もデコレーションケーキを入れる箱も、同じく号数で表示されています。たとえば、5号の型で焼いたケーキを入れるには、5号箱のサイズが適していて、箱を入れる紙袋も同じく5号サイズを選ぶようにします。

このような昔の単位の表わし方は、ほかにも使われています。たとえば、昔のお菓子の配合では、重量は「貫」「斤」、容積は「合」といった表わし方をしていました。食パンを1斤、2斤と表現するのはその名残りです。

ちなみに食パンの1斤は350〜400gくらいで、公正取引委員会が定めるところでは340g以上となっています。

現在では尺貫法は使われていませんが、お米やお酒の「合」「升」などと同じように、お菓子の世界にもまだ「号」という呼び方が残っているのです。

Q ロールケーキのスポンジ生地が割れてうまく巻けないのはなぜですか?

A 生地が乾燥してしまったのです。

ロールケーキのスポンジ生地を巻くときに、亀裂が入って割れてしまったという失敗を耳にすることがあります。この原因としては、焼くとき、あるいは冷ますときに生地が乾燥してしまったことが考えられます。

1　高温短時間で焼く

ロールケーキにするスポンジ生地は、プレートいっぱいに生地を薄く流して焼きます。高さのある型に入れて焼くときよりも表面積が大きく、焼いている間に生地から水分が蒸発しやすいため、高温でさっと焼きあげるのが特徴です。

焼く温度が低くて焼きあがるのに時間がかかったり、焼き過ぎてしまうと、生地が乾燥し、ロールケーキを巻いたときに割れてしまいます。

2　生地を冷ますときに、紙をかける

プレートで薄く焼いた生地は、表面積が広いので、オーブンから出して冷ますときに、どんどん水分が表面から蒸発して乾燥しやすくなるのです。そのため、取り出した生地の上に紙をかけて冷まします。

ロールケーキの場合は、まだ少し温かさが残る状態でビニール袋に入れると、生地がしっとりとして巻きやすくなります。

そして、生地を巻くときのちょっとした工夫もあります。生地よりもひとまわり大きな紙を生地の下にしき、巻こうとする箇所の紙の下に長い定規を当てて、定規で紙ごと生地を持ち上げながら、巻《まき》簾《す》で太巻き寿司を巻くときの要領で生地を巻くと、きれいに巻くことができます。

Q　ケーキの上のデコレーションのフルーツをみずみずしく見せるにはどうしたらいいですか?

A　ゼラチン液や寒天液、ジャムやナパージュを塗るといいでしょう。

ケーキの上に飾った生のフルーツをつやよく見せるためには、ゼラチン液（水、砂糖、ゼラチンで作る）や寒天液（水、砂糖、寒天で作る）、アプリコットジャム、ナパージュなどを塗ります。

つやがけ用の材料としては、バターケーキなどの上やフルーツに塗ったり、ムースの表面にもかけることができるナパージュが便利です。

ナパージュには、アプリコット風味（その色からナパージュ・ブロン nappage blondと呼ばれる）、ベリー風味（赤いのでナパージュ・ルージュ nappage rougeと呼ばれる）、味がなく透明のもの（ナパージュ・ヌートル nappage neutre）などがあります。

また、加熱を必要とするタイプと、加熱せずに使えるタイプに分かれます。そして、水や果汁を加えて使うタイプ、そのまま使えるタイプがあります。

加熱せずに使えるタイプは、主に熱に弱いものに使うとその特徴が生かせます。たとえば、生のフルーツの表面に塗っても熱の影響を受けて状態が変わることがありませんし、ムースなどの表面にコーティングする場合には、熱によってムースの表面が溶けることもなくゆっくりと固まるので扱いやすいなどの利点があります。

加熱してから使うタイプは、熱に弱いお菓子には使用できませんが、加熱することによって非加熱タイプに比べてしっかりと固まるという性質があります。そのため、バターケーキ、タルトなどの焼き菓子の表面に刷毛で薄く塗ると、つややかな焼き色を表現すると同時に、それが皮膜となって乾燥をふせぐことができるのです。

Q レシピに書かれている濃度の生クリームが手に入らないときはどうしたらいいですか？

A 濃度の違う2種の生クリームを混ぜ合わせて調整できます。

使いたい濃度の生クリームが必ずしも手に入るとは限りません。そのときには、それよりも濃度が高いクリームと濃度が低いクリームを混ぜ合わせて、求める濃度のクリームを作ることができます。

たとえば、40%のクリームが1000ml（g）欲しい場合。48%と35%のクリームなら手元にあるときには、ピアソンの四角形という方法で、48%と35%をどのくらいの割合で混ぜ合わせたらいいのかを計算することができます。これはA%（高濃度のクリーム）とB%（低濃度のクリーム）を混ぜ合わせて、C%（使いたい濃度のクリーム）を必要量作るときに、A%とB%をどのくらい混ぜたらいいのかを求める方法です。

A%の配合割合がD、B%の配合割合がEをもとに計算できます。

E=A−C
D=−（B−C）

ピアソンの四角形

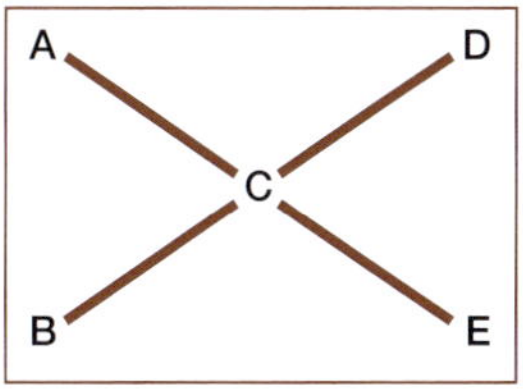

C%の必要量をFとすると

$$\text{A\%の分量} = F \times \frac{D}{D+E}$$

$$\text{B\%の分量} = F \times \frac{E}{D+E}$$

実際の例としてあげたクリームの濃度と量に当てはめて考えてみましょう。

A%（48）−C%（40）＝E（8）
−（B%（35）−C%（40））＝D（5）

Cの40%を1000ml欲しい場合に、Aの48%とBの35%はそれぞれ何mlずつ混ぜたらよいかは、つぎのように求めます。

$$\text{A（48\%）は、} 1000 \times \frac{5}{8+5} = 384.61\cdots$$

$$\text{B（35\%）は、} 1000 \times \frac{8}{8+5} = 615.38\cdots$$

この計算によって、48%のクリーム385mlと、35%のクリーム615mlを混ぜ合わせると、40%のクリームが1000mlできるということがわかります。

Q シフォンケーキでは、型に油脂を塗ったり、紙をしかずに焼きますが、生地が型にくっついてもいいのはなぜですか？

A 小麦粉が少ない配合なので、しぼまないよう焼きあがりに支えが必要だからです。

シフォンケーキは、生地に水分が多く、しっとり、ふわふわしたやわらかさが特徴のケーキです。軽く仕上がるのは、卵の割合が多く、小麦粉が少ない配合で、卵白をボリュームが出るまでしっかり泡立てて作るからです。専用の高さのあるリング状のシフォン型に入れて焼くと、型の上までふくらんで、かさが高く焼きあがります。

一般的に型に入れて焼くケーキは、焼きあがったときに、型からすっと取り出せるように、型にバターを塗って小麦粉をふるか、紙をしくのですが、シフォンケーキは、あえて型に直接くっつくように、型にそのまま生地を流し入れて焼きます。

わざわざ型にくっつくように焼くのには、理由があります。泡立てた卵白によってふわっと大きくふくらんだ生地は、そのふくらみを支える小麦粉が少ないので、オーブンの中ではふくらんでいても、焼きあがってオーブンから出したときに、しぼみやすいのです。ふくらんだ形をそのままに保つために、型に生地がはりつくようにしておくと、それが生地の支えとなって、ふくらんだまま仕上がってくれるのです。

また、生地の重みと重力でしぼまないように、型ごとひっくり返して冷まします。このときにそのままひっくり返すと、型の上までふくらんだ生地を押しつぶしてしまうので、リングの空洞部分にビンをはめて固定し、台から型を浮かせた状態で冷ますという、独特の方法をとります。完全に冷めてから、専用のナイフでていねいに型から生地をはがして取り出します。

シフォン型がリング状になっているのも、生地の真ん中がへこむことなく生地を支えてくれるのに、ひと役買っています。

Q マドレーヌの真中がぷっくりとふくれて割れるのはなぜですか？

A 生地中の水分は、最終的に中心部から抜けていくからです。

マドレーヌは上手に焼けると、真中がぷっくりとこぶのようにふくれて、割れ目ができます。

マドレーヌをオーブンに入れると、生地中の水分が加熱によって水蒸気に変わります。水よりも水蒸気の体積が大きいために、全体がふくらみます。そのとき、熱は生地の周囲から中心に向かって伝わり、最後に中心部に火が通ります。その中心部で、生地中の水分が水蒸気となって抜け出るときに、すでに焼き固まった生地表面を押し上げて、ついには突き破ると割れ目ができます。ベーキングパウダーを加えて作るので、発生したガスによって、さらに大きく中心部が割れます。

ちょうど、バター生地をパウンド型に入れて焼いたときにできる中央の割れ目と同じです。マドレーヌもまたバター生地の一種で、中心部の生地に厚みがあるため、同じことが起こるのです。

参考…114頁／291頁

Q フルーツのシロップ煮をのせてタルトを焼いたら、焼きあがった生地の一部がやわらくなったり、焦げて型にくっついてしまったのはなぜですか?

A シロップ煮とタルト生地が接してしまったからです。

洋ナシのタルトなどに代表されるフルーツのシロップ煮をのせて焼いたタルトは、タルト生地を型にしき込み、フィリング（中身）にアーモンドクリームなどを絞り出し、フルーツをのせてオーブンで焼きます。

この種のタルトで、焼きあがったときに、タルト生地の一部分だけがやわらかくなり過ぎたり、縁が黒く焦げて型にくっついてしまうことがあります。

その原因は、フルーツがタルト生地と接してしまったからです。すると、オーブンで焼いている間に、フルーツから糖分を含む水分が出てきて、それをタルト生地が吸収し、その水分で生地がやわらかくなったり、糖分で焦げてしまうのです。

ですから、フルーツをのせるときは、生地と少し間隔をあけるとよいでしょう。

Q マカロンのつるつるした表面とピエはどうしてできるのですか?

A 表面を乾燥させてから焼き固めるので、底の縁からやわらかい生地がはみ出してできます。

フランスには地方ごとに有名なマカロンがあります。つるつるした表面のマカロンは、マカロン・パリジャン（Macaron parisien＝パリのマカロン）、またはマカロン・リス（Macaron lisse＝リスはなめらかな、すべすべしたという意味）と呼ばれています。

このマカロンは、卵白に砂糖を加えて泡立てて、タン・プール・タン※と粉砂糖を混ぜ、丸く絞り出して、オーブンで焼きます。焼きあがりは平たいドーム形にふくらみ、その底同士をジャムやバタークリームなどでくっつけて、ころんとした形にするのが一般的です。かむと表面のぱりっとした薄い膜が割れて、しっとりした生地に達してアーモンドの香りが口に広がる、そのコントラストを楽しむお菓子です。

美しい仕上がりのマカロンの条件は、第一に表面がつるつるして光沢があること、第二に底の縁に少し生地がはみ出してピエ（pied＝足の意味）ができているということがあげられます。どうしたら、こんな美しいマカロンができるのでしょうか。

表面の薄い膜は、配合上、砂糖が多いことから、焼きあがったときに過飽和を起こして、表面に砂糖が析出したためです（→80頁）。

それをつるんとした状態に仕上げるためには、メレンゲとタン・プール・タンと粉砂糖を混ぜ合わせてから、カードなどを使ってボウルの縁または底に生地をこすりつけるようにして混ぜて（マカロナージュ macaronage）、メレンゲの気泡を適度につぶして、なめらかで流れるようなつやのある生地にするのがポイントです。混ぜるほど、気泡が壊れて生地に流動性が出てくるので、どこまで混ぜるかが重要なのです。

生地をいくつも絞り出したときに、絞り終わりに生地を切った跡が、何個か絞っていくうちに消えていくくらいのかたさで、生地は絞ったときよりいくぶん広がるぐらいの状態にするのがちょうどよいでしょう。

そして、触ってもくっつかなくなるくらいまで表面を乾燥させてからオーブンに入れ、さらにオーブンで表面を乾燥させるように焼きます。ある程度ふくらんで表面がしっかりと焼き固まった状態で、さらにもう少しふくらもうとしたときに、上に向かってふくらむのが抑えられて、底の縁のやわらかい部分から生地が横にはみ出したようになってできたのがピエです。

ピエを上手に作るためには、生地の混ぜ具合に加えて、焼き具合が大切です。乾燥させてから、200℃のオーブンで表面を約2〜3分さっと焼いて、すぐに150〜160℃くらいのオーブンに移して7〜10分くらいかけて焼くようにします。

※タン・プール・タン：アーモンドと砂糖を同量ずつ合わせて粉末に挽いたもの、またはアーモンドパウダーと粉砂糖を同量ずつ混ぜたものでも代用できる。

Q フランスのお菓子のレシピで、小麦粉の欄にType45と書いてあるのは何ですか？　日本の粉を使用するときはどうしたらいいですか？

A フランスでの小麦粉の区分です。Type45は、日本では薄力粉で置き換えます。

フランスでお菓子を作るときには、一般にType45、55という小麦粉を使います。これらは灰分量で分類されており、Type45の成分は、灰分含有量0.5%以下、タンパク質含量11.0%以上で、Type55は、灰分含有量0.5〜0.6%、タンパク質含量11.5%以上という規格で作られています。

日本では、タンパク質量によって、薄力粉、中力粉、準強力粉、強力粉に分類し、外皮の混入割合によって1等粉、2等粉と等級を分けて、等級が下がるほど外皮の混入割合が多くて灰分の数値が高くなっており、この区分の方法はフランスとは違います。

Type45、55は日本の小麦粉と比べると灰分が多いので、日本の等級では2等粉に当たります。だからといって、これらの質が日本の特等粉や1等粉に劣るというわけではありません。フランスと日本では小麦粉の考え方や求める味などが違うのです。また、小麦の品種、栽培の環境、粒子の細かさなども違っており、成分だけでは小麦粉の性質をはかれないところがあります。

それでも、フランスのレシピを日本で再現するときに、日本の小麦粉で置き換えなければなりません。その場合は、Type45は日本の薄力粉に近く、Type55は中力粉、Type65や80は準強力または強力粉に近い粉というように考えましょう。

Q クレーム・ブリュレによく使うカソナードとは何ですか?

A 精製度が低くて赤っぽい色をした、フランスでよく使われる砂糖です。

クレーム・ブリュレは、表面にこうばしいキャラメルの層があり、それをスプーンでぱりんと割りながら、中のとろっとしたクリームと一緒にいただくお菓子です。

このキャラメルを作るのに欠かせないのが、カソナード。クレーム・ブリュレのクリームの表面にカソナードをかけて、バーナーで焼いてキャラメリゼするのです。

カソナードはサトウキビの搾り汁を煮詰めて結晶化させた粗糖で、フランスのシュクル・ルー(赤砂糖)に分類されます。精製度が低いため、独特な甘みと風味が残っているのが特徴です。フランスではよく使われる砂糖で、このようにグラニュー糖以外の砂糖を使って、お菓子に個性を出すこともできます。

Q 黄色と茶色のモンブランがありますが、何が違うのですか?

A 使用する栗の違いです。
黄色は日本の栗甘露煮、茶色はフランスの栗の色です。

日本には、黄色いモンブランと茶色のモンブランがありますが、この色の違いは原料の栗の違いからきています。

フランスの栗を使うとモンブランは茶色になります。しかし、日本で最初にモンブランが出回り始めたときは黄色でした。それは、くちなしで黄色く色づけられた、日本の栗の甘露煮を使っていたからです。

現在は、フランスの栗をペーストやクリームにしたものが手に入るので、それを使って作るお菓子屋さんも多くなりました。それで、日本には黄色と茶色のモンブランがあるのです。

フランスの栗は日本のものよりタンニンという成分が多く、加工したときに茶色くなります。また、フランスでは栗を加工するときに、渋皮と一緒に加工する場合が多いので、それによっても茶色くなります。

Q キャラメルやサブレに塩味がついているものが売られていますが、塩味のお菓子は昔からあったのですか?

A フランスの地方菓子に見られます。塩の名産地で生まれた塩分を含んだバターで作ったお菓子には塩味がついています。

お菓子は甘い味が主体ですが、そこに塩を加えると甘みが引き立ち、味に締まりが出るので、塩をほんの少し加えることもあります。

本書では、タルト生地、パイ生地、シュー生地で、塩味を感じない程度に塩を加えた配合を紹介しています。また、パイ生地や発酵生地などでは、塩が生地に弾力を与えてくれるといったように、見えないところで塩が役立っています。

このように、お菓子に塩を少しだけ加えることはあるのですが、それとは別に、塩味がついているキャラメルやサブレというのも存在します。これらは、フランスのブルターニュ地方で古くから愛されている地方菓子で、そのサブレは、ガレット・ブルトンヌ（Galette bretonne＝ブルターニュ風ガレット）と呼ばれ、ブルターニュの地方名を冠している代表的なお菓子です。

ほかには、クイニー・アマン（Kouign amann）が有名で、ブルターニュの方言で、クイニーはお菓子、アマンはバターを指しており、バターの香り豊かな発酵菓子です。

これらのお菓子に塩気があるのは、この地方で作られるバターそのものに塩分が多く含まれているからです。フランスでは無塩のバターが主流の中、塩がバターに含まれているのは、ブルターニュ地方のゲランドが世界的に有名な塩の産地であるためで、産物の塩をバターに練り込むというのは、バターの風味を引き立てるという意味で、自然の流れだったのでしょう。

最も塩分が多く含まれているバターは、塩味のバターという名のブール・サレ（beurre salé）で、塩分が3%以上も含まれています。これよりも塩分が少ないバターは、ブール・ドゥミ・セル（beurre demi - sel）という塩分含有量が0.5～3%のものです。日本の有塩バターの塩分含有率（1.5%前後）と比較すると、かなり塩分が多いのがわかりますね。ですからこれを使用すると自然とお菓子に塩味がつくのです。

お菓子屋さんが商品を考える上で、フランスの地方菓子や特産物、あるいは古典書などを読んでヒントにすることもあり、その時代のトレンドに合わせてアレンジします。そういう中から生まれた新しい塩味のお菓子もあります。

Q コンフィチュールとジュレの違いは何ですか?

A コンフィチュールはジャムで、ジュレはゼリーです。

コンフィチュール（Confiture）とはフランス語でジャム類の呼び名で、果物や野菜などをゼリー化するまで煮詰めたものです。ジュレ（Gelée）とはゼリーのことで、果肉が入っていないので透明感があります。

ジャムと言えば、日本では、甘さ控えめの低糖度のジャムの人気が高くなってきていて、糖分40%以上のものにジャム類の名称がつけられますが、ヨーロッパでは60%以上、アメリカでは65%以上のものをジャムと呼んでいるところに違いがあります。

Q ギモーヴとマシュマロは同じものですか?

A 同じです。植物からとった名前で、ギモーヴはフランス語で、マシュマロは英語です。

マシュマロ（Marshmallow）は英語で、フランス語ではギモーヴ（Guimauve）と言い、フランスのお菓子屋さんでも売られています。

マシュマロもギモーヴも、日本でウスベニタチアオイと言われる植物の名前です。この植物の根は粘液を多く含み、どろどろのペースト状になります。これがマシュマロを作るためのオリジナルの成分と言われています。また、糖も含まれており、甘みもあります。

古代ローマ時代から薬用とされていて、19世紀半ばにフランスで咳止めや喉の痛みをやわらげる薬用食品として、卵白や砂糖を加えたやわらかいマシュマロの原型が作りだされたそうです。

現在のマシュマロにはこの薬用成分は含まれていません。熱いシロップを加えながら卵白を泡立てて、そこにゼラチンを加えて、フルーツのピュレや香料を加えて作ります。

お菓子作りの器具　Q&A

Q 家庭でお菓子作りを始めるときに、器具はまず何から揃えたらいいですか？

A 測るための秤《はかり》、混ぜるためのボウルと泡立て器とゴムべらとカード、焼くための型とオーブンがあれば十分です。

お菓子作りに必要な器具は、想像するよりもずっとシンプルです。

口径21cmと24cmくらいのステンレス製ボウルが2つ、ボウルの口径の1～1.5倍の長さの泡立て器、ゴムべら、カード、型、そして秤とオーブンがあれば、たいていのお菓子は作れます。

ボウルの大きさは、「大は小を兼ねる」ということはありません。分量に対してボウルが大きすぎると、泡立てにくかったり、生地が混ざりにくいことがあります。また、背の高いシフォン型などは、オーブンに入れたときに高さがぎりぎりのものではきれいに焼きあがりません。

ボウルや型は、作る分量やオーブンの大きさに合わせて買い求めるようにしましょう。

参考…223～225頁

Q 手持ちのケーキ型のサイズが、レシピのサイズと違うときの分量の計算方法を教えてください。

A 丸型ならば半径から、それ以外の型は体積を計算して割り出します。

自分が使いたいケーキの型のサイズが、レシピに書かれている大きさと違うときは、使いたい型に合う分量を計算して割り出して作ります。

1　使いたい型もレシピで使用している型も丸型の場合

家庭でよく使われる大きさのスポンジケーキのような丸型では、高さがほぼ同じサイズが多く、この場合は大まかな目安として、型の半径から計算することができます。

$$X = (\text{使いたい型の半径})^2 \div (\text{レシピの型の半径})^2$$

レシピの分量にXをかけると、使いたい型で作る場合の分量を簡単に求めることができます。

2　それ以外の場合

型には、丸型、角型のほか、装飾をほどこした変形型もあります。どちらも丸型でない場合は、それぞれの型の体積（下記①～③で計算）を求めて、Xを計算し、レシピの分量にXをかけて、使いたい型の分量を出します。

①丸型　：　半径　×　半径　×　3.14（円周率）×　高さ
②角型　：　縦　×　横　×　高さ
③変形型：　型に水を入れて、その水の重量を測る。水は$1g＝1cm^3$であるので、その値を体積とする。

X＝使いたい型の体積÷レシピの型の体積

Q　型の材質は、何を選べばよいですか?

A　熱伝導、耐久性、手入れの方法、重量などを考えて決めましょう。

お菓子の型は、ブリキ、アルミニウム、ステンレス、アルタイト、シリコン製のものがよく使われています。また、型に生地がくっつきにくいように、表面にフッ素樹脂加工をほどこしたものもあります。

型の材質によって、生地への熱の伝わり方（熱伝導）が異なり、熱伝導がよいものを使うとお菓子に焼き色がつきやすいという特徴があります。

だからといって、熱伝導がよい材質を選べばよいのかというと、そうとも言いきれないのは、家庭で使う場合は、手入れのしやすさという点も重要だからです。

たとえば、ブリキの型は熱伝導がよく、お菓子を焼くにはよいのですが、家庭で使うとなると手入れに手間を感じる人も多いと思います。初めて使うときには、あらかじめ型をオーブンに入れて空焼きしておかないと、生地が型にくっついてしまったり、耐久性が悪くなります。また、長期間使わない場合は、型を洗ったらオーブンで空焼きして完全に乾燥させて薄く油を塗って保存しておかないと、空気中の湿気でもさびてしまうのです。

お菓子屋さんのように、毎日ブリキの型で同じお菓子を焼いていれば、さびないように洗わないできれいに拭くという手入れで十分ですが、しばらく使っていない場合は、使用前にしっかりと手入れを行わなければならないのです。

その点、ステンレスはさびにくく扱いやすいのですが、ブリキほどの熱伝導のよさは備わっていません。

熱伝導のよさ、耐久性のよさ、手入れの簡単さ、型の軽さ（例：アルミニウムは軽い）などの条件の中で、その人が何を重視するかで選ぶ型も変わってくると思います。

家庭で使う場合は、トータルで考えて使いやすいと感じるものがよいのかもしれません。また、作りたいお菓子によって型の材質を変える場合もあります。

この中で、シリコンだけが金属ではなく、その特性を生かした使い方もできるので、紹介しておきましょう。シリコン製の型は、やわらかく生地を型からはずしやすいという特徴があり、約－20～240℃の範囲（製品によって多少違いがある）で使用でき、耐熱性および耐冷凍性に優れています。

そのため、型に生地を入れてオーブンで焼くという使い方以外に、クリームをつめて冷凍すると、その形を崩さずに型からはずすことができるので、ムースの仕込みなどにも使われます。

**Q　オーブンに予熱が必要なのはなぜですか？
また予熱の温度はどのくらいにしたらいいのですか？**

**A　低い温度から焼き始めると、
生地にきれいな焼き色がつかなかったり、乾燥してしまうからです。**

オーブンでお菓子を焼くときには、あらかじめオーブンを焼成する温度に温めておく「予熱」が必要です。

予熱が不十分で少し低い温度から焼き始めると、きれいな焼き色がつかなかったり、温度が低い分、焼き時間が長くなるので、生地が乾燥して焼きあがってしまいます。

ただし、お菓子を入れた瞬間にオーブン庫内の温度が下がるということを考慮して予熱をしなければなりません。

まず、オーブンの扉を開けることで、オーブン庫内に充満した熱い空気が逃げて温度は下がります。次に、中に入れたお菓子（常温くらい）がその熱を奪って、オーブン庫内の温度はさらに下がります。もし、お菓子を入れたときに温度が大幅に下がった場合、急いで温度を上げるには、本来焼成する温度よりも高い温度に設定するか、加熱を急激に上げるための方法をとらなければなりません。とはいえ、オーブンは、急激に温度が上がるときに、ヒーターから本来の焼成温度よりも高い熱が出ます。すると、ヒーターの高熱が直接お菓子に当たって、焼き色が濃くつき過ぎたり、生地の表面が早い段階で焼き固まってふくらみが悪くなってしまうおそれがあります。

そのため、お菓子をオーブンに入れて扉を閉めた時点で、庫内が焼成温度に達するように、予熱温度は、実際に焼成する温度よりも10～20℃高めに設定し、オーブンに入れてから焼成温度に設定し直して焼くようにするのです。

業務用の大きいオーブンの場合、焼成するお菓子の台数が多くなれば、それだけ予熱する温度を少し高く設定します。また、家庭用の庫内が狭いオーブンでは、1台のスポンジ生地を焼くにしても、大きいオーブンに比べて温度が下がりやすいので、やはり少し高めの温度で予熱を行います。

そのほか、パイ生地のように冷やした生地を焼く場合は、オーブン庫内の温度が下がりやすいので、それを考慮した予熱の温度設定にします。

Q オーブンが予熱温度に達しても、すぐにお菓子を入れないほうがいいのはなぜですか?

A 予熱温度に達した直後は庫内が十分に温まっていないからです。

オーブンの加熱の仕組みは、ヒーターから出る熱が7割くらい、庫内の壁面が温められて放熱される熱が3割くらいと言われています。

予熱をするときに、予熱温度に達した直後では、ヒーターの熱でその温度になっているだけで、庫内の壁面までが十分温まっているとは限りません。そのため、予熱温度に達しても、しばらく予熱を続けてその温度を保ってからお菓子を入れるようにします。

このように、十分に予熱すると、扉を開けても温度が下がりにくく、焼成温度の中でお菓子にゆるやかな熱が伝わって焼きあがります。

Q 同じプレートに並べて焼いたお菓子の焼き色が、均一につかないのはなぜですか?

A オーブン内のヒーター近くでは熱が強く当たりやすいからです。

お菓子をプレートに並べた場所によって、焼き色のつき方が違ってしまう場合があります。

通常は、ヒーターに近いオーブンの奥のほうほど焼き色が濃くつき、手前側は薄くなる傾向にあります。また、左右でも差が出ます。

焼き色の違いが気になるときには、焼きあがりに近くなってから、プレートの前後左右を入れ替えて、均一に色がつくように調整します。

特に、シュー生地の焼成では、ふくらんでいる途中でオーブンを開けると、温度が下がってしぼんでしまうことがあるので、十分にふくらんで割れ目にうっすらと焼き色がついてきた頃を目安にします。スポンジ生地は、型で焼く場合もプレートで薄く焼く場合でも、表面にうっすらと焼き色がつき始めた頃がその目安です。パイ生地も同様にふくらみが関係するので、入れ替えるとしたらほぼ焼きあがってからにします。

生地のふくらみが関係しない、タルトやクッキーの場合には、焼き色がつき始めてから、色づきにムラを感じたら入れ替えるようにします。

Q コンベクションオーブンとは何ですか?

A 庫内に熱い空気を大量に噴き出して温度を上げ、電動ファンを回転させてその熱を強制的に対流させる機能を持つオーブンです。

通常、オーブンでプレートを2段や3段に重ねて焼くと、下のほうのプレートには熱が当たりにくくなってしまいますが、コンベクションオーブンでは、熱風がプレート間を通り抜けるので、焼きムラができにくいのが特徴です。業務用になると何段にも重ねて焼くことができるので、スペースを取らず、一度に同じものを大量に焼けるという魅力があります。

コンベクションオーブンの特徴である、焼きムラのできにくさは、長所にはたらくことが多いのですが、焼き色にコントラストを出したいようなパンにまでも、焼き色が均一についてしまうことが、かえって短所と感じることもあります。

また、熱風が対流するので生地が乾燥しやすくなり、クロワッサンのようなさくさく感を求めるパン、パイ、クッキー、乾燥焼きするメレンゲなどを焼く場合には、この特徴が効果的にはたらきます。

逆に、スポンジ生地のようなしっとりした焼きあがりを求めるお菓子の場合には、生地を薄く焼くほど乾燥しやすくなってしまうので、あまり向きません。

また、シュー生地では、生地の表面が早い段階で乾燥してしまうと、ふくらみにくくなります。

そのほか、高く浮き上がらせるブーシェなどのパイでは、対流の際に生じる風を受けて、まっすぐ上に浮かないこともあります。コンベクションオーブンには、風量を調節できる機能がついた機種もあるので、生地の様子を見ながら風量をコントロールすると、うまく焼きあげることができるでしょう。

Q プレートでスポンジ生地を薄く焼くときに、くっつかないようにするにはどうしたらいいですか?

A 紙やシートをしいて生地を流します。

プレートに直接生地を流して焼く場合には、くっつかないように紙やシートをしきます。

簡単に手に入るのは、耐熱性の紙であるクッキングペーパーです。

また、ベーキングシートという、ガラス繊維にテフロン加工がほどこされた、紙のように薄い耐熱性のシートもあります。プレートの大きさに切って使用し、洗って何度もくり返し使えるのが魅力です。

またシルパットという、ガラス繊維とシリコン樹脂でできている耐熱マットも、くり返し使えて便利です。生地離れがよいのと、厚みがあってしっかりしているので、ビスキュイ生地などの場合は、このマットの上に絞り出したあとで、マットの端を持ってプレートに移動させることもできます。厚みがあるので、ベーキングシートに比べて下火の伝わりがゆるやかになります。

Q ケーキ用のナイフはどのようなものを選ぶといいですか?

A 刃が薄く、刃渡りの長いナイフを用意します。

ケーキの断面をきれいに切り分けるには、ケーキ用のナイフが必要です。刃が薄く、材質はステンレス製が一般的です。家庭では刃渡り30～35cmほどのものがいいでしょう。

刃には直線形と波形があります。

スポンジ生地などのふんわりしたやわらかい生地を切るときには、ナイフを前後に大きく動かして切ると、断面がきれいに仕上がります。

パイ生地のようなもろく崩れやすいものを切るときには、刃がぎざぎざな波形のものを使い、力を入れずに包丁を前後に小刻みに動かして切ります。

Q スポンジ生地を同じ厚さにスライスするコツは?

A 金属棒などを当ててスライスします。

スポンジ生地を薄く切って、クリームやフルーツをサンドする場合、スポンジ生地を均等な厚さにスライスするのは、慣れるまで難しいかもしれません。

そのようなときには、切りたい厚みに相当する金属棒などを2本用意し、スポンジ生地の手前と向こうに平行に並べて、ナイフを寝かせて金属棒の上に当てながら切ると上手にスライスできます。

Q クリームでデコレーションしたケーキをきれいに切り分けるには、どうしたらいいですか?

A ナイフを湯で温めて切り分けます。

クリームを塗ったケーキを切り分けるときには、ナイフを湯につけて温め、ぬれぶきんで軽く水気をふき取ってから切ると、ナイフにクリームがつかずにきれいに切ることができます。ナイフを温めることで、ナイフと接するクリームをすっと溶かすのです。これを1回切り分けるごとに行います。

また、ひとつひとつが同じ大きさになるように、均等に切り分けたいものです。あらかじめ切ろうとする位置すべてにナイフで目印を入れて、その段階で大きさを揃えて切る位置の見当をつけてから切り始めると、切っている間に狂うことなく同じ大きさに切り分けることができます。

丸型のケーキには、その目印を正確につけるための専用の等分器（8、10、12、14等分など）があり、ケーキの上にそっとのせると表面のクリームに放射状に切り分ける線がつきます。

お菓子
作り方のなぜ?

お菓子図鑑

本書で取りあげた生地やクリームを組み合わせることで、実にさまざまなお菓子が生まれます。組み合わせは無限にありますが、ここでは定番のお菓子として人々に長く愛され続けているものをご紹介します。

また、これらの生地やクリームにほかの素材を加えてアレンジすると、バリエーションはぐんと広がります。ここにあげるのは、ほんの一例です。みなさんの創造力で新しいお菓子を生みだしてください。

なお、それぞれの配合や作り方は、47頁以降の各チャプターを参照してください。

●共立てのスポンジ生地とシャンティイクリームを使って作るお菓子

いちごのショートケーキ

ガトー・オ・フレーズ

Gâteau aux fraises

共立てのスポンジ生地　＋　シャンティイクリーム

いちごのショートケーキは日本で考案された定番のお菓子で、フランスで見かけることはあまりありません。一般的には共立てのスポンジ生地、シャンティイクリーム、いちごの組み合わせで作られていますが、いちごに限らずいろいろなフルーツが使えるのでアレンジのしやすいケーキです。

共立てのスポンジ生地　パータ・ジェノワーズ　Pâte à génoise

全卵を泡立てて作るスポンジ生地です。いちごのショートケーキの場合は丸型が多いですが、ロールケーキなどを作る場合にはプレートで薄く焼くこともできます。ココア、コーヒーなど、さまざまな風味をつけて作られることもあります。

卵を泡立てて作る代表的な生地のひとつで、この生地がふんわりと焼きあげられるようになれば、お菓子のレパートリーは広がります。

シャンティイクリーム　クレーム・シャンティイ　Crème chantilly

生クリームに砂糖を加えて泡立てたものです。

●別立てのスポンジ生地とバヴァロワで作るお菓子

フルーツのシャルロット

シャルロット・オ・フリュイ

Charlotte aux fruits

別立てのスポンジ生地　＋　バヴァロワ※

※バヴァロワ=アングレーズソース+クレーム・フエテ+ゼラチン

別立てのスポンジ生地を帯状に絞って焼いてケースを作り、その中にバヴァロワを流して固め、フルーツを飾ります。使うフルーツに合わせてバヴァロワの風味を変えるなど、アレンジのしやすいお菓子です。

シャルロットの名前は、その形が帽子に似ているところからその名がついたとか、あるいはイギリス国王ジョージ三世の妃シャルロットに由来するとも言われています。現在のような別立てのスポンジ生地とバヴァロワを使うスタイルは、19世紀の菓子職人アントナン・カレーム（→43頁）によって考案されたという説があります。

別立てのスポンジ生地　パータ・ビスキュイ　Pâte à biscuit

卵白と卵黄を別々に泡立てて作るスポンジ生地です。生地を絞り出して焼いたものを、ビスキュイ・ア・ラ・キュイエール（Biscuit à la cuillère）と言います。キュイエールとはフランス語でスプーンを意味し、その昔、まだ絞り出し袋がなかった頃は、スプーンですくってプレートに生地を置いて焼いたことからこの名がついたそうです。

ビスキュイ・ア・ラ・キュイエールは、小さく絞って粉砂糖をふって焼き、クリームをサンドしてフルーツを飾ったり、プレートに絞り出して大きく焼いて、シャンティイクリームやクレーム・ディプロマートを塗って巻いてロールケーキを作ることもできます。

バリエーションとしては、ココアを混ぜた生地とノーマルの生地を交互に絞り出したり、刻んだナッツ、ピスタチオペーストを加えるなどがあります。

バヴァロワ, クレーム・バヴァロワーズ　Bavarois,Crème bavaroise

バヴァロワはアングレーズソース（クレーム・アングレーズ Crème anglaise）にゼラチンを加え、クレーム・フエテ Crème fouettée（砂糖を入れずに泡立てた生クリーム）を混ぜ合わせて冷やし固めたものです。

●ビスキュイ・ジョコンド（別立てのスポンジ生地の応用）と バタークリーム、ガナッシュで作るお菓子

ガトー・オペラ

Gâteau opéra

ビスキュイ・ジョコンド　＋　バタークリーム　＋　ガナッシュ

薄く焼きあげられたビスキュイ・ジョコンドに、コーヒーシロップをしみ込ませて、ガナッシュ、コーヒー風味のバタークリームを挟んで重ね、チョコレートでコーティングしたお菓子です。1890年頃、フランスの名菓子店ダロワイヨで考案されたと言われています。表面に飾った金箔が、パリのオペラ座のドーム上に立つアポロン像が掲げる黄金の琴のように輝いて見えるところから、オペラの名がついたそうです。

ビスキュイ・ジョコンド　Biscuit Joconde

別立てのスポンジ生地の応用で、アーモンドパウダーを入れて作るアーモンド風味の生地です。

レオナルド・ダ・ヴィンチの名画モナ・リザの、モデルになった女性であるジョコンドの名前が、なぜかつけられています。

バタークリーム　クレーム・オ・ブール　Crème au beurre

本書ではバターにイタリアンメレンゲを混ぜるタイプを紹介しています。ガトー・オペラの場合は、コーヒー（粉末コーヒー、エクストレ・ド・カフェ）を加えて風味づけしたものを使います。

ガナッシュ　Ganache

チョコレートと生クリームを混ぜ合わせて作るチョコレートクリームです。チョコレートボンボンのセンターとしても利用します。

●バター生地を使って作るお菓子

フルーツケーキ

ケック・オ・フリュイ

Cake aux fruits

バター生地

バター生地にアルコールに漬けたドライフルーツを加えて焼きあげます。仕上げに煮詰めたアプリコットジャムを塗り、上にドライフルーツなどを飾りつけてもよいでしょう。ちなみにフランスでは、樹になる実をフリュイ（fruit）と呼び、フルーツだけでなくナッツもその仲間に入ります。

バター生地　**パータ・ケック**　Pâte à cake

バター、砂糖、小麦粉、卵の4つの材料が同じ割合で配合されるのが基本です。この生地には、いくつかの呼び名があります。

フランス語では、カトルカール（Quatre-quarts）と呼ばれ、カトルとは「4つの」、カールとは「1/4」という意味で、4つの材料を1/4ずつ混ぜて作られるお菓子という名前になっています。また、日持ちすることから、旅を表わす語が使われた、ガトー・ド・ボワイヤージュ（Gâteaux de voyage）という名前もあります。

パウンドケーキ（Pound cake）というのは、バター生地をパウンド型で焼いたものを指す英語です。これら4つの材料を各1ポンド（パウンド pound）ずつ使って作られることから、この名がついたそうです。

●タルト生地とアーモンドクリームを使って作るお菓子

洋ナシのタルト

タルト・オ・ポワール

Tarte aux poires

タルト生地　＋　アーモンドクリーム※

※アーモンドクリームまたはクレーム・フランジパーヌ。

タルト生地にアーモンドクリームまたはクレーム・フランジパーヌをつめ、上に洋ナシのシロップ煮をのせて焼きあげます。

タルト・ブルダルー（Tarte Bourdaloue）とも呼ばれ、この名の由来は、その昔、パリのブルダルー通りに店を構えていた菓子職人がこのお菓子を考案したという説と、イエズス会の説教師ルイ・ブルダルーの名にちなんでつけられたという説があります。そのためか、ブルダルーと呼ぶときには、タルトにのせるフルーツは十字に並べることが多いようです。

タルト生地　パート・シュクレ　Pâte sucrée

砂糖が入ったタルト生地を、パート・シュクレと言い、本書では基本のタルト生地として紹介しています。シュクレとは、フランス語で砂糖を表わします。作り方は2種類あり、同じ配合でも作り方を変えるとそれぞれ特徴ある生地に焼きあがります。

アーモンドクリーム　クレーム・ダマンド　Crème d'amandes

タン・プール・タン（アーモンドと砂糖を同量ずつ合わせて粉末に挽いたもの）またはアーモンドパウダーと粉砂糖を同量ずつ合わせたものを、バターに混ぜて、卵を加えたもので、タルト生地のフィリング（中身）としてよく用いられます。

クレーム・フランジパーヌ　Crème frangipane

アーモンドクリームにカスタードクリームを混ぜ合わせたものです。

フランジパーヌの名は、イタリアからフランスにお輿入れしたカトリーヌ・ド・メディシスのお供の、セザール・フランジパーニの名前に由来します。彼は手袋につける香水をビターアーモンドから作っており、その香りをヒントにした菓子職人が、アーモンド風味のクリームにフランジパーヌという名をつけたという説があります。

レモンのタルト

タルト・オ・シトロン

Tarte au citron

タルト生地　＋　レモンクリーム　＋　イタリアンメレンゲ

タルト生地を空焼きしてから、レモンクリームをつめたお菓子で、イタリアンメレンゲを飾って仕上げてもよいでしょう。タルトの技法には、このタルトのように焼きあがったタルト生地にクリームをつめる方法や、洋ナシのタルトのように生地を型にしき込むのと同時にクリームをつめて一緒に焼く方法、または途中まで焼いた生地にクリームをつめてさらに焼くといった方法があります。

タルト生地 (→38頁)

レモンクリーム　**クレーム・オ・シトロン**　Crème au citron

全卵、砂糖、レモン、バターを使って作るクリームです。

イタリアンメレンゲ　**ムラング・イタリエンヌ**　Meringue italienne

卵白に煮詰めた熱いシロップを加えて泡立てたメレンゲです。しっかりとしたかたさがあるので、絞り出しなどのデコレーションに使えます。デコレーションしてから、さらにバーナーで焼き目をつけて、純白のイタリアンメレンゲに変化をつけても美しく仕上がります。

イタリアンメレンゲは、このようにケーキの仕上げに使うこともありますが、バタークリームやムースに加えて軽さを出す役目としても欠かせません。

また、シロップに加える水の一部を果汁やフルーツのピュレに置き換えると、フルーツ風味のメレンゲを作ることができます。

フルーツのブーシェ

ブーシェ・オ・フリュイ

Bouchée aux fruits

パイ生地　＋　クレーム・ディプロマート

ブーシェとはフランス語でひと口という意味があります。パイを型抜きして焼いてパイケースを作り、クレーム・ディプロマートを絞り、フルーツを飾って仕上げます。

パイ生地　**フイユタージュ**　Feuilletage

小麦粉で作ったデトランプ生地でバターを包み、のばしては折りたたむことをくり返して作るので、折り込みパイ生地と呼ばれています。薄い生地が何層にも折り重なって焼きあがるのが特徴です。

この生地を生みだした人として、17世紀頃の画家のクロード・ジュレ、あるいはコンデ公のお抱えの菓子職人のフイエ、料理人ジョセフ・ファーブルなどの名前があがってきますが、結局のところはっきりしていません。原形となるものは、それ以前からあったようです。

クレーム・ディプロマート　Crème diplomate

カスタードクリームにシャンティイクリームまたはクレーム・フエテを混ぜ合わせて作ります。ディプロマートには、フランス語で外交官という意味があります。

●パイ生地とカスタードクリームで作るお菓子

ミルフイユ

Mille-feuille

パイ生地　＋　カスタードクリーム

ミルフイユは、フランス語で千枚の葉という意味があり、折り込みパイ生地で作るお菓子の代表と言えるでしょう。薄くパイ生地をのばして焼きあげることで、幾重にも重なる層の特徴が生かされています。このお菓子もアントナン・カレーム（→43頁）が創作したと言われています。

パイ生地（→40頁）

カスタードクリーム　**クレーム・パティシエール**　Crème pâtissière

直訳すると、菓子職人のクリームで、お菓子作りには欠かせないクリームのひとつです。卵、小麦粉、砂糖、牛乳を合わせて、加熱によってとろみをつけて作ります。

●シュー生地とカスタードクリームで作るお菓子

シュークリーム

シュー・ア・ラ・クレーム

Choux à la crème

シュー生地　＋　カスタードクリーム※

※カスタードクリームまたはクレーム・ディプロマート。

シュー生地の中に、カスタードクリームまたはクレーム・ディプロマートをつめた、定番のお菓子です。日本では明治初期に、フランスの菓子職人サミュエル・ペールが横浜に洋菓子店を開いて売ったのが最初と言われています。

シュー生地　**パータ・シュー**　Pâte à choux

シューはフランス語でキャベツを意味します。形がキャベツのように焼きあがるところからこの名がついたと言われています。
16世紀頃、カトリーヌ・ド・メディシスのお抱え菓子職人ポプランによってこの生地がイタリアからフランスに持ち込まれ、その後クリームをつめるようになったと言われています。

カスタードクリーム (→41頁)

クレーム・ディプロマート (→40頁)

シューの中につめるには、口の中でとろけるようなクリームに仕上げるために、生クリームの泡立ちを少しやわらかくするのがポイントです。

●シュー生地とカスタードクリーム、フォンダンで作るお菓子

エクレア

エクレール

Éclairs

シュー生地　＋　カスタードクリーム　＋　フォンダン

エクレールはフランス語で稲妻という意味で、シューに入った亀裂が稲妻のようだから、また、クリームをつめたら電光石火のごとく食べるほどおいしいからこう呼ばれているという説があります。このお菓子もアントナン・カレーム※が創作したと言われています。フランスのお菓子屋さんでは定番のお菓子です。

シュー生地 (→上記)

カスタードクリーム (→41頁)

写真のエクレアにつめたカスタードクリームは、奥のものにはコーヒー（粉末コーヒー、エクストレ・ド・カフェ）、手前のものにはチョコレートを混ぜています。こ

のほか抹茶やプラリネなどの素材で風味づけするアレンジもできます。

フォンダン　fondant

砂糖と水で作ったシロップを煮詰めて再結晶させたものです。ここでは、クリームの風味に合わせて、コーヒー、チョコレートを加えています。

※アントナン・カレーム（Antonin Carême 1783-1833）：フランスの料理人、菓子職人。ヨーロッパ各地の一流の王侯貴族に仕え、料理長、給仕長として腕をふるい、数々の料理やお菓子を創造した。その経験と知識は、多くの書物にまとめられ、現在に伝わっている。

●チョコレートを使って作るお菓子

チョコレートボンボン

ボンボン・オ・ショコラ

Bonbon au chocolat

ガナッシュ　＋　クーベルチュール

チョコレートボンボンは、トリュフなどに代表される、ひと口で食べられるくらいの小さなチョコレートを指します。本書では、ガナッシュにテンパリングしたクーベルチュールを上がけしたものを紹介しています。
お菓子の名前につけられる「ボンボン（bonbon）」とは擬声語で、おいしいという意味のbonを2度続けた幼児語でもあるそうです。チョコレートだけでなく、ウイスキーボンボンなどのキャンディーにもこの呼び方が使われています。

ガナッシュ　Ganache

チョコレートと生クリームを混ぜ合わせて作るチョコレートクリームです。

クーベルチュール　Couverture

クーベルチュールは、おおうというフランス語からきている名前で、カカオバターが多いチョコレートです。チョコレートボンボンでは、このチョコレートを溶かして、テンパリングという温度調節を行ってから、ガナッシュをおおうチョコレートとして使います。

●メレンゲを使って作るお菓子

ムラング・セッシュ

Meringue sèche

ムラング・フランセーズ

ムラング・フランセーズを作り、好みの大きさに絞り出して、低温（100～130℃）のオーブンで乾燥焼きにします。メレンゲに香りや色をつけたり、アーモンドパウダーを加えたり、粉砂糖をふってから焼く方法もあります。ほかに、冷めてからチョコレートでコーティングして仕上げることもできます。密封容器に入れて乾燥剤を入れておくと、長期間保存することが可能です。

また、これにシャンティイクリームを挟んだお菓子は、ムラング・シャンティイと呼びます。シャンティイクリームをコーヒー風味などにアレンジすることもできます。

乾燥焼きするメレンゲには、このほかにムラング・スイス（Meringue suisse）（→201頁）で作るものもあります。ムラング・フランセーズで作るともろく崩れるような感じに焼きあがるのに対して、ムラング・スイスではかりかりと焼きあがるのが特徴です。

ムラング・フランセーズ　Meringue française

単にメレンゲというと、卵白に砂糖を加えて泡立てて作る、ムラング・フランセーズを指すのが一般的です。

メレンゲは1720年にスイスの菓子職人ガスパリーニが考案したという説があり、メレンゲという名の由来は地名のメリニンゲン（Mehrinyghen）であるとか、スイスのマイリンゲン（Meiringen）にお店があったからと言われていますが、町の名に由来するのかも、ガスパリーニが考案したのかも定かではありません。

フランスで初めて作られたのは、ロレーヌ地方のナンシーで、美食家として知られるポーランド王スタニスラス・レクチンスキに出されたということです。

また、かのマリー・アントワネットが、トリアノン宮殿でメレンゲを自ら作っていたという話も有名です。

●その他 ―ムースを使ったお菓子

ムース

Mousse

ムースはフランス語で泡という意味です。ベースとなる素材に泡立てた生クリームを加え、気泡をたくさん含んで軽く、すっと口の中に消えていく食感が魅力のお菓子です。

料理のムースとしてルイ14世の時代に登場したのが始まりで、宴席に女性が同席し始めた時代に、女性が男性の前で大きな口をあけて食べるのがはばかられたため、かむことなく、口の中で溶けていくようなムースという料理が生まれたのです。のちに、お菓子にもこの手法が使われるようになりました。

ムースのはっきりした定義はなく、メレンゲを加えた軽いクリームやふんわりと軽いクリームにその名がつけられていて、凝固剤によって固めるのが一般的です。

本書で紹介したスポンジ生地やタルト生地などの土台となる生地と、クリーム、フルーツやチョコレートなどの素材との組み合わせによって、多種多様なお菓子を作りだすことができます。

ムースの組み合わせの一例　　表1

ベース	泡立てた生クリーム※	イタリアンメレンゲ	パータ・ボンブ(→207頁)	ゼラチン
アングレーズソース (フルーツのアングレーズソース、チョコレートのアングレーズソースなど)	○	任意	×	○
フルーツ果汁、フルーツピュレ	○	○	任意	○
チョコレート	○	任意	任意	任意

※泡立てた生クリーム：シャンティイクリームまたはクレーム・フエテ。

クリーム図鑑

生地とクリームを組み合わせてアレンジしたお菓子は数多くありますが、基本の生地、基本のクリームの数は限られています。アレンジのほとんどが基本をベースに何かをプラスすることで変化をつけています。

本書では、お菓子作りに欠かせない基本のクリームを紹介します。クリームは生地と合わせてこそ、そのおいしさを発揮し、クリームが生地の味を引き立てたり、クリームの魅力を生地が引きだしたりします。

●生菓子に使うクリーム

シャンティイクリーム

カスタードクリーム

イタリアンメレンゲ

バター

＋

イタリアンメレンゲ

→

バタークリーム

カスタードクリーム

＋

シャンティイクリーム

→

クレーム・ディプロマート

カスタードクリーム

＋

バター

→

クレーム・ムースリーヌ

●火を通して使うクリーム

＊タルトにつめてオーブンで焼く。

アーモンドクリーム

アーモンドクリーム

＋

カスタードクリーム

→

クレーム・フランジパーヌ

CHAPTER 1

全卵の起泡性で作る
共立てのスポンジ生地

ショートケーキでおなじみの、ふんわりやわらかなスポンジ生地。スポンジ生地には、共立て法と別立て法（→86頁）という2つの製法があります。共立て法は全卵を泡立てて作る製法で、別立て法は卵白と卵黄を別々に泡立てる製法です。まずCHAPTER1では共立て法のお話をしましょう。

卵が泡立つ性質のことを「起泡性」と言い、共立てのスポンジ生地は、この性質を利用して生地をふくらませます。卵黄と卵白を一緒に泡立てて作ったスポンジ生地は、きめが細かく、しっとりとソフトな仕上がりが特徴です。

スポンジ生地は、共立て法、別立て法ともに、基本は卵、砂糖、小麦粉を同じ割合で配合します。それぞれの材料が持つ特性を理解した上で、配合を変えて応用すれば、さまざまな質感を持った生地を作りだすことができます。

スポンジ生地の作り方には、お菓子作りの技術や考え方の基礎がつまっています。特に、卵の泡立て方、生地の混ぜ方が、工程の上では大切なポイントとなりますので、しっかり修得してください。

共立てのスポンジ生地　基本の作り方

【参考配合例】直径18cmの丸型1台分

卵　150g（3個）

グラニュー糖　90g

薄力粉　90g

バター　30g

準備

- 薄力粉はふるう。
- 卵は常温に戻す。
- バターは溶かす。
- 型に紙をしく。

＊ハンドミキサーは低速（1速）、中速（2速）、高速（3速）の3段階に速度を調節できるものを使用。

＊オーブンは機種や形態によって、焼成温度や時間に多少の差が出る。

1

ボウルに卵を入れて溶き、グラニュー糖を加えて混ぜる。湯せんにかけて軽く混ぜながら温める。

2

36℃になったら、湯せんからはずして、ハンドミキサーの高速で泡立て始める。

3

途中で中速、最後は低速に切り替えて泡立てる。

4

生地をすくい落とすとリボン状に流れるくらいまで泡立てる。

5

薄力粉を加え、粉が見えなくなるまでヘラで混ぜ、さらに続けて数回（合計約40回）混ぜる。

6 

溶かしバターをへらで受けながら加え、バターの筋が見えなくなるまで混ぜ、さらに続けて数回（合計約30回）混ぜる。

7 

生地を型に流し入れ、10cmくらいの高さから型のまま落とす。上火180℃、下火150℃のオーブンで30分焼く。焼きあがったら10cmくらいの高さから、型のまま台に打ちつけ、型から出して網の上にひっくり返して冷ます。

●●●共立てのスポンジ生地　どの材料が、どんなはたらきをしているの？

1　ふくらむのは？

(1) 泡立てた卵に含まれる空気

卵の気泡の中にある空気が、オーブン内で高温になって熱膨張して、体積が大きくなります。

(2) 材料（主に卵）がもたらす水分

卵などの材料に含まれている水分の一部が、オーブン内で高温になって水蒸気になり、体積が大きくなります。

＊空気は1℃上昇するごとに、0℃のときの体積の1/273ずつ膨張する（一定の圧力のもとで、分子の大きさや分子間にはたらく引力を考えない場合）。水は水蒸気になると、体積が約1700倍に変化する。この値がこのままスポンジ生地のふくらみに当てはまらないが、空気も水もそれだけ膨張し得るので、その力で粘性のある生地を押し広げて、ふくらませることができると考えるとよい。

2　ふっくらとしたやわらかさと弾力を与え、ふくらみを支えるのは？

(1) 小麦粉

①デンプン

オーブン内で加熱が進むにつれて、デンプン粒が主に卵の水分を吸収し、ふくらんでやわらかくなり、糊のような粘りを出します（糊化）。ここから、水分がある程度蒸発して焼きあがることで、ふっくらした生地のボディができます。それがふんわりした食感を作りだすとともに、生地全体の組織をやわらかく支え、建物で言えば、壁を固めるコンクリートのようなはたらきをするのです。

②タンパク質

泡立てた卵に小麦粉を混ぜると、タンパク質から粘りと弾力があるグルテンができ、デンプン粒を取り囲むようにして立体的な網目状に広がります。グルテンはオーブン内で加熱されて固まり、生地のつながりとしてはたらいたり、適度な弾力を作りだしたり、ふくらんだ生地をしぼまないように支える骨組みとなり、建物にたとえると、グルテンは柱の役割を果たしていると言えます。

その一方で、グルテンができ過ぎるとふくらみが悪くなることも考慮に入れて作ります。

(2) 卵

オーブン内で加熱されると、卵の気泡がふくらみ、さらに加熱が進むと、気泡の膜が固まり、ふくらんだままその形を保つようになります。それは卵に含まれるタンパク質が熱によって固まるためです。

3　その他

(1) 砂糖

吸湿性によって生地をしっとりさせたり、卵の気泡の膜を壊れにくくしたり、デンプンが老化するのをふせいでやわらかさを保つなどのはたらきがあります。

＊スポンジ生地にバターを入れるのは、風味づけが一番の目的で、入れない場合もある。

●●●共立てのスポンジ生地　プロセスで追う構造の変化

1　加熱前のスポンジ生地

卵に砂糖を加えて泡立てると気泡が無数にできます。そのとき、砂糖は卵の水分に溶けて、気泡を壊れにくくする役割を果たします。

↓

そこに、小麦粉を混ぜると、卵の気泡と気泡の間に小麦粉の粒子が分散し、混ぜ終わる頃には卵の水分によって小麦粉がペースト状になり、気泡のまわりをおおった状態になります。

↓

ペースト中では小麦粉のタンパク質が水を吸収して、グルテンができ、デンプン粒を取り囲むようにして、立体的な網目状に広がっています。

↓

ここに溶かしたバターを加えると、小麦粉のペースト中に分散していきます。

2　焼成工程のスポンジ生地

スポンジ生地のまわりは、オーブン内の熱せられた空気が当たって温度が上がります。中でも、早い段階で、生地表面に薄い膜を作ることが大切で、この膜は内部で発生した水蒸気をある程度閉じ込めてくれるので、それが生地のふくらみにつながります。

↓

生地の周囲から中心部へと熱が伝わる過程で、以下の変化が起こります。
・卵の気泡中の空気は熱膨張によって体積が大きくなり、気泡をふくらませます。そして、加熱が進むと、気泡の膜はふくらみを保ちながら固まり始めます。
・小麦粉中のデンプン粒が水分を吸収してふくらみ、糊化し始めます。小麦粉のペーストは、それによってやわらかい糊のような粘性を持ち、卵の気泡のまわりで、気泡のふくらみに合わせてのびていきます。
・小麦粉のペーストに含まれる水分の一部は、加熱されて水蒸気に変わって体積を増し、その部分のペーストを押し広げ、卵の気泡と同様に生地全体をふくらませます。

↓

加熱がさらに進むと
・小麦粉中のデンプンの糊化が進み、小麦粉のペーストがやわらかく固まってきます。
・小麦粉中のグルテン（網目状に広がっている）が、加熱によって固まり、ふくらんだ生地を支える骨組みができます。

↓

加熱がさらに進むと余分な水分が生地の外へと蒸発していきます。

●●●共立てのスポンジ生地　生地作りのイメージ

共立てのスポンジ生地は、まず全卵と砂糖を泡立てて、ふくらむために必要な気泡をたくさん作りだします。しかし、そこに小麦粉、バターを順に混ぜることによって、卵の気泡はダメージを受けていくらか壊れてしまいます。

そのため、焼く前の段階の生地に、どのくらいの量の気泡が含まれていて欲しいのかをまず決めておき、途中で卵の気泡が壊れることを計算に入れて、卵をそれに見合うような泡立ちにすればよいのです。

お菓子作りでは、このように仕上がりの状態をイメージして、逆算して考えることがとても大切です。

●●●共立て法と別立て法の違い

スポンジ生地は、卵に砂糖を加えて泡立てて、小麦粉、バターなどを加えて作られます。そのときに、卵の泡立て方によって、2つの製法に分かれます。これが共立て法と別立て法（→86頁）です。

共立て法は、全卵を泡立てて作ります。別立て法は卵白と卵黄を別々に泡立ててから、合わせて作ります。両者は泡立てた卵の質感が違い、その違いがそれぞれ特徴のある焼きあがりにつながります。

共立て法はへらですくうとなめらかに流れ落ちるような流動性の高い泡立ちが得られ、きめ細かくしっとりとした、ほどよい弾力が感じられる焼きあがりになります。

別立て法は泡立てた卵白をベースにします。卵白は全卵の泡立ちに比べて気泡量が多く、つのが立つまでしっかり泡立つので、全卵に比べて、かたく締まった流動性の低い泡立ちになります。それがふんわりとしていて、生地のつながりが弱いもろさのある食感を作りだしています。

どちらのスポンジ生地を使うかで、お菓子の印象が変わります。

共立てと別立ての違い 表2

共立てのスポンジ生地

全卵：なめらかな泡立ち

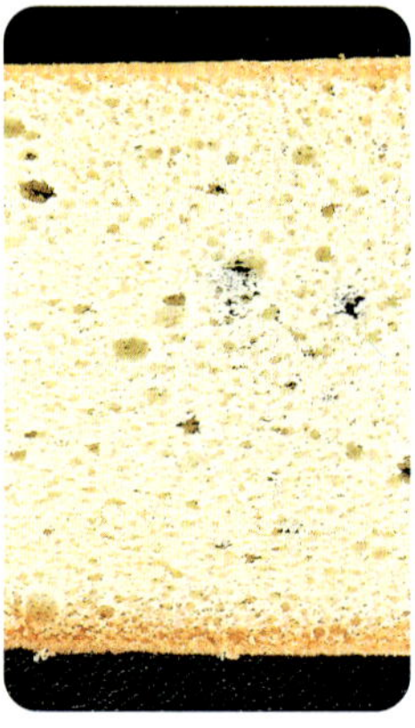

やわらかい弾力のある食感

別立てのスポンジ生地

卵白：かたく締まった泡立ちで、気泡量は多い

＋

卵黄

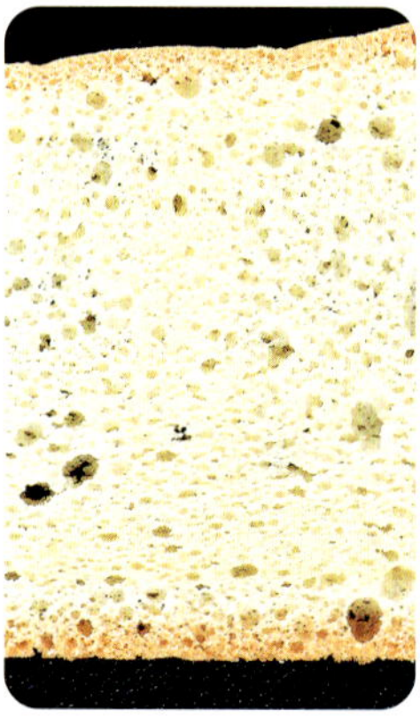

もろさのある食感

共立てのスポンジ生地　Q&A

Q 全卵を泡立てやすくするにはどうしたらいいですか?

A 泡立てる前に全卵を湯せんにかけて温めるといいでしょう。

冷蔵庫から出したての卵を使う場合、卵白は手立てでも泡立ちますが、全卵は思うように泡立ちません。全卵は、卵黄に含まれる脂質が気泡をできにくくするので、卵白のみを泡立てるよりも泡立ちにくくなるのです。それでは、どうしたら全卵は泡立てやすくなるのでしょう。

あらかじめ、全卵を湯せんにかけて温めておくと、手でも泡立つようになります。砂糖を加えた全卵は、湯せん前はどろっとして粘性が強く、泡立て器ですくうとワイヤーに引っかかりますが、その粘性が弱まって流動性がよくなり、泡立て器ではほとんどすくえなくなるまで温めます。

このように温度を上げることで、卵の表面張力を弱めて気泡をできやすくしているのです。

参考…219～222頁

湯せん前（冷蔵庫から出したて）

卵がどろっとしていて、泡立て器ですくうと、ワイヤーに引っかかる。

湯せん後

さらさらと流動性がよくなり、泡立て器ではほとんどすくえなくなればよい。

＊表面張力は高い、低いと表現するのが適当だが、本書では、わかりやすさを考慮して、あえて強い、弱いと表わしている。

Q 全卵に砂糖を加えてから湯せんで温めるとき、泡立て器で混ぜながら温めるのはなぜですか?

A 均一に熱を伝えるためです。手立てのときは、軽く混ぜるよりも、この段階から泡立て始めると、らくに泡立てることができます。

全卵を湯せんにかけて温めている間に、泡立て器で軽く混ぜるのには、3つの理由があります。

①均一に熱が伝わる。

②卵白のつながりが切れやすくなって、卵のコシがゆるみ、湯せんからはずしたときに、泡立ちやすくなる。
③砂糖が溶けやすい。

また、手立てをするときは、ミキサーよりも泡立てる力が弱く、時間もかかるので、湯せんからはずして泡立てている間に、卵の温度が下がって十分な泡立ちが得られないことがあります。そのため、湯せんしている間から、軽く泡立て始めるとよいのです。泡立て方は卵白と同じ要領で、空気を含ませるようにして泡立てます（→89頁）。

Q ★★ 共立てのスポンジ生地を作るとき、全卵に砂糖を加えてから、湯せんで何℃まで温めたらいいのでしょう？

A 本書の配合例の場合では、36℃くらいに温めます。

卵の温度が焼きあがりに与える影響

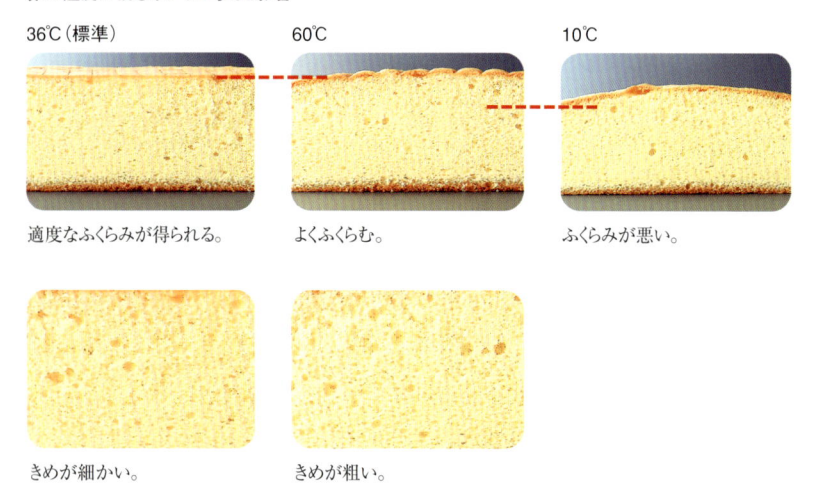

36℃（標準）

適度なふくらみが得られる。

60℃

よくふくらむ。

10℃

ふくらみが悪い。

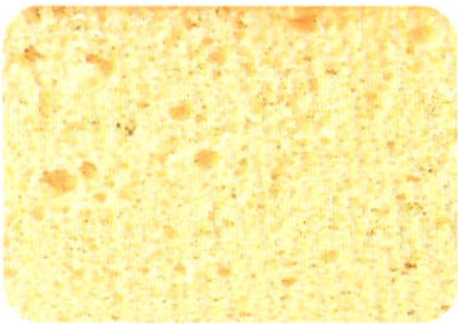

きめが細かい。

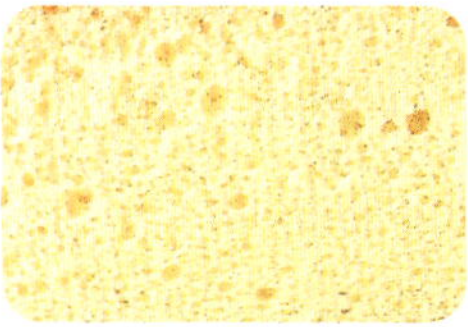

きめが粗い。

全卵は泡立てる前に、湯せんで温めて全卵の表面張力を弱めておくと、泡立ちやすくなるということは、先にお話しました。

たとえばスポンジ生地をショートケーキによく合うように、きめが細かく、口溶けのよい仕上がりにしたいときには、本書の参考配合例（砂糖は卵の重量に対して60％）では、卵を36℃くらいに温めるのが適しています。

特に、手立てで泡立てる場合には、湯せんのまわりの湯の温度を60℃くらいにするとよいでしょう。卵が湯せんの熱で固まるおそれがなく、36℃に達するまでの時間で、ある程度泡立てることもできます。

一方、卵の温度をさらに上げると、卵が泡立ちやすくなり、ひとつひとつの気泡が大きくなって、泡立ちのボリュームも増します。それによって、過剰にふくらんだ生地は、きめが粗くなります。

STEP UP 全卵を温める温度

本書の参考配合例では、全卵を36℃くらいに温めてから泡立てますが、この温度はあくまでも目安にすぎません。砂糖の配合量や、ミキサーの泡立て力（攪拌力）、そして卵の鮮度、室温によって、卵の泡立ちやすさは変わってくるので、卵を温める温度もそのときの状態に合わせて、36℃を基本にしながら変化させます。

1　砂糖の配合量

卵に加える砂糖の量が増えるほど、卵は泡立ちにくくなります。

砂糖が卵の重量に対して70％以下の配合の場合は、36℃くらいを目安として温め、砂糖の配合量がそれ以上多いときには、少し高めの40℃くらいに温めます。

2　ミキサーの泡立て力（攪拌力）

ハンドミキサーや手立てで泡立てるときには、卵は36℃くらいに温めるのが適していますが、泡立て力が強いミキサーを用いる場合は、それよりも少し低めの温度に温めるようにします。

3　卵の鮮度

卵の鮮度が悪くなると、卵白のコシが弱まって、泡立ちやすくなります。そのため、温める温度は少し低めにします。

4　室温

室温が低い場合には、湯せんからはずした卵は、泡立ての早い段階で温度が下がって泡立ちにくくなるため、卵を少し高めの温度に温めてから泡立てます。逆に、夏場など室温が高い場合は、少し低めにします。

参考…218頁／225〜226頁／228頁

Q ★★ ハンドミキサーで全卵をきめ細かく泡立てるには、どれくらいの速度で泡立てたらいいのでしょうか？

A 高速→中速→低速に変えながら泡立てます。

卵の理想の泡立ちとは、全体のボリュームがあって、かつ気泡は小さくきめが細かいという状態です。このように泡立った卵でスポンジ生地を作ると、焼きあがりもきめが細かく口当たりがよくなります。

ハンドミキサーやミキサーでは、速度を変えて泡立てると、大きさの異なる気泡ができます。高速で泡立てると、卵に空気が多く取り込まれて、大きな気泡ができ、低速で泡立てると、空気が入りにくく、小さな気泡ができます。また、大きな気泡ができても、泡立てていくうちに、ミキサーのワイヤーに当たることによって分化して、小さい気泡になるという現象も起こります。

これらの性質を生かして、高速から中速へ、そして最後は低速というように段階を追って速度を調節することで、最初に気泡量を増やして全体のボリュームを出してから、それをきめの細かい泡立ちにしていきます。

泡立て速度の違いによる全卵の気泡の状態　表3

泡立てる速度	気泡の大きさ	気泡の安定性
高速	大きい	悪い（壊れやすい）
低速	小さい	よい（壊れにくい）

ハンドミキサーの速度の調節と泡立ちの状態

高速

高速で泡立てる。

一気にボリュームが出るが、気泡は大きく粗い。

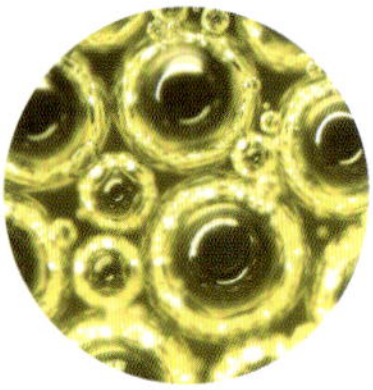

顕微鏡写真

最初は、ハンドミキサーを高速にして泡立て始め、気泡の大きさにこだわらずにボリュームを増やします。ボリュームが十分に出ていることを確認して、速度を中速に落とします。

↓

中速

中速に落として泡立てる。

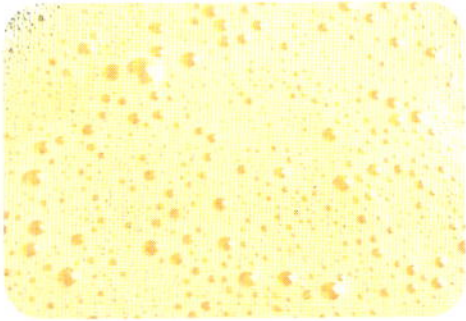

全体に白っぽくなって気泡が小さくなる。

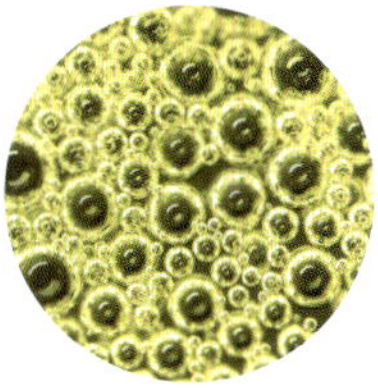

顕微鏡写真

空気が取り込まれにくくなり、新たにできる気泡は小さくなります。同時に大きい気泡は分化して、小さくなっていきます。卵に含まれる空気の量が多くなるにつれて、全体が白っぽくなり、つやが出てきます。それを確認して、低速に落とします。

↓

低速

低速で泡立てる。

気泡は非常に小さい。

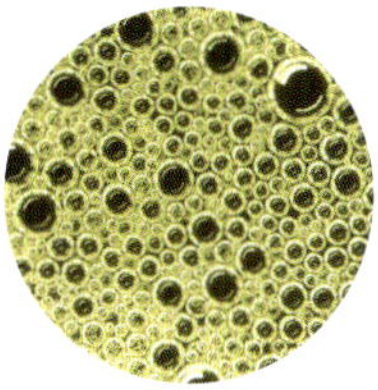

顕微鏡写真

気泡が分化されてどんどん小さくなっていきます。この段階では、新たにできる気泡も非常に小さいものなので、全体のボリュームはほとんど増えなくなります。

↓

泡立て終了

気泡がさらに小さく、均一に。

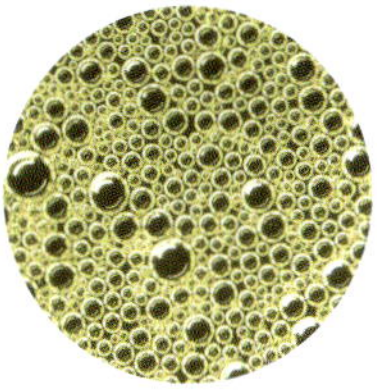

顕微鏡写真

＊顕微鏡写真は、全卵：グラニュー糖=1：0.7の割合で、30℃に調整し、ミキサーにより高速攪拌を行ったものを倍率200倍で撮影した。

顕微鏡写真提供：キユーピー（株）研究所

STEP UP 卵の泡立ては、均一できめ細かく

卵の気泡は小さくて均一な状態がいいとされている理由は、作る工程で気泡が壊れにくく、きめ細かく焼きあがるためです。

1　気泡が小さいと壊れにくい

気泡は大きい状態では壊れやすいのですが、小さくなるほど壊れにくくなります。このあとの工程で、泡立てた卵に小麦粉、バターを混ぜていくという作業は、気泡にとってはダメージを受けやすい状況なのですが、このときに気泡が小さいと壊れにくく、生地全体のボリュームを保ってくれます。

2　気泡が小さくて均一ならば、きめ細かい状態のまま焼きあがる

また、オーブンで生地を焼く際に、生地に大きな気泡があった場合、その気泡が小さい気泡と接していると、気泡内の空気の圧力の差によって、やがて大きい気泡が小さい気泡を吸収して、さらに大きい気泡になってしまいます。そこでできた大きな気泡は、穴（空隙）となって焼きあがり、きめが粗いスポンジ状になってしまいます。

気泡が均一であれば、このような気泡の合体は起こらず、きめの細かい状態のまま焼きあがります。

Q 小麦粉を加える前に、全卵はどのような状態になるまで泡立てたらいいですか？　見極め方を教えてください。

A 泡立てた全卵をすくってたらすと、リボンのように幅広く流れて、ボウル内の卵の表面で折り重なる状態が目安です。

十分な泡立ち

ゴムベラですくう。リボン状に流れ落ちて重なる。

泡立て器ですくう。

泡立て不足

液状に近い。

卵が十分に泡立ったかどうかは、次の3つの条件で判断するといいでしょう。

①色が白っぽくなり、気泡が小さく、均一に揃っている。

②ボウルの底を手でさわって温かさを感じない。

③泡立てた卵をゴムべらまたは泡立て器ですくってたらしたときに、リボンのように幅をもって流れ落ち、ボウル内の卵の表面で数段折り重なってから、ゆっくり中に沈んでいく。

STEP UP 泡立ち具合の簡単な確認法

本書の参考配合例の場合、泡立てた卵に爪楊枝を約1.5cmの深さまで刺し込んで立ててみて、倒れなければ、十分な泡立ちが得られています。ただし、卵に対する砂糖の配合量などが変わると、この条件も変える必要があるので注意してください。

Q ★★ 全卵が泡立った段階で、ボウルの底をさわるのはなぜ?

A 卵の温度を確かめているのです。

泡立ちあがったときには、温めた全卵の温度が下がっているほうが、卵の気泡が壊れにくくなります。ですから、ボウルの底をさわってみて、温度を確認します。

全卵を湯せんで温めて温度を上げるのは、卵の表面張力が弱くなって泡立ちやすくなり、空気をどんどん取り込むことができるからです。

しかしその反面、できた気泡は壊れやすいという性質があります。

ですから、卵を湯せんからはずして泡立てて、泡立てが完了する頃には温度が下がり、できた気泡が壊れにくくなっているのが理想です。その温度は25℃前後と言われており、ボウルの底をさわって、温かさを感じないのが目安です。

卵を泡立て終えた時点でその温度に下がっていれば、小麦粉を混ぜたときにも卵の気泡が壊れにくく、生地のボリュームが保てます。

それは、小麦粉やバターを混ぜ終えた段階でも同様で、生地の温度が25℃前後を保っていれば、卵の気泡をなるべく壊さずに作業を進めることができます。

表4

卵の温度	卵の表面張力	泡立ちやすさ	できた気泡の安定性
高めの温度	弱い	泡立ちやすい	悪い(壊れやすい)
低めの温度	強い	泡立ちにくい	よい(壊れにくい)

STEP UP ハンドミキサーで泡立てるときの考え方

全卵に砂糖を加えて湯せんで温めてから、ハンドミキサーで泡立てるときは、卵の温度変化と泡立ち具合に、ハンドミキサーの速度をうまく連動させて、ボリュームがあって、かつきめが細かく、壊れにくい気泡を作ります。

卵の温度は、湯せんからはずした直後は36℃くらいですが、泡立ちあがったときには10℃ほど低くなっているのが理想です。

卵の温度が高くて泡立ちやすいときに、ハンドミキサーを高速にすることで、大きな気泡をどんどん取り込み、全体のボリュームを一気に増やすことができます。しかし、この状態でできた大きな気泡は、大きさゆえ壊れやすいだけでなく、温度が高いために壊れやすい状態になっているので、泡立てていく工程で、気泡を小さくして壊れにくくする必要があります。

ハンドミキサーの速度を高速から中速、低速に変化させていくときには、回転速度を落としたこと、卵の温度が下がったこと、という両方の条件が作用して、空気を取り込みにくい状況が作られて、小さい気泡ができてきます。気泡は小さいほど壊れにくいのですが、温度が低下して卵の表面張力が強くなることで、さらに壊れにくい気泡となるのです。

Q ★★ 全卵の泡立ちあがりが、毎回同じ状態にならないのですが、見極める方法を教えてください。

A 泡立てる速度と時間を一定にすること。さらに比重を測ると正確です。

共立てのスポンジ生地を、毎回同じ配合で作り、同じ仕上がりを得たい場合、まずは全卵を常に同じ状態に泡立てる必要があります。

卵を温める温度を決め、どのくらいの速度で、どれだけの時間泡立てるとよいのかを正確に測り、いつも一定の条件にします。

そして、卵の泡立ち具合を、ボリューム（かさ）、色、きめで判断しますが（→58～59頁）、さらに確実な方法として、生地の比重を測って見極めることもできます。比重とは、同体積による重さの比較のことで、比重を求める計算はつぎのとおりです。

比重＝重量（g）÷体積（cm^3）

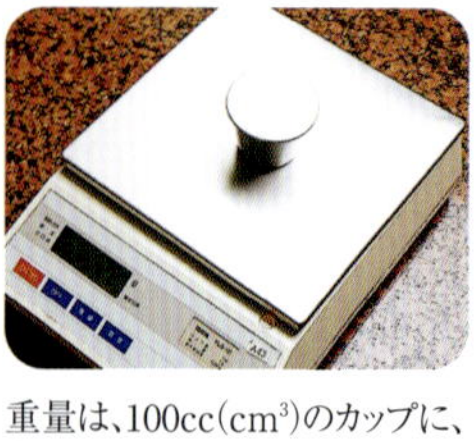

重量は、100cc（cm^3）のカップに、生地をすりきりに入れて測定。

毎回、同じ仕上がりを得たいという人にとっては、上手にできたときの比重に合わせればいいのです（→68頁）。

本書の参考配合例では、泡立てた卵の比重が0.22～0.25の範囲ならば、うまく焼きあがります。比重を測ってみて、重過ぎた場合は、まだ泡立てが足りないということなので、さらに泡立てて比重を軽くします。

Q ★★ **生地を「さっくりと切り混ぜる」とよく聞きますが、うまく混ざりません。どのように混ぜたらいいですか?**

A **流動性の高い生地は、「へらで生地をしっかりとらえて混ぜる」方法が適しています。**

さっくりと切り混ぜるのは、流動性の低い生地（別立てのスポンジ生地など）に適した混ぜ方です。共立ての生地は流動性が高いので、混ぜ方が違います。

1　生地を混ぜるときのへらの動かし方

図1

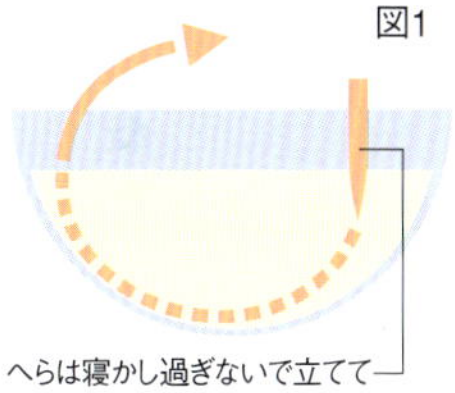

共立てのスポンジ生地のような流動性の高い生地を混ぜる場合は、「ボートをこぐときに、オールで水をかくような動き」のイメージで、へらの面を立てて生地をとらえ、ボウルの底の中心を通り、手首を使って返すようにして、縦に円を描くように動かします。写真のとおり、一連の作業をくり返すと、まんべんなく混ぜることができます。

共立てのスポンジ生地の混ぜ方

1　生地をへらでとらえて、ボウルの底中心を通り、生地を押し出す。

2　ボウルの側面に沿って、押してきた生地をすくい上げる。

3　手首を使ってへらを返し、中心に戻る。ボウルを手前に少し回転させてくり返す。

2　切り混ぜずに「生地を押し出すように混ぜる」

スポンジ生地には共立て（全卵を泡立てる）と別立て（卵白と卵黄を別々に泡立てて合わせる）がありますが、共立ては別立てよりもやわらかく流動性の高い泡立ちになるのが特徴です。

泡立てた卵に小麦粉を混ぜるというのは、言い換えれば、卵の気泡と気泡の間に、小麦粉を分散させていく作業です。

共立てのスポンジ生地の場合は、無数の気泡が集まる生地をへらでしっかりととらえて押し出すように持ち上げると、それぞれの気泡が流れるように動き、その動きによって気泡と気泡の間に小麦粉が入り込んで分散していきます。

一方、別立て法では、かたく泡立てた、流動性の低いメレンゲ（泡立てた卵白）をベースにしているため、このような動きでは混ざらないので、生地を切るようにして小麦粉を入れ込んでいきます（→95～96頁）。

共立てのような流動性の高い生地を切るように混ぜたとしても、卵の気泡は大きく動かないので小麦粉は混ざっていきませんし、その逆もしかりです。

STEP UP 混ぜ方の違いで生まれる食感の特徴

共立て法は、流動性の高い泡立ちの卵に小麦粉を加えて、へらで押し出すように混ぜる動きによって、グルテンがほどよく作られ、生地のつながりややわらかい弾力が感じられる、きめの細かい焼きあがりになります。

一方、別立て法は気泡を多く含んでかたく、流動性の低い泡立ちのメレンゲをベースにして、小麦粉を加えて切り混ぜるので、共立て法に比べると小麦粉が分散しにくくなり、グルテンが共立て法ほど形成されません。そのため、押し戻すような弾力が少なく、もろさが感じられる、ふんわりとした焼きあがりになります。

Q 泡立てた全卵に小麦粉を加えたら、どのくらい混ぜたらいいのでしょうか？

A 小麦粉が見えなくなるまで混ぜ、さらに続けて数回混ぜることを目安にします。

小麦粉を加えてからは「混ぜ過ぎないように」することが重要です。極力混ぜる回数が少なくてすむように、的確に生地をとらえるへらの動きで、小麦粉を確実に混ぜ込むという意識を持って混ぜていきます。

混ぜ過ぎると、卵の気泡が壊れて、スポンジ生地のふくらみが悪くなってしまうからです。また、生地の骨組みとなるグルテンが過剰にできて、生地のふくらもうとする動きをさまたげてしまいます。

そこで、小麦粉を加えてからは「小麦粉が見えなくなるまで混ぜ、さらに続けて数回混ぜる」というのをひとつの目安にします。

小麦粉が卵の水分を吸収したのち、何度か混ぜることによって、初めて粘性のあるペースト状になるので、小麦粉が見えなくなった時点で混ぜ終わりではなく、さらに数回混ぜるくらいがちょうどよいのです。本書の参考配合例では、小麦粉を加えてから、約40回混ぜています。このように回数を数えながら混ぜると、つぎに同じ状態に作るときの参考になります。

参考…238～239頁

STEP UP スポンジ生地とグルテンI／過剰なグルテンの弊害

スポンジ生地でグルテンが過剰にできると、焼いたときに生地のふくらみが悪くなります。

焼く前のスポンジ生地は、卵の気泡が無数に積み重なり、気泡と気泡の間には小麦粉がペースト状になって気泡を取り囲むようにして存在しています。言い換えれば、小麦粉のペーストの中に卵の気泡がたくさんある状態です。

オーブンに入れると、卵の気泡内の空気が熱によって膨張し、それに加えて小麦粉のペースト中の水分が水蒸気に変わることによって体積が増し、生地全体がふくらみます。このときに、小麦粉のペーストがやわらかければ、気泡や水分が体積を増すのに伴ってペーストものびるように動きますが、小麦粉のペーストの粘りが強いと、そのふくらみをさまたげることになります。

小麦粉の約75%はデンプンで成っており、ペーストの主体はデンプンです。しかし、生地の強い粘りを左右するのは、10%に満たないタンパク質からできるグルテンなのです。

グルテンは、タンパク質に水を吸収させてよく混ぜることによって形成される、粘りと弾力が強い物質です。混ぜ過ぎると焼きあがりのふくらみが悪くなるのは、卵の気泡が壊れるというのが一番の理由ですが、グルテンが過剰にできて小麦粉のペーストの粘りが強まるということも原因のひとつと言えます。

生地を混ぜる工程で、スポンジ生地の食感の大部分を作りだすデンプンのことよりも、10%に満たないタンパク質からどれだけグルテンができるかということに意識を傾けているのは、混ぜ具合がグルテン量を左右するからです。

Q★ 泡立てた全卵に小麦粉をうまく混ぜられたかどうかの判断の目安を教えてください。

A 生地につやが出てきます。比重を測ると正確に判断できます。

小麦粉が全卵に完全に混ざると、流動性が出て、つやがよくなる。

適正な混ぜ終わりの生地の状態は、次の2つのポイントで判断するとよいでしょう。

①生地につやが出る。

②小麦粉が混ざって見えなくなった直後よりも生地に少し流動性が出てくる。

　また本書の参考配合例の場合、この段階での比重は、0.27〜0.35にするとよいでしょう。

Q ★★ 生地に最後に加える溶かしバターは、何℃に温めたらいいですか？

A 約60℃です。

　油脂は卵の気泡を壊す性質があります。そのため、気泡がたくさんできている生地にバターを混ぜ込むときには、的確な動きで、手早く混ぜることはもちろんのこと、バター自体も温めて液状にし、生地に分散しやすい状態にしておきます。以下に詳しく説明しましょう。

1　溶かしバターの温度と分散性

　溶かしバターは、温度によって粘性が変わります。粘性が弱く、さらさらしているほうが、生地にさっとなじみます。

　溶かしバターを低温（30℃）にしたものは、粘性が強くて生地に分散しにくいため、その結果、生地を混ぜる回数が多くなり、気泡が壊れて生地のボリューム（かさ）が減ってしまい、ふくらみがやや悪くなります。また、壊れた気泡は、焼きあがりのきめを粗くします。

　一方、溶かしバターの温度を高くすると、粘性が弱く生地にさっと分散して混ざりやすいため、生地のボリュームは保たれます。

溶かしバターの粘性

低温…粘性が強く、流動性が悪い（どろどろ）→生地に混ざりにくい

高温…粘性が弱まり、流動性がよい（さらさら）→生地に混ざりやすい

2　焼く前の生地温度と卵の気泡の壊れにくさ

　バターの温度は、オーブンで焼く前の生地の温度を左右します。

　ここで最終的な生地の温度が高くなってしまうと、卵の気泡の膜の表面張力が弱くなることで、気泡が壊れやすくなります。

　高温（100℃）の溶かしバターを加えた生地は、焼きあがりのボリュームこそ保たれてはいますが、温度が原因で気泡が壊れ、きめが粗くなったとも考えられます。

　溶かしバターを混ぜ終えたときの生地の温度を25℃前後にすると、卵の気泡が壊れにくくなると言われています。本書の参考配合例では、溶かしバターを60℃にして、最終的に生地をこの温度の範囲におさめ、きめが細かい、弾力のあるやわらかさに仕上げています。

溶かしバターの温度が焼きあがりに与える影響 表5

バターの温度	60℃（参考配合例）	低温（30℃）	高温（100℃）

ボリューム（高さ）	適度	やや低い	適度
きめ	きめが細かく揃っている	きめが粗い	きめが粗い
かたさ	弾力があるやわらかさ	かたい	弾力がないやわらかさ

Q 溶かしバターを生地に加えるとき、へらで受けながら加えるのはなぜですか？

A 溶かしバターを生地表面にまんべんなく広げて、混ざりやすくするためです。

スポンジ生地に溶かしバターを混ぜるときには、その加え方次第で混ざりやすくも混ざりにくくもなります。均等に混ざらないまま焼きあげると、バターが沈んでしまいます。

それでは均等に混ぜる方法を説明しましょう。混ぜ始める段階でバターを均一に広げるために、低い位置で構えたへらで溶かしバターをいったん受けて、生地表面に浮かすように、全体にまんべんなく流し入れます。こうすると、最小限の混ぜ回数で、均一に分散させることができます。

これとは反対に、溶かしバターをそのまま1ヵ所に注ぎ入れると、注いだ場所の卵の気泡が壊れて、生地の底にバターが沈んで、混ざりにくくなってしまいます。

このほかに、溶かしバターを入れたボウルに、少量の生地を取り分けて混ぜ、それを生地全体に戻して混ぜるという方法があります。

溶かしバターと生地のように、比重や質感が大きく違うものは混ざりにくいので、このように、あらかじめ一方を取り分けて他方に混ぜ込んでおくと、なじみやすくなるのです。

参考…96頁

溶かしバターの混ぜ方

1　いったんへらに受ける。

2　表面全体にまんべんなく広げる。

3　混ぜる。

失敗例　バターの注ぎ方

直接注ぐと、1ヵ所に沈んでしまう。

失敗例　焼きあがり

バターが混ざりきらないまま焼いたスポンジ生地の底。バターが底に沈んでいる。

標準例　焼きあがり

標準のスポンジ生地の底。

その他の混ぜ方

1　溶かしバターに少量生地を取り分ける。

2　よく混ぜる。

3　もとの生地に戻して混ぜる。

Q 生地に溶かしバターを加えたあと、どのくらい混ぜたらいいですか？目安を教えてください。

A 溶かしバターの筋が見えなくなってから、さらに数回混ぜます。

溶かしバターを加えたあとは手早く混ぜ、バターの筋が見えなくなってから、さらに続けて数回混ぜると、均一に分散します。本書の参考配合例では、バターを加えてから、約30回混ぜています。

生地に溶かしバターを加えてから混ぜ過ぎたり、混ぜるのに時間がかかったりすると、バターの油脂によって気泡がどんどん壊れていきます。そうなる

混ぜ終わったときの適正な生地のかたさ。

と、生地が黄色っぽくなり、へらですくったときに速い速度で流れ落ちます。このような生地は、焼いてもボリュームが出ません。

生地の混ぜ具合が焼きあがりに与える影響 表6

適正に混ぜられた生地

・ボリュームがある
・気泡を含んでいるので白っぽい
・流動性が低くぼってりしている

混ぜ過ぎた生地

・気泡が壊れてボリューム(かさ)が減る
・壊れて大きくなった気泡が生地表面に浮いてくる
・生地の色が黄色っぽくなる

焼きあがりのふくらみがよい

焼きあがりのふくらみが悪い

＊適正に混ぜた生地の比重0.45、混ぜ過ぎた生地の比重0.6。

Q 生地の最終的な比重はどのくらいにしたらいいですか？ 比重の違いで焼きあがりは変わるのですか？

A 本書の参考配合例では、比重0.45～0.5の範囲にするとよいでしょう。

生地の比重が焼きあがりに与える影響 表7

比重0.45 **比重0.5**

ボリュームがやや高め

ボリュームがやや低め

比重0.45 **比重0.5**

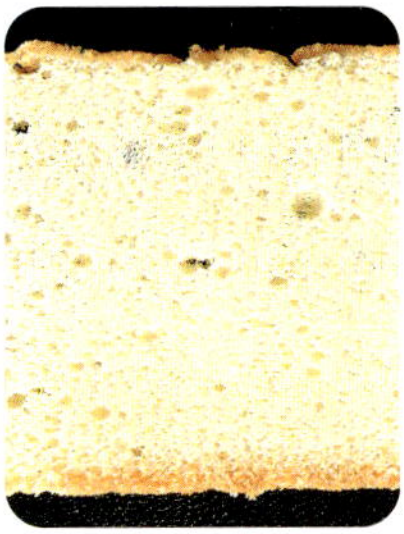

ふわふわした軽い食感

弾力がある重めの食感

比重とは同体積における重さの比較のことです。スポンジ生地の場合は、比重の値が小さいほど、気泡を多く含んでいると言えます。最終的な生地の比重をどのくらいにして焼くかで、生地のボリュームと食感に違いが生まれます。

本書の参考配合例では、生地の比重が0.45〜0.5になるように混ぜると、きめ細かく焼きあがります。とはいえ、比重0.45と0.5では食べたときの印象に差があります。

比重0.45はボリュームがあり、軽くふわふわした食感ですが、比重0.5ではボリュームが小さく、きめがつまっていて、押し戻すような弾力が感じられる、重い食感になります。どのような焼きあがりを求めるかによって、どちらの比重に近づけるかを決めて混ぜるとよいでしょう。

STEP UP 混ぜる回数と生地の比重

スポンジ生地の場合、卵を泡立てたときにできた気泡が、最終的に多く残っているほど、空気を含んで生地の比重は軽くなります。

よくふくらんだふわふわした生地に焼きあげたいのであれば、卵をしっかり泡立てて、最終的な生地の比重が軽くなるように混ぜていきます。小麦粉、バターを混ぜるときに、卵の気泡は少しずつ壊れてしまうので、比重を軽くするには混ぜる回数を極力少なくして混ぜ終えるようにします。

それよりも混ぜる回数を多くした場合には、気泡が壊れて、比重が重くなり、焼きあがりのかさが低くなります。また、多く混ぜるほど、グルテンができるので、押し戻すような弾力が強まります。

スポンジ生地を作る上では、混ぜている材料が見えなくなってからどのくらい混ぜるか、その材料がどのように混ざっているか、混ぜ終えた時点でどのくらいの比重であるかで、自分のイメージ通りの生地を作りだすことができます。

また、毎回一定の状態のお菓子を作りたいという人は、理想的に生地が仕上がったときに、混ぜた時間や回数、混ぜ終わりの生地の比重をデータとして残しておきます。同じ人がその混ぜ時間や回数で生地を作れば、いつもほぼ同じ状態に混ぜることができます。初めのうちは、そのつど比重を測ることが、混ぜ具合を見極める助けとなりますが、何度も作って感覚がつかめてきたら、たまに測って確認すればよいでしょう。

生地の比重の目安（参考配合例による） 表8

	混ぜる目安	比重
卵の泡立ちあがり	ハンドミキサーおよびミキサー：高速→中速→低速（機種により時間が違う）	0.22〜0.25
小麦粉の混ぜ終わり	ゴムべら：40回	0.27〜0.35
バターの混ぜ終わり	ゴムべら：30回	0.45〜0.5

参考…60〜61頁、238〜239頁

Q スポンジ生地が焼きあがったら、型ごと台に打ちつけるのはなぜですか?

A 型を台に打ちつけることで水蒸気を抜くためです。

スポンジ生地を丸型で焼いた場合は、オーブンから出したらすぐに、台から上に10cmほど離したところから、型を台に落として打ちつけます。衝撃を与えることによって、生地から出ていくはずの水蒸気を、少しでも早く外に出すのが目的です。

打ちつけておくと、焼きあがったスポンジ生地が冷める間に、生地の中央がへこむのをふせぐことができます。焼きあがったばかりの生地の内部には、水蒸気が充満していて、中の組織はまだ非常にやわらかく、崩れやすい状態です。

したがって、生地自体の重みで重力方向につぶれやすくなります。その際、表面を上にして冷ましても、表面よりもかたく焼きあがっている底を上にしても、同様にへこんでしまいます。

ちなみにお菓子の用途によって、スポンジ生地をオーブンプレートで薄く焼く場合がありますが、そのときにはプレートを台に打ちつけなくても、へこみません。同じ容積のスポンジ生地を、丸型のように表面積が小さくて深い型で焼くほど、生地内部の水蒸気が外に出ていきにくいので、焼きあがりに型を台に打ちつけることが必要になりますが、プレートで焼く場合は、生地の表面積が大きく薄いので、生地内部の余分な水蒸気が生地を冷ましている間に自然に外に出ていくため、内部にこもらないので、あえて打ちつける必要がないのです。かえって生地を冷ます間に乾燥しないように気をつかいます。

失敗例

型を台に打ちつけないでそのまま冷ました場合、冷ますときに上にした面の真中がへこむ。表面を上にして冷ましたもの。

底を上にして冷ましたもの。

＊上記の写真は、蒸気抜きの必要性を見せるために、生地を型に流してオーブンへ入れたときから、生地を型から取り出すまでの作業において、振動を極力与えないように作っているため、生地がへこむ度合いが大きくなっている。実際の作業では、オーブンからの出し入れなどを行っている間に、生地に振動が加わって、水蒸気が若干外に出ていっている。

STEP UP 生地がへこむわけ

オーブンでスポンジ生地を加熱すると、まず生地の表面が熱せられて薄い膜ができます。そして熱が生地内部へと伝わり、気泡内の空気が熱膨張し、生地中の水分が水蒸気に変わることによって体積を増し、生地がふくらみ始めます。このときに、水蒸気は外へ逃げようとしますが、表面は薄い膜によって、側面と底面は型によってふさがれていて、ある程度生地中に閉じ込められているため、その場で体積を増してふくらむのです。さらに加熱が進むと、最終的に水蒸気は外へ逃げて、乾燥して焼きあがります。

とはいえ、焼きあがったばかりの生地内には、まだ生地から抜けきっていない水蒸気が充満しています。特に、生地は外側から焼けていくので、周囲はしっかりと焼き固まっていても、最後に火が通った中心部分には多少水蒸気が残っていて、中の組織はまだやわらかく崩れやすい状態です。それを生地の外側のよく焼けた部分が支えてくれればよいのですが、生地内部の水蒸気は冷めていく間に生地から外へとある程度出ていくために、焼きあがった時点では乾燥していた生地の外側部分も、水蒸気の出口となることで湿ってやわらかくなります。

そして、生地表面の中央部分はやわらかいだけでなく、生地の外側部分の支えも少ないので、水蒸気を早く外へ出さないとへこんでしまうのです。そのほか、側面の中央部分も内部の組織が下に落ち込むのにともなって、若干へこみます。

Q★ 焼きあがったスポンジ生地の表面にしわが寄ってしまったのはなぜですか?

A 焼き過ぎや焼き足りなかったことが主な原因です。

外観からわかる、よいスポンジ生地の焼きあがりは、表面にしわがなく、全体に大きく縮んでいない状態です。焼き縮んでしわが寄ってしまうのは、つぎの原因が考えられます。

①オーブンの温度が低い。
②長く焼き過ぎた。
③焼き足りない。
④比重が軽過ぎた。

オーブンの温度が低いと、火が通りにくいので、必然的に焼き時間が長くなり、それだけ水分が多く蒸発して、焼き縮んでしまいます。

また、焼き足りない場合は、水分の蒸発が不十分で組織がまだやわらかいので、オーブンから出して温度が下がったときに、気泡中の空気や水蒸気の体積が小さくなるのに組織が引っ張られて、しぼんでしまいます。

比重が軽い場合は、気泡が多くよくふくらみますが、混ぜ回数が少ないので生地の骨組みとなるグルテンの量が少なく、ふくらんだ生地を支えることが難しくなってしまいます。そのため、冷めたときに少しボリュームが下がって、表面にしわが寄ってしまうことがあります。

焼き過ぎ、焼き足りなかった場合

失敗例

焼き過ぎ。長時間焼くと水分が蒸発して焼き縮みが生じる。

焼き足りない。組織に完全に火が通ってないのでしぼむ。

標準例

全体に均等にふくらんで、表面にしわがない。

Q スポンジ生地を焼いたあと、天地を引っくり返して冷ますのはなぜですか?

A 生地のきめを揃えるためです。

焼きあがったスポンジ生地の断面には、卵の気泡や生地中の水分によってふくらんだ跡が、細かな気泡（穴）となってたくさん見えます。焼きたての生地の断面を拡大して見ると、上層部は気泡が大きく、中層部は中くらい、下層部は気泡が小さくなっているのがわかり、きめの細かさが異なります。これにはいくつかの理由が考えられます。

まず、焼く過程で、卵の気泡内の空気は熱膨張し、特に大きく軽くなった気泡は、周囲の生地をともなって上に移動しやすくなると考えられます。そのため、生地上層は大きな卵の気泡が集まりやすい傾向にあります。

また、下層では、上の生地の重みがかかって、空気や水蒸気によるふくらみがさまたげられ、気泡が小さくなります。

引っくり返さずにそのまま冷ますと、下層の小さな気泡はさらに重みでつぶされて、気泡が大きい上層との差が激しくなってしまいます。

ですから、焼きあがったら引っくり返し、気泡が小さい層を上にすることで、その層がそれ以上つぶされることをふせぎ、全体に均一な生地のきめに揃えるのです。

また、引っくり返すのは、表面を平らにするという意味もあります。

焼きたてのスポンジ生地の断面 図2

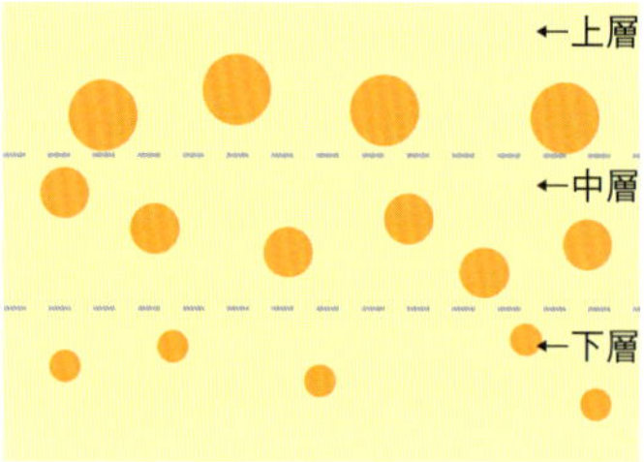

→上層:気泡が大きい(比重が軽い)…ふわっと軽く、やわらかい食感。
→中層:気泡が中くらい(比重が上層と下層の中間)。
→下層:気泡が小さい(比重が重い)…きめがつまって、かための食感。

冷まし方を変えた場合の生地のきめ

引っくり返して冷ました **引っくり返さないで冷ました**

スポンジ生地の小麦粉に、薄力粉を使うのはなぜですか?

薄力粉を使うとふんわりとふくらむからです。

スポンジ生地作りでは、小麦粉のタンパク質からできるグルテンの量と質の違いが、焼きあがりのボリュームや質感に影響を与えます。

グルテンには粘りと弾力があり、生地中でデンプン粒を取り囲むようにして、立体的な網目状に広がっています。グルテンがたくさんできると生地の粘りが強まり、焼いている最中に、気泡内の空気や生地中の水分が体積を増してふくらもうとするときに、これをさまたげてしまいます。

さらに、グルテンは加熱されるとデンプンよりもかたく固まるため、生地の焼きあがりがかたくなる原因となってしまいます。

強力粉は、このグルテンのできる量が多く、しかも粘りと弾力が強いのが特徴です。

その点、薄力粉は粘りと弾力が弱いグルテンが、必要最低限に作られる程度なので、やわらかく、ソフトな弾力のある生地に仕上げたい場合には適しているのです。特に製菓用の薄力粉でスポンジケーキを焼くと、ふわっとよくふくらみ、きめ細かい仕上がりになります。製菓用の薄力粉は、一般の薄力粉よりもさらにタンパク質含量が少なく、粒子が細かいためです。

薄力粉と強力粉の焼きあがりの違い 表9

		薄力粉	強力粉
成分	タンパク質の量	6.5〜8.0%	11.5〜12.5%
	グルテンの量	少ない	多い
	グルテンの質	粘りと弾力が弱い	粘りと弾力が強い
焼きあがり	ボリューム	大きい(かさが高い)	小さい(かさが低い)
	食感の軽さ	ふんわりふくらんで軽い	重い
	弾力	ソフトな弾力	弾力が強い
	やわらかさ	やわらかい	かたい
	しっとり感	しっとりしている	ぱさぱさしている

参考…239〜240頁

Q★★ さらにふわふわした軽い食感のスポンジ生地を作りたいのですが、どうしたらいいですか?

A 小麦粉の配合の一部をデンプン製品に置き換えます。そのとき、何のデンプンにするかによって、食感に個性が出ます。

スポンジ生地は、デンプンが糊化してふわふわしたボディの部分が作られ、タンパク質からできるグルテンが骨組みとなって、しなやかな弾力を作りだします。

ふわふわした食感をより強く出したいと言っても、さまざまなとらえ方があります。生地をかんだときに押し戻すような弾力をやや減らし、ふわふわしたボディの部分の食感を強調するという考えで配合を変えるならば、タンパク質量を少なくし、デンプン量を多くします。

まず、ひとつの方法として、タンパク質量が少ない製菓用の薄力粉を使うという方法が考えられます。

また、小麦粉の一部をデンプン製品に置き換え、小麦粉とは違う個性がはっきりと出た食感に焼きあげることもできます。

スポンジ生地に用いるのに適したデンプン製品には、コーンスターチ(とうもろこしデンプン)、浮き粉(小麦デンプン)、米粉(米デンプン)などがあります。

デンプンの種類によって、デンプンの形や大きさ、吸水量、吸水して加熱されたときに出る(糊化による)粘りと、焼きあがってから時間が経ったときの(老化による)かたさに違いがあるので、何のデンプンを使うかによって、焼きあがりのふわふわ感や歯切れのよさなどの食感が変わります。また、味や香りにも違いが出ます。

それをわかりやすく理解するために、本書の参考配合例の小麦粉の重量をデンプン製品100%、50%の割合で置き換えて作り、食感の特徴を記しました。

　また、ここまでグルテンが少ないと生地のつながりが弱く、口の中でばらばらに崩れてしまうので、ある程度グルテンは必要であることも同時にわかります。
　実際は、デンプンの割合を50%以下に控えて作ります。

参考…242～243頁／246頁

デンプンの違いによる焼きあがりの比較　　表10

	左100%、右50%置き換え	原料デンプン	食感
薄力粉（対照）			
コーンスターチ		とうもろこし	ボリュームが大きく焼きあがる。ぱさぱさ感が一番強く、口の中の水分が奪われる感じになる。生地のつながりが非常に弱く、口の中でばらばらに崩れる。ふんわりしているのにかたい
浮き粉		小麦	口の中でばらばらになる。ややぱさぱさした感じがある。コーンスターチよりはやわらかい
米粉		米	デンプンの粘りが強いので、多く使い過ぎるとボリュームがかえって小さくなり、そのためにかたさを感じる。弾力があり、コーンスターチや浮き粉に比べると、ぱさぱさした感じは少ない

＊米粉にはタンパク質が約6%含まれているが、グルテンを形成するのは小麦粉のタンパク質だけなので、ここではデンプン製品という扱いで用いた。

＊本来、グルテンが少なくなると、ふくらんだ生地を支えることができないので、焼きあがってから多少しぼむ傾向にある。

＊デンプン製品で100%置き換えたものは、タンパク質が含まれていないのでアミノ−カルボニル反応（→266頁）を起こしにくく焼き色がつきにくい。また、小麦粉で作ると、小麦粉に含まれるフラボノイド色素によって黄色っぽく見えるが、デンプンにはそれが含まれておらず白いため、焼きあがりも白っぽくなる。

＊焼きたては若干しっとりしているように感じるが、焼きたての生地を組み立ててお菓子を作るというのは現実的ではなく、また、1日置いたほうが各デンプンの老化の仕方が食感の特徴として出るため、あえて1日置いた生地でその食感を判断した。

STEP UP スポンジ生地とグルテンⅡ／押し戻すようなソフトな弾力

スポンジ生地には、グルテンが作りだす、押し戻すようなソフトな弾力が必要です。

焼く前のスポンジ生地は、小麦粉のペースト中に卵の気泡が無数に存在している構造をとっています。

焼きあがった生地の断面には、細かな穴がたくさん見えますが、それは気泡内の空気が熱膨張したり、小麦粉のペースト中の水分が水蒸気に変わるときに体積を増して、小麦粉のペーストを押し広げた状態で固まった跡で、生地がふくらんだ証拠です。

その穴のまわりを固めて、ふっくらとしたボディを作りだしているのが、糊化したデンプンで、生地のふくらみをある程度支えています。建物にたとえると、壁のセメントのような役割です。そして、壁が崩れないように、グルテンの骨組みが網目状に張りめぐらされています。

このときに、セメントの壁を塗り固めるだけでも、確かに建物は形を成しますが、とても崩れやすくなってしまいます。それが、グルテンをまったく含まない、デンプンだけのスポンジ生地です。ふくらんでいても、口に含むとばらばらと崩れて、スポンジ生地特有の押し戻すような、ソフトな弾力がありません。その弾力はグルテンが焼き固まることによって作られるからです。

以上のことから、スポンジ生地のグルテンは、糊化したデンプンのボディがばらばらに崩れないように適度につなぎ、ふくらみを適度に支え、食べたときの心地よいソフトな弾力を作りだすのに、必要最少限の量が必要なのです。

Q★★ しっとりとした、スポンジ生地を作りたいのですが、どうしたらいいですか？

A 生地の水分量を多くします。牛乳を加えると簡単に風味よく仕上がります。

焼きあがった生地が水分を多く含んでいると、しっとりした食感を得られます。それにはまず水分を増やすこと、そして保水性を高めることが必要です。

1　水分を加える

スポンジ生地の配合に、水分を加えると、しっとり、きめ細かく焼きあがります。この水分には、風味がよい牛乳が適しています。牛乳は溶かしバターと混ぜ合わせて温め、最後に生地全体に混ぜ込むようにします。このときに温めるのは最終的な生地の温度を25℃前後の範囲内にして、気泡を壊れにくい状態を保ちたいためです。

本書の参考配合例で言えば、牛乳30mlを加えるとよいでしょう。ちなみにこの場合、ほかの材料の配合を変化させる必要はありません。

生地の水分量を多くすると、単純に、その分水分が多く残って焼きあがるのでしっとりします。また、きめが細かく焼きあがるのもひとつの特徴です。

2　砂糖の量を増やす

スポンジ生地をオーブンで焼いたとき、生地中の水分の一部は蒸発します。

砂糖には保水性があるので、砂糖の量を増やすと、その分生地中に水分が保持されてしっとり焼きあがります。また、さらに保水性が強い転化糖製品を加えることもできます。

参考…249～250頁／254頁

牛乳を加えた焼きあがりの比較

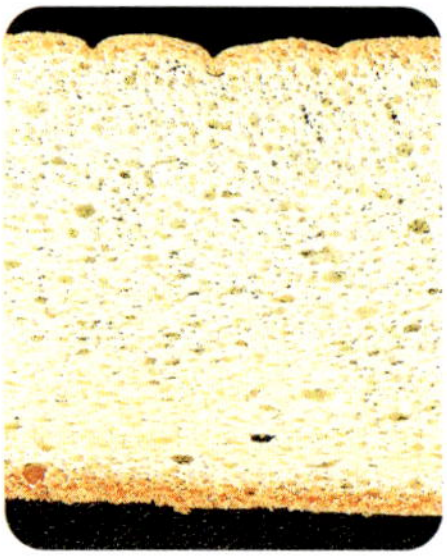

牛乳入りのスポンジ生地（参考配合例に牛乳30mlを足したもの）。気泡が小さく、きめが細かい。

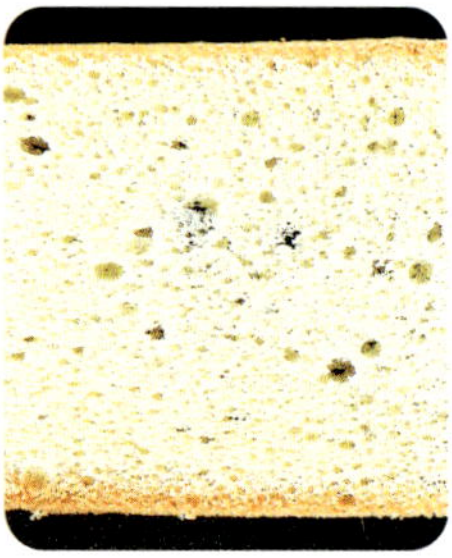

参考配合で作ったスポンジ生地。

STEP UP 生地とデンプン／デンプンの糊化

スポンジ生地では、小麦粉の75%近くを占めるデンプンが水を吸収して糊化し、それがふっくらとしたボディの食感を作りだします。

スポンジ生地がその形を保つには、デンプンの糊化と、生地の骨組みとなるタンパク質のグルテン、そして卵の気泡が大きく関わります。

この中でグルテンと卵の気泡の形成に関しては、どのくらい混ぜるかということが、その形成量を左右しますが、デンプンの糊化に関してだけは、生地作りの操作法で糊化の度合いが変わるのではなく、それを決めるのは配合です。

そのため、生地作りの作業は、デンプンよりも、グルテンや卵の気泡を意識して行いますが、配合を考えるときには、デンプンが糊化するために水分量がどのくらい必要なのかが重要になるのです。

また、小麦粉のデンプンだけが水を吸収するのではなく、小麦粉のタンパク質も、グルテンを形成するときに水を必要とし、砂糖も水を吸収します。スポンジ生地の配合では、水分は卵によってもたらされます。その卵の水分をこれらが奪い合うのです。

水分量が少な過ぎると、デンプンの糊化に使える水が足りなくなってやわらかさが出ないのですが、水分量を増やすと、デンプンが水分をたくさん抱えてやわらかい状態で糊化するので、焼きあがりがしっとり、やわらかく感じるのです。

Q ★★ スポンジ生地を作るときに、溶かしバターの代わりに、サラダ油などの液状油脂を使ってもできますか？

A サラダ油（液状油脂）を使うと、生地が軽く仕上がります。

一般に、シフォンケーキを作る場合には、サラダ油などの液状油脂が使われます。液状油脂を使用するとよくふくらみ、軽い仕上がりになるからです。スポンジ生地においても、同じことが言えます。

サラダ油を使用するとよくふくらむのには、つぎの2つの理由が考えられます。

1　卵の気泡を壊しにくい

サラダ油は液状で、溶かしバターよりも粘性が低く、生地にさっと分散します。その結果、生地を混ぜる回数が少なくてすむので、卵の気泡が壊れにくく、その分よくふくらみます。

2　しなやかさを与え、気泡の膨張をさまたげない

焼く前のスポンジ生地は、小麦粉のペースト中に卵の気泡が無数に存在している構造で、油脂はペーストの中に分散しています。サラダ油は、溶かしバターよりも粘性が低いので、ペーストがよりしなやかになります。すると、オーブン内で、卵の気泡中の空気や生地中の水が体積を増してふくらもうとするときに、その動きに合わせてペーストがのびるので、ボリュームが大きく（かさが高く）焼きあがります。

ただ、乳製品であるバターに対して、サラダ油は植物性油脂なので、サラダ油ではバターのコクのある風味は出せません。

＊サラダ油は温めなくても粘性が低いが、オーブンに入れる前の生地の最終温度が下がらないように、温めて使う。

サラダ油を使用した場合の焼きあがり

左：参考配合例（バター使用）、
右：サラダ油使用。

Q ★★ 甘さを控えてスポンジ生地を作りたいのですが、砂糖の分量を減らしてもいいですか？

A 砂糖の分量を減らすと甘さが減るだけでなく、焼きあがりのボリュームやしっとり感も減ってしまいます。

砂糖を減らしてヘルシーなお菓子を作りたいと思う方は多いようですが、砂糖は甘みを与える役割だけではありません。

スポンジ生地では、砂糖の分量を減らすと、同時にふくらみにくくなり、しっとり感も失われてしまいます。

また、砂糖の分量を変えるときには、卵、小麦粉の配合とのバランスを考慮しなければなりません。ちなみに本書の参考配合例では、砂糖は卵の重量の60%にしています。スポンジ生地における砂糖の役割と、砂糖を減らしたときの影響をまとめてみました。

1　スポンジ生地における砂糖の役割

①甘みを与える。
②卵の気泡を小さくし、壊れにくくする。その結果焼きあがりのきめが細かくなる。
③保水性があるため、生地がしっとり焼きあがる。
④デンプンの老化を遅らせ、時間が経過しても生地のやわらかさを保つ。

2　砂糖を減らしたときの影響

①甘みが減る。
②卵の気泡が形成しにくくなる。またできた気泡が壊れやすくなる。その結果、ふくらみにくくなり、生地のボリュームが小さくなる。壊れた気泡が大きな穴を作り、焼きあがりのきめが粗くなる。
③焼きあがりがぱさぱさになる。
④時間が経つとかたくなりやすい。

参考…225〜227頁／242〜244頁／252〜254頁

砂糖の分量を減らしたときの焼きあがり　表11

		参考配合例	参考配合例に対して砂糖が1/2量
泡立った卵の状態		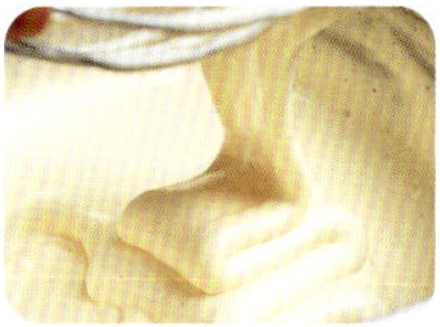 気泡が小さく、つやがあり、しっかりした泡立ちでボリュームが出る	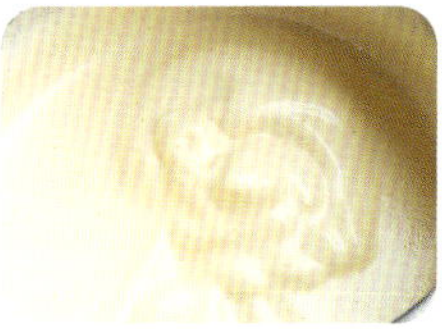 気泡が粗く、しまりのない軽い泡立ちでボリュームが出ない
焼きあがり	ボリューム	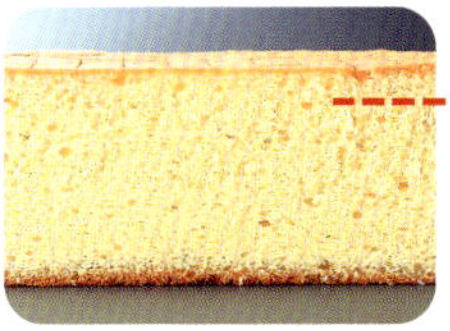 よくふくらむ	 ふくらみが悪い
	きめ	きめが細かい	きめが粗い
	しっとり感	しっとりしている	ぱさぱさしている
	かたさ	弾力があるやわらかさ	ソフトさが劣る

Q ★★ スポンジ生地で、砂糖の分量を増やすとどうなりますか?

A 焼きあがりのしっとり感が増します。

スポンジ生地の砂糖の分量は、卵の重量の40～100%の範囲で調整します。この範囲内で、砂糖の分量を増やすと、砂糖の保水性によって、焼きあがりのしっとり感が増します。これを実験的に150%に増やしてみると、オーブンで長く焼いても、内部がやわらかく粘りのある状態のままで、焼きあがりません。このことから、砂糖の保水性が理解できます。

参考…252頁

砂糖の分量が卵の重量の150%

表面は白くかちかちにかたくなる。過飽和になった砂糖が表面に析出したため。

断面。空洞ができ、内部は、砂糖の保水性により、長く焼いても生焼けでやわらかいまま。

Q ★★ グラニュー糖の代わりに、上白糖を使ってもスポンジ生地ができますか?

A 上白糖を使用することはできますが、味と食感が変わります。

グラニュー糖と上白糖は、どちらも主にショ糖からできていますが、上白糖には転化糖が多く含まれています。同じ甘みの成分でも、ショ糖と転化糖では性質が違い、この割合の差がスポンジ生地の焼きあがりに影響を与えます。

1　甘みの違い

まず甘みの違いをお話しましょう。ショ糖は砂糖の甘さを作りだす主成分であっさりした甘みがあります。転化糖はショ糖が分解してできるブドウ糖と果糖の混合物で、ショ糖よりも甘く感じ、あとを引く甘みを持っています。

グラニュー糖はほぼショ糖から成っていて、ショ糖のあっさりした甘みが特徴として出ています。

上白糖は、製造の過程で転化糖を添加しているため、グラニュー糖の何倍も転化糖が含まれています。ですから、ショ糖に対する転化糖の割合はわずかとはいえ、転化糖そのもののあとに引く甘さが、上白糖の特徴として前面に出てきています。

2　しっとり感や焼き色の違い

つぎに生地のしっとり感ややわらかさ、茶色い焼き色を比べてみましょう。次にあげることは砂糖全般に当てはまる性質ですが、転化糖はショ糖に比べて特にこれらの性質が強く、それが上白糖の特徴となってはっきりとあらわれています。

(1) 保水性が高い

スポンジ生地をオーブンで焼いたとき、生地中の水分の一部は蒸発して焼きあがりますが、砂糖には保水性があるので、水分が生地の中に保持されてしっとり焼けるのです。

転化糖はさらに保水性が強いので、スポンジ生地に上白糖を使用するとグラニュー糖を使用した場合より、しっとりと仕上がります。

(2) デンプンの老化を遅らせる

スポンジ生地がかたくなるのは、糊化してふっくらしたデンプンが老化するためです。砂糖が水分を保持して、デンプンの老化を遅らせることによって、スポンジ生地のやわらかさを保ちます。上白糖はグラニュー糖よりもこの性質が強いのです。

(3) 焼き色が濃くつく

転化糖はショ糖よりもアミノ－カルボニル反応が起きやすく、上白糖を使用するとグラニュー糖に比べて、茶色い焼き色が濃くつきます。

また、卵を泡立てる段階でも、上白糖とグラニュー糖では違いが出ます。吸湿性が高い上白糖を使うと、できた気泡のひとつひとつが若干小さく、かつ壊れにくくなります。多少のことなので実際の作業では顕著な差としては出ませんが、気泡のきめが細かく、小麦粉やバターを混ぜても気泡が多少消えにくいような印象を受けます。

このような特徴を知った上で、グラニュー糖をほかの種類の砂糖に置き換えると、それぞれの個性を引きだしてお菓子に特徴を与えることができます。

参考…244頁／249～250頁

グラニュー糖と上白糖での焼きあがりの違い　表12

		グラニュー糖	上白糖
成分	ショ糖	99.97%	97.69%
	転化糖	0.01%	1.20%
	灰分	0.00%	0.01%
焼きあがり	焼き色	薄い	濃い
	しっとり感	標準	しっとりしていて、さわるとべたつく
	甘み	あっさりした甘み	あとに引く甘み

焼き色の違い

左はグラニュー糖(薄い)。右が上白糖(濃い)。

Q ★★ ココア味のスポンジ生地がよくふくらまないのはなぜですか?

A ココア に含まれる油脂が、卵の気泡を壊したため、生地がふくらみにくくなったからです。

スポンジ生地にココアを加えるときは、ココアも小麦粉と同様に水分を吸収する粉末であると考えて、小麦粉の一部をココアに置き換えた配合とし、小麦粉と一緒にふるってから、泡立てた卵に混ぜます。

しかし、ココアには一般に脂肪分が22%前後含まれているので(メーカーや製品によって異なる)、小麦粉のみのスポンジ生地の場合と同じ回数だけ混ぜると、油脂が卵の気泡を壊して生地のボリューム(かさ)が減ってしまいます。そのため、通常よりも混ぜる回数を少なくする必要があります。

その一方で、ココアはダマになりやすく、分散しにくいのです。

ココアが卵の気泡を壊しやすいにもかかわらず、生地中の水分を吸収して混ざりにくくなるので、的確に生地をとらえるへらの動きで1回1回確実に混ぜ込み、通常よりも少ない混ぜ回数で均一に混ざり終えるようにします。そして、混ざったあとも気泡が壊れていくので、手早く作業することが大切です。

また、スポンジ生地に混ぜる場合は、脂肪分が低いココアを選んでもよいでしょう。

参考…221～222頁

ココアがダマになっている。

混ぜる回数の違いが焼きあがりに与える影響 表13

	ココアを加えない生地で通常混ぜている回数よりも減らした場合（30回）	ココアを加えない生地で通常混ぜている回数と同じだけ混ぜた場合（40回）	
生地の混ぜ終わり			壊れた気泡が表面に浮いてくる
焼きあがり			焼きあがりのボリュームが小さい

Q ★★★ スポンジ生地の配合を変える場合、どのような法則のもとで加減すればいいですか?

A 卵:砂糖:小麦粉の配合比を守り、分量を変化させます。

別立て、共立てとも、スポンジ生地の基本的な配合比は、全卵、砂糖、小麦粉が1：1：1とされています。この配合比をもとにして、スポンジ生地の配合をアレンジします。

全卵：砂糖：小麦粉=1：1：1が最も重い生地で、最も軽い生地は、全卵：砂糖：小麦粉=1：0.5：0.5の配合です。この範囲で全卵を軸にして、砂糖と小麦粉の割合を変化させるわけですが、このときに砂糖と小麦粉は常に同じ比率で変化させないと、バランスが取れません。

砂糖と小麦粉の量が減ると、ふんわりと軽くなりますが、反面きめが粗くなり、しっとり感やソフトな弾力が失われていきます。

小麦粉のデンプンの糊化には水が必要で、小麦粉のタンパク質がグルテンを形成するときにも水を必要とし、また砂糖も水を吸収します。そのため、卵の水分をこれらが奪い合うので、全卵、砂糖、小麦粉のバランスが大切なのです。

また、全卵のうち、卵黄を増やし、卵白との比率を変える方法もあります。その場合、卵黄は卵白よりも水分が少ない（→222頁）ということを考慮して、配合を決めます。

バターは風味づけのため、そして生地をしっとりさせるために加えていますが、バターを加える方法もあれば加えずに作ることもできます。バターの配合量は、砂糖の量とのバランスを考えながら決めます。砂糖の配合量が多いほど、卵の気泡は安定するため、バターを加える量を増やすことが可能になります。共立ての場合は砂糖の80%、別立ての場合は砂糖の40%が上限です。

グラフ1

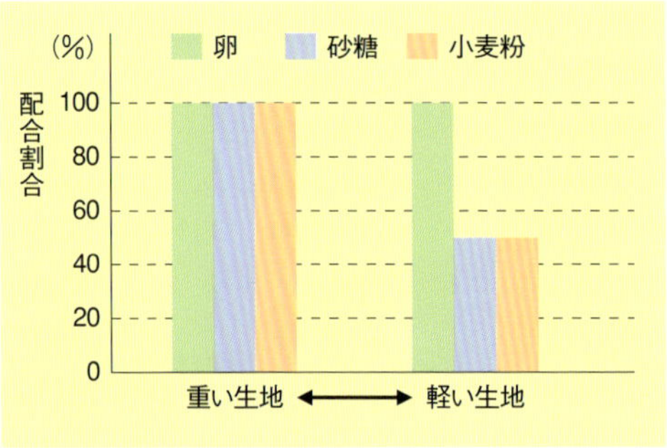

CHAPTER 2

全卵の起泡性で作る
別立てのスポンジ生地

卵白と卵黄を別に泡立てて作るのが別立てのスポンジ生地です。生地を絞り出して砂糖をたっぷりふって焼くビスキュイ・ア・ラ・キュイエールが別立てのスポンジ生地の代表選手。またロールケーキなどのスポンジ生地として利用することもあります。

別立てのスポンジ生地は、卵白をつのが立つまで泡立ててから、別に泡立てた卵黄を混ぜ、小麦粉を加えて作るのですが、卵は全卵よりも、卵白のみで泡立てたほうがかたく泡立つので、絞り出して焼くことができるかたさを持った生地になります。ここが共立てのスポンジ生地と違う特徴です。

小麦粉を加えてから生地を「切り混ぜる」のがポイントで、この混ぜ方によってふんわりした生地ができます。

別立てのスポンジ生地　基本の作り方

【参考配合例】30×40cmのプレート1枚分

- 卵黄　60g（3個）
- グラニュー糖　50g

- 卵白　90g（3個分）
- グラニュー糖　40g

薄力粉　90g

準備

・薄力粉はふるう。

＊ハンドミキサーを使用する。

＊オーブンは機種や形態によって、焼成温度や時間に多少の差が出る。

1

ボウルに卵黄、グラニュー糖を入れて、白っぽくなるまで泡立てる。

2

ハンドミキサーで卵白を溶きほぐし、泡立てる。泡立てながらグラニュー糖を3回に分けて加えて、メレンゲを作る。

3

2のメレンゲに1の卵黄を加えて、ゴムべらで混ぜる。

4

混ざった状態。

5

薄力粉を加えて、粉が見えなくなるまで混ぜ、さらに続けて数回混ぜる。

6

生地を紙の上に絞り出す。または紙をしいたオーブンプレートに流す。必要に応じて粉砂糖をふりかける。

7

上火180℃、下火160℃のオーブンで10～15分焼く。焼きあがったら、プレートから出して、網の上で冷ます。

●●●別立てのスポンジ生地　どの材料が、どんなはたらきをしているの?→49頁

●●●別立てのスポンジ生地　プロセスで追う構造の変化→50～51頁

●●●別立てのスポンジ生地　生地作りのイメージ

別立てのスポンジ生地は、泡立てた卵白（メレンゲ）をベースにして作っていきます。卵白に砂糖を加えて泡立てると、たくさんの気泡を取り込むことができる上、かたくしっかりとした泡立ちになります。ここに、卵黄、小麦粉を加えるときに、この気泡をなるべく壊さないように混ぜ合わせることで、ふんわりとふくらんだ生地に焼きあげることができます。

泡立てた卵白は、全卵を泡立てたものに比べて流動性が低く、小麦粉を加えて混ぜたときに、卵白の気泡と気泡の間に小麦粉が分散しにくいので、へらで生地を切るようにして混ぜ込んでいきます。そのように混ぜることによって、結果として共立ての場合よりもグルテンができにくく、生地のつながりが弱くてもろい生地に焼きあがるのが特徴です（→61～62頁）。

別立てのスポンジ生地　Q&A

Q ★★

卵白を泡立てるには、冷蔵庫から出したての卵と常温の卵、どちらを使ったらいいのでしょうか?

A

よく冷えた卵を使うほうが、きめ細かく、しっかりとしたメレンゲが得られます。

卵白を泡立てるときには、冷蔵庫で冷えた卵を使います。卵白は、温度が低いほうが、きめが細かく、かたくしっかりとした気泡が得られるからです。

全卵の場合は、卵黄の脂質が卵白の泡立ちを抑えてしまうので、常温にするか湯せんにかけて温度を高くし、表面張力を弱めて泡立ちやすくしなければなりません。

しかし卵白は脂質を含んでいないので、冷たい状態でも十分に泡立てることができます。

＊表面張力は高い、低いと表現するのが適当だが、本書では、わかりやすさを考慮して、あえて強い、弱いと表わしている。

参考…53頁／219〜222頁

Q ★

卵白を溶きほぐしてから泡立てるのはなぜですか?

A

卵白のどろっとしたつながりを切ってから泡立てないと、全体が均一に泡立たないからです。

卵白には、どろっと粘性がある濃厚卵白と、さらっとした液状の水様卵白が分離して混在しています。これを溶きほぐさないでそのまま泡立てると、粘性の低い水様卵白だけが先に泡立ってしまい、均一な泡立ちにならないのです。

ですから、泡立てる前に、これを溶きほぐして、濃厚卵白のつながりを切っておくのです。

泡立て器は卵白の中につけたまま左右に動かし、ワイヤーで濃厚卵白のつながりを断ち切ります。ミキサーを使う場合は泡立てる力（攪拌力）が強いので、卵白に分量の砂糖の一部を入れて、泡立ちを抑えた状態にして低速で混ぜて溶きほぐすといいでしょう。

参考…217〜218頁

Q★ 卵白の正しい泡立て方を教えてください。

A 手立ての場合は、空気を取り込むように泡立て器を動かします。ハンドミキサーやミキサーでは、泡立ちの段階に応じて速度を調節しながら泡立てます。

卵白は手で泡立てる場合、ハンドミキサーやミキサーで泡立てる場合、それぞれに応じた、泡立て方のポイントがあります。

手立てでは、泡立て器を卵白と空気中を行き来させながら円を描くように動かして、できるだけ空気を取り込むような動きで泡立てていきます。卵白はタンパク質が空気にふれて変性してかたまることによって気泡ができていくので、空気をたっぷり含ませることが大切なのです。泡立て器を軽く握って、手首のスナップをきかせながら、泡立て器をボウルに打ちつけるような感じでリズムよく混ぜていきます。

ハンドミキサーやミキサーの場合は、高速で泡立て始め、ボリュームがある程度出たら中速に落とし、最後は低速にして、きめ細かい均一な気泡を作りだします。

参考…223〜225頁

卵白の手立てによる泡立て方 図3

ボウルを傾けて卵白を一ヵ所にためる。泡立て器は卵白の中を通って空気中に出る。矢印のように大きく円を描くようにくり返し動かして空気を取り込む。

Q★★ 卵白を泡立てるときに、砂糖を一度に加えず、3回に分けて加えるのはなぜですか？

A 砂糖を3回に分けて加えると、最初に一度に加えるよりも、気泡が多い泡立ちになり、スポンジ生地の焼きあがりにふわっとボリュームが出るからです。

卵白を泡立てたときの気泡量や質感が、そのままスポンジ生地の焼きあがりに影響します。そのため、焼きあがりのボリュームや食感のイメージに合わせて卵白を泡立てるというのが、ここでの大切な考え方です。

卵白の泡立ちには、それに加える砂糖の影響を考えなければなりません。卵白に砂糖を加えると、卵白の水分を砂糖が吸着し、気泡の膜が壊れにくくなり、安定します。その反面、砂糖には、卵白のタンパク質の空気変性を抑える性質があるので、泡立ちにくくなります。

以上のことから、配合例どおりの砂糖の量を加えるにしても、泡立てのどの段階でどのくらいの量を加えるのかによって、泡立ちのボリューム（気泡量）、きめの細かさ（気泡の大きさ）に違いが出ます。

1　砂糖を最初にすべて加えて泡立てる場合

最初に砂糖をすべて加えて泡立てると、3回に分けて加えるよりも泡立ちにくい状況の中で泡立てていくことになり、泡立て始めから小さな気泡ができやすく、きめ細かい泡立ちが得られる一方で、ボリューム（かさ）は低くなります。

最初から砂糖をすべて入れ、あえて泡立ちを抑えた状態にして、泡立てます。

↓

常に、空気が取り込みにくい状況下で気泡ができるので、できた気泡は小さくなります。

↓

泡立て続けていると、先にできた気泡は、泡立て器のワイヤーにぶつかって分化してさらに小さい気泡になります。このように、分化した気泡と、新たにできた気泡が混在している状態です。

↓

泡立ちあがりの気泡が全体的に小さく、全体のボリュームが小さい（かさが低い）。緻密でなめらかな、かたく締まりのある泡立ちが得られます。

2　泡立ての途中で、砂糖を3回に分けて加えて泡立てる場合

同じ分量の砂糖を3回に分けて1/3ずつ加えるのは、泡立ちやすさを作りだすためで、砂糖を最初にすべて加えるよりも、気泡量が多くてボリュームがある泡立ちが得られます。

最初は砂糖を入れずに泡立ちやすい状況にして泡立てます。空気がたくさん取り込まれて、大きな気泡がたくさんできます。

↓

ある程度泡立ったら、砂糖の一部を加え、さらに泡立て、また砂糖を加えるという工程を3回くり返します。砂糖を加えていくにつれて、段階的に泡立ちが抑えられた状況になるため、新たにできる気泡は、だんだん小さくなっていきます。

↓

同時に、初めの段階でできた大きな気泡は、泡立てていくうちに、泡立て器のワイヤーにぶつかって分化して小さくなります。

↓

砂糖を最初にすべて加えた際の泡立ちに比べ、最終的には気泡を取り込む量が多く、全体のボリュームが大きく（かさが高く）、気泡の大きさもやや大きい。空気を多く含んだ、ふわっと軽い泡が得られます。

きめ細かくてソフト感があるスポンジ生地を焼きたいときには、砂糖を最初にすべて加えて泡立てたメレンゲを使います。また、ふんわりとした軽い焼きあがりを求め

るときには、3回に分けて加えたメレンゲを用いるとよいでしょう。本書の参考例では、後者のやり方をもとに作っています。

参考…225〜226頁

メレンゲに砂糖を加える回数が泡立ちに与える影響 表14

	砂糖を最初にすべて加えたメレンゲ	砂糖を3回に分けて加えたメレンゲ
	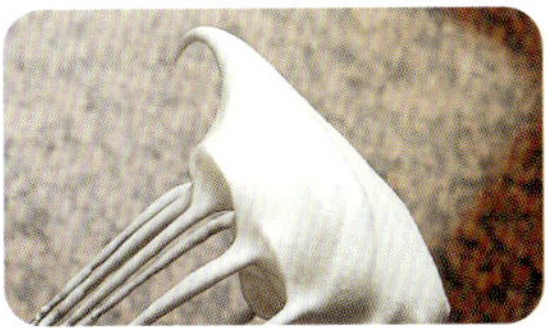	
泡立てに必要な力	ハンドミキサーなどの強い力でなければ泡立たない	手立てのような弱い力で泡立つ
泡立ちのボリューム	ボリュームが小さい（かさが低い）	ボリュームが大きい（かさが高い）
気泡の大きさ	小さい	やや大きい
質感	きめが細かく、締まっている	ふわっと軽い

焼きあがりの比較

左：砂糖を最初にすべて加えたメレンゲ、右：砂糖を3回に分けて加えたメレンゲを使用。

＊丸く絞り出して焼いたスポンジ生地を、底同士重ねて撮影したもの。

Q 卵白に砂糖を分けて加えて泡立てるとき、どのくらいの泡立ち具合で砂糖を加えたらいいですか？

A ハンドミキサーの泡立て器が描いた筋と、すくったときのつのの立ち具合で確認し、ある程度まで泡立ってから砂糖を加えるようにします。

ふんわりと軽い生地を作りたいときは、卵白にボリュームを出して泡立てます。こんなときは、まず卵白を溶きほぐしてからある程度まで泡立てて、それから砂糖を段階的に3回に分けて加えます。

ハンドミキサーで泡立てるときに、砂糖をどのタイミングで加えるかは、次の2点で見極めます。

①ハンドミキサーの泡立て器が卵白に残した筋を見て、筋がどのくらいはっきり出ているか。
②泡立て器で卵白をすくって、つのがどのくらい立つか。

本書の参考配合例では、下の写真の泡立ちを目安に砂糖を加えています。
また卵白に対して、同じ分量の砂糖を3回に分けて加える場合でも、卵白がどのくらい泡立ってから加えるのか、あるいは3回の砂糖の量の配分をどうするかによっても泡立ちに違いが生じます。
泡立ち始めた早い段階で砂糖を加えたり、または砂糖を多く加えると、それだけ早い段階から泡立ちにくい状況が作られ、空気が取り込みにくくなるので、砂糖を最初にすべて加えたような、きめが細かく、気泡量が少ない、なめらかでかたく締まった泡立ちになります。逆に、砂糖を加えるのを少し遅らせると、なめらかさや気泡の細かさは劣りますが、気泡量の多い泡立ちが得られます。
どんな生地を作りたいかで、加えるタイミングや量の配分を調整してください。

卵白の泡立てで砂糖を3回に分けて加えるタイミング

1　卵白のみで泡立ててから、1回目の砂糖を加えるタイミング。

2　2回目の砂糖を加えるタイミング。

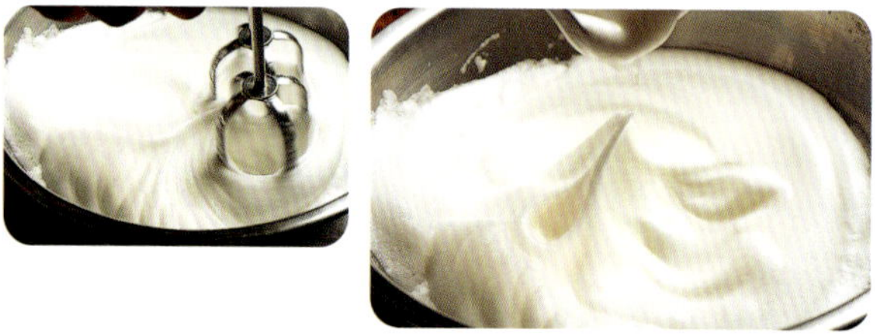

3　3回目の砂糖を加えるタイミング。

＊卵白に加えられた砂糖の量が少ない段階では、過剰に泡立ちやすいので注意が必要。卵白に白い粒が見えてなめらかさが失われてしまうと、泡立ち過ぎ。そうなる前に砂糖を加えるようにする。

STEP UP 手立てとミキサーでの、砂糖を加えるタイミングの違い

卵白を泡立てるときに加える砂糖は、卵白を泡立ちにくくさせるはたらきがあります。そのため、泡立てる力（攪拌力）が弱い手立ての場合と、泡立てる力がハンドミキサーより強いミキサーの場合では、砂糖を加えるタイミングを変えていきます。

手立てで、なるべく力をかけずに泡立てたいというときには、最初は卵白だけで泡立ててから、砂糖を3回に分けて加えるようにします。

ミキサーで砂糖を3回に分けて加える場合には、泡立てる力が強いので、手立てやハンドミキサーより少し早いタイミングで砂糖を加えて泡立てます。

卵白にまず1回目の砂糖を加えて低速で混ぜて卵白をほぐし、濃厚卵白のコシを切ってから泡立て始めます。そして、高速にして泡立て、ボリュームがある程度出たら、2回目の砂糖を加えて、中速に落として泡立てます。3回目の砂糖はきめを細かくする目的で加え、低速で泡立てます。

また手立てとミキサーで、同じ分量の砂糖を3回に分けて加えて泡立てる場合、手立てよりもミキサーのほうが、締まりのあるメレンゲになります。

Q 別立てのスポンジ生地のメレンゲの適正な泡立ちあがりがよくわかりません。見極め方を教えてください。

A ぴんとつのが立つくらいまで泡立てます。

メレンゲにつやがあり、泡立て器ですくうと、ぴんとつのが立つくらいまで泡立てます。泡立て途中ではふわっとしていたメレンゲが、泡立ちあがりにはきめが細かくかたくなって、指を差し込むと締まった感じになります。

くれぐれも泡立て過ぎに注意しましょう。

泡立ちあがりのメレンゲは、かたくなってつのが立つ。

Q 卵白を泡立てていたら、もろもろになってしまいました。このままスポンジ生地に使えるでしょうか？

A このまま使うと、きれいに焼きあがりません。

卵白はベストな状態を越えて泡立て過ぎてしまうと、つやがなくなり、表面がもろもろしてきます。そして、気泡は壊れやすくなり、離水が起こって水分がにじみ出てきます。

卵白は、全卵よりも過剰に泡立ちやすいので注意が必要です。

泡立ち過ぎたメレンゲを使ってそのままスポンジ生地を作ると、焼きあがりの表面にたくさんの穴があき、ふくらみが悪くなります。

なぜかというと、生地内で卵白が離水した状態では、焼成初期から、離水した水分が蒸発しやすくなり、生地表面に張るはずの膜（→51頁）も通常のようにはできません。その結果、焼きあがった生地のボリュームが小さくなり、生地表面に小さな穴ができるのです。また、水分が蒸発しやすいので、結果として生地が乾燥した焼きあがりになります。

場合によっては、混ぜている間に卵白の気泡がどんどん壊れて液化し、流れるような生地になって、うまく焼けないこともあります。

参考…228頁

失敗例

過剰に泡立てて離水したメレンゲ。

離水したメレンゲで焼いたスポンジ生地。

Q 卵黄に砂糖を加えたら、どのような状態になるまで泡立てたらいいのでしょうか？

A 卵黄が白っぽくなるまで泡立てます。

別立てのスポンジ生地用の卵白は、つのがしっかりと立つまで泡立てます。ですから加える卵黄も十分に泡立てておくと、質感が卵白に近くなって、双方が混ざりやすくなります。

このときの卵黄は、空気を含んで白っぽくなるまでしっかりと泡立てます。卵白に比べると気泡量がかなり少ないとはいえ、泡立てるとややボリュームが増します。

参考…221～222頁

卵黄に砂糖を加えたとき。

泡立て終わり。空気を含んで白っぽくなった。

Q メレンゲに泡立てた卵黄や小麦粉を加えるときの混ぜ方を教えてください。

A 「へらで切るように」して混ぜます。

別立ての場合は、メレンゲに卵黄や小麦粉を加え、ゴムべらで生地を切るようにして混ぜます。しかし、切るだけでは、切った場所のメレンゲに卵黄や小麦粉が単に入り込むだけで、全体に分散しないので、切ると同時にボウルの底から生地をすくい上げるという動作をくり返します。

このように、別立てのスポンジ生地は、共立ての生地の混ぜ方とは異なります。共立ての生地は流動性があるので、へらで卵の気泡をとらえて押し出すようにして動かし、気泡と気泡の間にほかの材料をすべり込ませるイメージで混ぜます。

しかし、別立ての場合は、メレンゲに流動性がなく、へらで混ぜても気泡が動きにくいため、ゴムべらでメレンゲを切って、そこにほかの材料を入れ込むというやり方が適しているのです。次頁の混ぜ方を参考にしてください。

参考…61～62頁

別立てのスポンジ生地の混ぜ方

1　まずへらの面を立てて差し入れる。

2　へらを立てたままボウルの底まで差し入れ、手前に引いてメレンゲを切る。ボウルの側面に沿って底から生地をすくい上げる。

3　手首を使って、ゴムべらを返す。

4　左手でボウルを手前に少し回転させる。

5　返した部分に同様に切り込む。これをくり返して混ぜる。

Q メレンゲに卵黄を加えるのと、卵黄にメレンゲを加えるのではどちらが混ざりやすいですか？

A メレンゲが入っているボウルに、それよりも比重の重い卵黄を加えることで、混ざりやすくなります。

メレンゲと卵黄のように、2つの質感の違うものを混ぜ合わせて均一にしたいときには、比重の軽いものに、比重の重いものを加えると、混ざりやすくなります。

メレンゲの上から、泡立てた卵黄を加えてゴムべらで切り混ぜると、へらをメレンゲに差し入れたときや、メレンゲをすくったときに、卵黄は上から下へ沈みながら、メレンゲと自然に混ざり合ってくれます。

また、両者の比重がなるべく近いほうが混ざりやすいので、ここでは卵黄をしっかりと泡立てることによって、よりメレンゲに近い質感にしています。

さらに、泡立てた卵黄にメレンゲの一部を加え混ぜて同じような質感にしてから、メレンゲに混ぜてなじませることもできます。

参考…65～66頁

比重の軽いメレンゲに、重い卵黄を加える。

Q メレンゲになかなか卵黄が混ざっていかないのですが、なぜですか？

A メレンゲの泡立ち過ぎが原因です。

メレンゲのベストな泡立ちとは、つやがあって、なめらかで、きめ細かな気泡をたくさん抱き込んでいることです。そして、特に別立てに使うメレンゲの場合には、卵黄を加えて混ぜたときにすっとなじむくらいのなめらかさがあることが重要です。

メレンゲに卵黄がなじむと言っても、決してやわらか過ぎてはいけません。泡立て器ですくうと、つのがしっかりと立つくらいのかたさでありながら、卵黄になじみやすいのびのよさを兼ね備えているといった状態です。

しっかり泡立てようとするあまり、過剰に泡立てて、かたくなってしまう失敗が多く、そうなると泡立てた卵黄を混ぜたときにメレンゲがいくつものかたまりとなり、なかなかなじまなくなります。

よい状態に泡立ったメレンゲの場合は、すっと混ざる。

失敗例

過剰に泡立ったメレンゲの場合は、卵黄になじまず、混ざりにくい。

全体が混ざっても、一部の卵白がダマになって生地の中に残ってしまう。また気泡が壊れてきめが粗くなる。

Q 小麦粉を混ぜたあとの生地は、どのような状態がよいのでしょうか？

A へらで生地をすくったときに、ゆっくりと流れ落ちるかたさにします。

小麦粉を加えたら、粉が見えなくなるまで切り混ぜて、さらに続けて数回混ぜます。小麦粉が卵の水分を吸収してペースト化すると、生地に張りが出て、重さを感じるようになります。そこで混ぜ終わりです。

別立て生地は、共立て生地よりも流動性が低いのが特徴です。生地につやが出て、へらですくうと、生地がまとまってゆっくりと落ちるかたさがベストです。

卵白の気泡をなるべく壊さないように混ぜ、生地を絞り出すことができるくらいのかたさに仕上げましょう。混ぜ過ぎてしまうと、卵白の気泡が壊れて、流れるようなやわらかさの生地になってしまいます。これを絞り出しても生地が広がってしまい、きれいに焼けません。

生地の混ぜ具合が焼きあがりに与える影響 表15

	標準	混ぜ過ぎ
混ぜ具合	 生地につやが出て、ゆっくりと落ちるくらいに混ぜる	 混ぜ過ぎると、生地がさーっと流れ落ちる
絞り出した生地の大きさ	 絞り出した生地はふっくらとした形を保っている	 絞り出すと生地が平らに広がってしまう
焼きあがり	 ふっくらとした焼きあがり	 焼きあがりも平たく崩れてしまう

Q ビスキュイ・ア・ラ・キュイエールを焼くまえに、粉砂糖をふるのはなぜですか?

A 生地がよくふくらんで焼きあがります。また、表面がかりっとして、中のふんわりした食感との対比も魅力です。

別立てのスポンジ生地を絞り出して焼くビスキュイ・ア・ラ・キュイエールは、粉砂糖をふって焼くと、粉砂糖が生地の表面で溶けて、細かい粒状に固まって焼きあがります。この様子をフランス語では、散りばめられた真珠にたとえて、「ペルル(perle=真珠)」と呼びます。

粉砂糖をふってペルルを作るのは、①見栄えを美しくするということ、②生地がよくふくらんで焼きあがるということ、③表面はかりっ、中はふわっという食感を作りだすこと、という3つの理由からです。

生地を焼いてふくらんだときに、表面で粉砂糖がペルルとなって溶け固まると、ふくらんだ生地を支えて、オーブンから出してもふくらみが保たれることがわかります。またビスキュイの表面は粉砂糖が溶けて固まり、冷めるとかりっと、中はふんわりとした焼きあがりになります。

それではペルルを上手に作るコツをお話しましょう。上手にできたペルルは、生地の表面で真珠のような丸い粒を作ります。うまく作るには、粉砂糖を2度に分けてふってから焼くのがポイントです。

焼きあがりの違い

粉砂糖をふらないで焼いたもの。

粉砂糖をふって焼いたもの。

丸く絞り出して焼いたものを、底同士重ねて高さを比較した。左:粉砂糖をふらない場合、右:粉砂糖をふった場合。

粉砂糖をふる手順

1　粉ふるいで表面がうっすら白くなるくらいの量の粉砂糖を全体にかける。

2　表面の粉砂糖が写真のように溶けたら、もう一度同様に粉砂糖をふる。溶けた粉砂糖が、生地と2回目にふる粉砂糖をくっつけてくれる。

3　しばらくこのまま置いて、ふるった粉砂糖がうっすらと溶けたら、余分な粉砂糖を落としてオーブンで焼く。

Q ★★ 別立てのスポンジ生地にいろいろな風味をつけてアレンジする方法を教えてください。

A ナッツ類やココアを加えて作る生地が定番です。

お菓子作りの楽しさは、作りたいお菓子のイメージに合わせて生地の配合や組み合わせをアレンジすることです。別立てのスポンジ生地にもナッツ類やココアなどを加えてバリエーションをつけることができます。

アーモンドパウダーなどの粉末のナッツ類を加える場合には、ナッツが水分を吸収することを考慮し、目安としてナッツの重量の最低30%くらいの小麦粉を減らします。

ピスタチオペーストのようにナッツ類のペーストを加える場合には、そのペーストが加糖であれば、砂糖の分量を減らします。

刻んだナッツ類（アーモンド、クルミ、ピスタチオ、ヘーゼルナッツなど）を加える場合には、全体の配合は変えずに、ナッツを加えるだけです。

別立てのスポンジ生地のバリエーション　表16

生地の名称		加える素材
ビスキュイ・ジョコンド（Biscuit Joconde）		アーモンドパウダー
ビスキュイ・ア・ラ・ピスタシュ（Biscuit à la pistache）		ピスタチオペースト
ビスキュイ・オ・フリュイ・セック（Biscuit aux fruits secs）		刻んだナッツ類
ビスキュイ・パナシェ（ゼブラ）（Biscuit panaché）	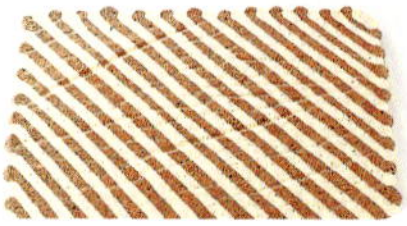 基本生地とココア生地を交互に絞り出す。	ココア

CHAPTER 3

バターのクリーミング性と卵の乳化性で作る
バター生地

バター生地は、基本となる分量が、バター：砂糖：小麦粉：卵=1：1：1：1の4同割配合です。一般的には、バターを泡立て器でよく混ぜて取り込んだ空気で生地をふくらませる、シュガーバッター法で作ります。卵を泡立てて作るスポンジ生地に比べると、きめがつまった、バターの風味豊かなしっとりした焼きあがりが特徴で、フルーツケーキでおなじみです。

ポイントはバターに空気をたくさん含ませること、バターと卵を分離させないできれいに混ぜ込むことで、微細な気泡を含んだ、きめの細かい仕上がりになります。

バター生地（シュガーバッター法）　基本の作り方

【参考配合例】7.5×22×9.5cmのパウンド型1台分

バター　150g

グラニュー糖　150g

卵　150g（3個）

薄力粉　150g

準備

・薄力粉はふるう。

・卵は常温にしておく。

・型に紙をしく。

＊オーブンは機種や形態によって、焼成温度や時間に多少の差が出る。

1 

バターは常温に戻し、泡立て器で混ぜてクリーム状にする。

2 

グラニュー糖を加える。

3 

白っぽくなるまでよくすり混ぜる。

4 

溶き卵を数回に分けて加え、そのつどよく混ぜる。

5 

薄力粉を加えて、生地につやが出るまで混ぜる。

6

生地を型に入れて、上火180℃、下火160℃のオーブンで約50分焼く。焼きあがったら10cmくらいの高さから、型のまま台に打ちつけ、型から出して冷ます。

●●●バター生地　どの材料が、どんなはたらきをしているの？

1　ふくらむのは？

(1) 卵がもたらす水分

卵などの材料に含まれている水分の一部が、オーブン内で高温になって水蒸気になり、体積が大きくなります。

(2) バターに取り込まれた空気

バターを泡立て器でよく混ぜると空気が取り込まれて、気泡となってバターの中に分散します。その気泡はオーブン内で高温になって熱膨張し、体積が大きくなります。

2　ふっくらとしたやわらかさと弾力を与え、ふくらみを支えるのは？

(1) 小麦粉

①デンプン

オーブン内で加熱が進むにつれて、デンプン粒が主に卵の水分を吸収し、ふくらんでやわらかくなり、糊のような粘りが出てきます（糊化）。このあと、水分がある程度蒸発して焼きあがることで、ふっくらとした生地のボディを作りだします。

②タンパク質

生地に小麦粉を混ぜると、小麦粉のタンパク質から粘りと弾力があるグルテンができ、デンプン粒を取り囲むようにして立体的な網目状に広がります。グルテンはオーブン内で加熱されて固まり、生地のつながりとしてはたらいたり、適度な弾力を作りだします。その一方で、グルテンができ過ぎるとふくらみが悪くなることも考慮に入れて作ります。

(2) 卵

卵の水分は、主にデンプンの糊化や、生地がふくらむために使われます。また、タンパク質は熱によって固まり、生地をやわらかく固めます。

(3) 砂糖

吸湿性によって生地をしっとりさせたり、デンプンが老化するのをふせいでやわらかさを保つなどのはたらきがあります。

(4) バター

バターが多く含まれているので、バターの油脂によっても焼きあがりがしっとり感じられます。また、その保湿性によって、ケーキが日持ちするようになります。

●●●バター生地　プロセスで追う構造の変化

パウンド型に入れたバター生地をオーブンに入れると、生地の外側から火が通ります。まず最初に生地表面が焼けて薄い膜ができます。

↓

生地中の空気と水分が加熱によって体積を増して、生地がふくらみ始めます。このときに、水蒸気は外へ逃げようとしますが、側面と底面は型によってふさがれています。一方、生地表面には膜が張っているので、生地がまだ生焼けの段階では、水蒸気はある程度生地中に閉じ込められていて、その場で体積を増すことになります。

↓

さらに加熱が進むと、余分な水蒸気は、生地の外へ逃げて焼きあがっていきますが、型に入れて焼いているので、水蒸気は生地表面からしか逃げることができません。周囲の生地が焼きあがっていくときに、中心の生焼けの部分は最後まで水蒸気が外へ出るための通り道となり、最終的に生地中心の真上から水蒸気が逃げてゆきます。

↓

パウンド型は幅が狭いわりに深いので、狭い範囲から集中して生地の体積分の水蒸気が逃げていくため、その部分は焼けにくくなっています。そして、水蒸気は生地を押し上げてまで、外に逃げようとはたらき、中央に割れ目ができます。

●●●バター生地　生地作りのイメージ

バター生地は、主にシュガーバッター法で作られます。この作り方では、ひとつのボウルの中に次々と材料を加えて混ぜて生地を作りあげることができます。比較的簡単に作れる生地ですが、生地のふくらみのもとを作ることが一番のポイントとなります。

そのためには、バターと砂糖をしっかりと混ぜて空気を含ませて、そのあとに加える卵を分離させないようにすることが大切です。

バターや卵の温度と混ぜ方に注意し、常に生地がなめらかな状態で、次の工程に入れるように心がけます。

●●●バター生地　その他の製法（フラワーバッター法）

1　作り方、焼きあがり

バター生地の製法には、冒頭に参考例として解説したシュガーバッター法のほかにフラワーバッター法という製法があります。

シュガーバッター法はバターに砂糖を加えて混ぜて空気を取り込む作り方です。一方、フラワーバッター法とは、バターと小麦粉を混ぜて気泡を取り込むやり方で、やわらかくしたバターに、最初に小麦粉を入れて混ぜ、そのあとに卵に砂糖を混ぜて加えます。

卵を加えるときに、すでにバターに小麦粉が混ざっているので、卵の水分が小麦粉に吸収されて分離しにくく作りやすい製法です。

またフラワーバッター法の焼きあがりは、シュガーバッター法に比べて、きめが細かくなります。

1　クリーム状にしたバターに小麦粉を加えて混ぜる。

2　卵に砂糖を加えて混ぜる。

3　1に2を数回に分けて加えながら混ぜる。型に入れて焼く。

2　配合について

フラワーバッター法は、最初の段階でバターと小麦粉を混ぜてグルテンの形成を抑えるために、基本はバターと小麦粉は同量ですが、むしろバターよりも小麦粉の量が多い配合が適しています。また、強力粉などのタンパク質の多い小麦粉を使用する場合にも適しています。

ただし、卵の量より小麦粉の量が多いと、小麦粉に卵の水分が奪われ、水分が水蒸気になって生地をふくらませる割合が減ってしまいます。つまり、まず卵の水分は、生地を混ぜる段階で小麦粉のグルテンの形成に、オーブンで焼き始めてからはデンプンの糊化に使われ、生地の温度が上がって水分が水蒸気に変わるときには、生地を十分にふくらませるだけの量が残っていないのです。そのため、水分を含む材料を補うか、ベーキングパウダーを加えてふくらみを助けるようにします。

小麦粉の配合量が卵の量を超えた場合

追加する水分の量=（小麦粉の量－卵の量）×0.9

追加するベーキングパウダーの量=（小麦粉の量－卵の量）×0.05〜0.25

シュガーバッター法とフラワーバッター法の違い 表17

	シュガーバッター法	フラワーバッター法
ボリューム	 適度なふくらみ	 よくふくらむ。割れ目が大きく、広がっているのがその証拠
きめの細かさ	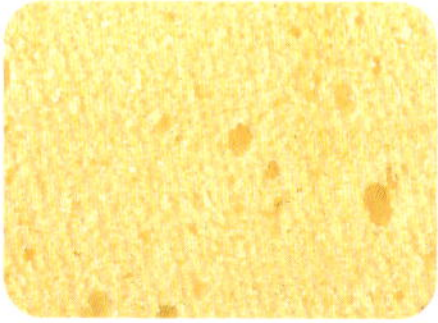 大きい気泡が多く、きめが粗い	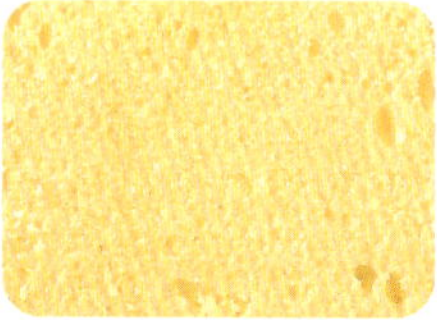 きめが細かく、生地の目がつまっている
かたさ	もろくてやわらかい	ふんわりとソフトな食感

＊この場合は比較のために、4同割の分量で、作り方だけを変えて作成した。

参考…111頁／241頁

バター生地　Q&A

Q　バターと砂糖はどのくらいまで混ぜたらいいですか？

A　白っぽくなるまで混ぜます。

バター生地をふくらませるための一番のポイントは、適切なかたさにしたバターに砂糖を加えてよく混ぜて、空気を取り込むことです。バターのこの性質を「クリーミング性」と言います。ここで取り込んだ空気がオーブン内で熱膨張して体積を増し、生地全体をふくらませるのです。バターは混ぜ始めの段階では黄色ですが、空気を含んで白っぽくなるまで、泡立て器でしっかりとすり混ぜます。

すり混ぜる目安

1　適温に戻したバターを混ぜる。

2　砂糖を加えてすり混ぜる。

3　空気を含んで白っぽくなり、かさが増してくる。

Q　バターに砂糖を加えてよく混ぜても、白っぽくならないのはなぜですか？

A　バターがやわらか過ぎたことが考えられます。バターは指がすっと入るくらいのかたさにします。

バターはかた過ぎても、やわらか過ぎても空気を含ませることができませんが、特にやわらかくし過ぎないように注意しましょう。バターは溶けると、バターの性質であるクリーミング性を失ってしまい、砂糖を加えていくら混ぜても空気を含ませることができない、つまり白っぽくならないのです。仮にあわてて再び冷やし固めたとしても、バターはもとの構造には戻らないので、その性質は失われてしまいます。その結果、焼きあがりのボリュームが出ません。

バターは使う前に常温で戻して、やわらかくしておきますが、バター生地に適したバターのかたさの目安は、指で押すと力を入れなくてもすっと入るくらいで、泡立て器で混ぜると小さな抵抗を感じるくらいの、ある程度かたさのある状態が目安です。

このときのバターの温度は20～23℃くらいです。夏に室温が高い場合は少し低め、冬に室温が低い場合はこれより少し高めにするなど、季節や作る量などによって温度を調節します。

参考…285～286頁

適温に調整したバター

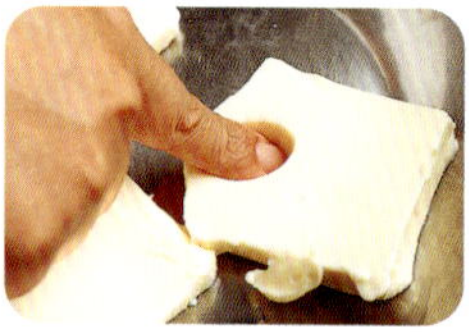

指で押すとすっと入る。

ある程度かたさが感じられるクリーム状。

失敗例

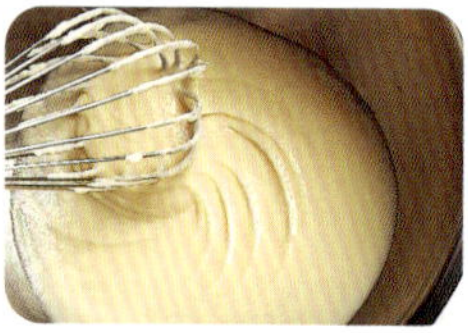

クリーム状ではあるが、バターがやわらか過ぎる。

砂糖を加えて混ぜても空気を含まない。

失敗例

適温のバターとやわらか過ぎるバターで作った焼きあがりの違い。左：通常のかたさのバターを使用。右：やわらか過ぎるバターを使用。右はふくらみが悪いし、きめも粗い。

Q バターに卵をうまく混ぜるポイントを教えてください。

A 溶いた卵を少しずつ加えてよく混ぜます。

この工程では、油であるバターと、水分が多い卵を分離させないように混ぜ合わせる「乳化」を行います。

乳化をうまく行うためには、卵を数回に分けて、少量ずつ加えること、そしてよく混ぜることが大事です。

卵がバターに混ざったように見えてから、さらに混ぜ続けると、混ぜるのに少し力が必要になってきます。そしてつやのあるクリーム状になります。ここまでしっかり混ぜると、乳化が安定します。

ここで、卵を一度に入れたり、混ぜ足りないと、卵の水分とバターの油が均一に混ざらずに分離してしまいます。かなり分離した状態で小麦粉を加えると、小麦粉がその分離した水分を一気に吸収してしまい、べたべたした生地になってしまいます。

本来ならば､バターの油脂の中に卵の水分が粒状に分散した形で乳化しているので、小麦粉を加えても水分を過剰に吸収することは起こらないのです。

また、最初の工程で、バターに空気を細かい気泡にして分散させていますが、卵が分離してしまうと、その構造が崩れて、バターに含まれていた空気が失われることも考えられます。

そうなると、ふくらみが悪く、かたくソフト感のない焼きあがりになります。

参考…122頁／233〜234頁

バターと卵の混ぜ方

1 卵を少量ずつ加える。

2 よく混ぜる。

3 写真のように混ざったら再び卵を少量加える。

失敗例

バターと卵が分離した生地の焼きあがり。ふくらみが悪く､きめが粗い。

Q ★★ バターに卵を加えると、すぐにバターがもろもろになったのはなぜでしょう?

A 分離してしまったからです。冷たい卵を使ったことが原因です。

バターに溶き卵を加えてなじませていく「乳化」の作業では、卵の温度も重要な要素です。

クリーム状のバターが空気を抱き込んだ状態（クリーミング性）を保ちながら、乳化させていくためには、バターの温度に合わせた、常温（15℃程度）の卵を用います。

このときに、冷蔵庫から出したての冷たい卵を使うと、バターがもろもろに固まって分離してしまいます。これは、適度なやわらかさになっていたバターが、冷たい卵を入れたとたんに冷え固まってしまったためです。

卵の温度が乳化に与える影響

常温の卵を使用。うまく乳化した。

冷えた卵を使用。ここまで分離してしまうと、もう適正な状態には戻せない。

STEP UP バターと卵の温度の関係

バターと卵の温度はほぼ同じか、あるいはどちらかの温度が少し高いほうがいいでしょう。比べてみると卵の温度がバターより少し低いほうが作りやすくなります。

また、卵を少し加えてみてバターが固くなるようなら、バターをほんの少し温めて卵を加えるようにします。卵を少し温めてから加える方法もあります。

卵を加える前段階で、バターに空気を取り込んでいるので、その構造を崩さないよう、温度を慎重に調節しながら分離しないように混ぜることが大事です。

Q ★★ バターに卵を加えていくうちに、分離しかけてしまいました。修復してこのまま使い続けることはできませんか?

A 小麦粉の一部を加えて修復することも可能です。

バターに卵を加えて混ぜているときに、もろもろが見えてきたら、それは分離しかけている証拠です。まだ分離し始めた程度であれば、修復することも可能です。

あとから加える小麦粉の一部をこの段階で加えて混ぜ、分離した水分を小麦粉に吸収させると、なめらかさを取り戻せます。ただし、多少ふくらみが悪くなるなどの影響は避けられません。

初期段階の分離の修復

1　分離しかけた状態。

2　小麦粉を加えて、分離した水分を吸収させるように混ぜる。

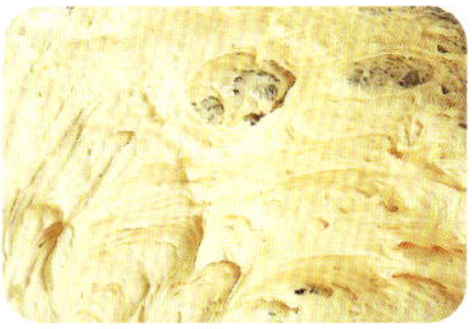

3　修復した状態。

Q ★ バター生地作りで、小麦粉を加えてからどのような状態まで混ぜたらいいですか?

A 生地につやが出るまで混ぜます。

小麦粉を生地に加えて混ぜ、粉が見えなくなって混ざったように見えてから、何度か混ぜ続けると、生地につやが出てきます。この状態がベストです。

小麦粉が卵の水分を吸収したのち、何度か混ぜられることによってグルテンが少しでき、分散した小麦粉が粘性のあるペースト状になって、生地になめらかなつながりが出ます。すると、焼きあがりにやわらかい弾力が生まれます。

それ以上混ぜると、グルテンがたくさんできて、ふくらみが悪くなってしまうので、次頁を参考にしてベストな状態を見極めましょう。

参考…62〜63頁／238〜239頁

切るように混ぜて小麦粉が見えなくなった。

ここからしばらく混ぜると生地につやが出てくる。

Q バター生地をもっとふんわり作りたいときには、どうしたらいいですか?

A バターに卵を加えるときに、卵白を泡立てて加える方法があります。

シュガーバッター法では、全卵を少しずつ加える方法以外に、卵黄と卵白に分けて、卵白は泡立ててから加える別立ての方法があります。この2つの方法は焼きあがりに違いが出てきます。卵白を泡立てて加えると、空気をたくさん含んでいるので、生地がふわっとふくらんで焼きあがります。

バターにまず卵黄を加えてから、泡立てた卵白を加え、卵白の気泡を壊さないように混ぜます。

シュガーバッター法の別立ての工程

1　バターに砂糖を加えてよく混ぜる(別立ての場合は一部残しておく)。

基本

2　全卵を加えて混ぜる。

3　小麦粉を全量加えて混ぜる。

4　基本のバター生地。

別立て

2　卵黄のみを混ぜる。混ざったら残りの砂糖を加えて泡立てて作ったメレンゲの1/3を加えて混ぜる。

3　小麦粉の1/3を加えて混ぜる。メレンゲと小麦粉を交互に混ぜるのを3回くり返す。

4　別立てで作ったバター生地。

左:通常のシュガーバッター法、右:別立てにしてメレンゲを加えたシュガーバッター法。右はメレンゲに空気がたくさん含まれているので、よくふくらむが、大きい気泡が多い。

STEP UP 別立てのバター生地をうまく作るポイント

別立てのバター生地を作るときに注意すべきポイントをあげてみました。参考にしてください。

1 バターのやわらかさ

メレンゲを混ざりやすくするため、バターに卵黄を加えた段階の生地を、基本よりも少しやわらかいクリーム状にしておきます。最初のバターの温度を25℃くらいにして、卵黄を加えてからは23〜25℃の間に調整するといいでしょう。

2 砂糖の加え方

砂糖は配合の1/2量をバターと混ぜ、残りは卵白を泡立てるときに加えます。

3 メレンゲと小麦粉の加え方

生地の粘性が強いので、メレンゲをすべて加えてから、小麦粉を加えて混ぜるよりも3回に分けて交互に混ぜるほうが、卵白の気泡が壊れずに残り、ふわっとふくらんだ焼きあがりになります。

Q ★★ バター生地の焼きあがりの割れ目をきれいに作るにはどうしたらいいですか？

A ショートニングやバターを絞る方法が簡単です。

フルーツケーキなどのバター生地にふっくら盛り上がった割れ目があるとおいしそうに見えますね。バター生地をパウンド型で焼くと、焼いている間にふくらんで、自然に割れ目ができます。

しかし、自然に亀裂が入るのに任せるよりも、中央に1本のきれいな割れ目が入るように焼きあげたいものです。そのため、一般的には、焼いている途中で、ナイフで切り込みを入れますが、いったんオーブンから出すので、生地の温度が下がらないように手早い作業が要求されます。

もっと簡単に行うには、やわらかくしたショートニングまたはバターを、焼成前の生地表面の中央に細く絞るという方法もあります。

オーブンでパウンド型に入れたバター生地を焼くと、生地の外側から焼き固まっていきます。そのときに、生地表面に火が通ってできた膜は、内部で発生した水蒸気をある程度閉じ込め、それが生地のふくらみにつながります。

そのときに、油脂を絞った部分は、オーブンで焼いても乾燥しにくく、生地の膜ができにくいので、そこから水蒸気が外に逃げようとします。そして、生地が盛り上がった末に割れ目ができて、きれいな1本筋ができたまま焼きあがります。

ショートニングを
中央に絞り出す。

STEP UP 割れ目ができるわけ

割れ目ができるのは、パウンド型の形が、幅が狭いわりに、深い（高い）ため、体積の割に表面積が小さくなっていることが影響しています。同じ配合のバター生地でも、スポンジ生地を焼くような表面積が大きい丸型で焼くと、表面は均等にはふくらまないものの、ほぼ割れ目はできません。

つまり、パウンド型は表面積が小さいので、生地表面の狭い範囲から集中して生地中の水蒸気が逃げていこうとするため、盛り上がった末に、生地を押し破って割れ目ができるのです。

Q ★★★ バター生地の参考配合例をもとに、アレンジしたいのですが、配合を変える場合、どのようなことに気をつけたらよいですか?

A バター:卵:砂糖:小麦粉の配合比を守り、分量を変えます。

バター生地はバター、砂糖、卵、小麦粉の4つの材料が同じ割合で配合されるのが基本です。配合比率は基本的に、次頁のグラフの範囲内で自由に変えることができますが、以下の点に注意します。

1　砂糖漬けフルーツやドライフルーツ、ナッツ類を加える場合

小麦粉の重量を超えないこと。砂糖漬けフルーツやドライフルーツはそのまま加えると、生地中の水分を吸収するので、あらかじめアルコール類に漬け込んだものを使用します。

2　アーモンドパウダーなどの粉末のナッツを加える場合

粉末のナッツは、生地の水分を吸収することを考慮して、加えたいナッツの重量の30%に当たる量の小麦粉を減らします。

3　ココアを加える場合

加えたいココアの重量を小麦粉の重量から差し引きます。

4　アルコール類、牛乳などの水分を加える場合

水分によって生地がやわらかくなるので、小麦粉を追加し、さらに砂糖の分量を調整します。

＊小麦粉の追加目安:液体100gに対して、小麦粉125gを追加する。
＊砂糖の追加目安:小麦粉の重量に対して2/3にするが、全水分量(全卵の水分量+液体量)を超えないこと。

5　コーンスターチなどのデンプン製品を加える場合

小麦粉の一部をデンプン製品に置き換える場合、50%まで可能です(→73〜74頁)。

以上の目安は、あくまでも参考式であり、実際には試作して調整が必要です。次頁のグラフを参照してください。

グラフ2

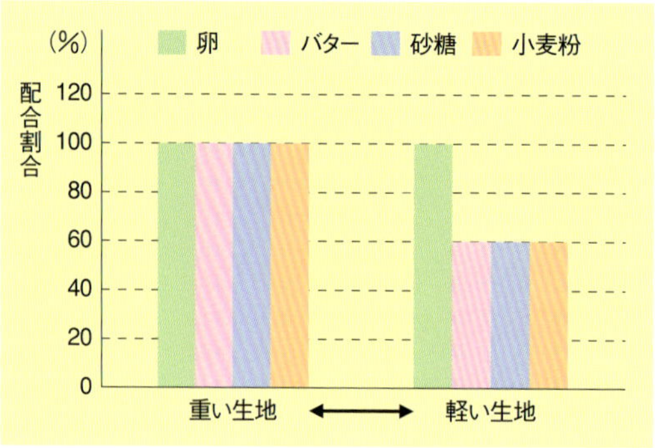

バターのショートニング性で作る タルト生地

タルト生地はその名のとおり、タルトやタルトレットの台になる生地をさします。タルト生地には、クレメ法、あるいはサブラージュ法という2つの製法があります。クレメ法はバターをクリーム状にして作ることからこう呼ばれています。これに対してサブラージュ法は固いバターと小麦粉を合わせて砂のようにさらさらにするところから、こう呼ばれています。

本書ではクレメ法による製法を基本として紹介しました。クレメ法で作るタルト生地は、口の中で砕けるようなもろさが身上。そのもろさを生みだすために、生地作りではバターに卵を分離させないように混ぜること、バターを必要以上に溶かさないように作業を進めることが重要です。

タルト生地（クレメ法）　基本の作り方

【参考配合例】直径18cmのタルト用セルクル（またはタルト型）2〜3台分

バター　125g
粉砂糖　100g
塩　2g
卵　50g
薄力粉　250g

準備

・薄力粉はふるう。
・卵は常温にしておく。

＊オーブンは機種や形態によって、焼成温度や時間に多少の差が出る。

1

バターは常温に戻し、泡立て器で混ぜてクリーム状にし、粉砂糖、塩を加えて混ぜる。

2

溶き卵を数回に分けて加え、分離しないように、そのつどよく混ぜる。卵が見えなくなってからも、さらに締まりが出るまで混ぜる。

3

生地に小麦粉を混ぜる。まず大まかに混ぜるために、ゴムべらやカードでさくさく切るように混ぜる。

4

カードで生地を寄せ集めて、カードで上から押さえるようにして、手早くまとめる。生地をビニールで包み、冷蔵庫で1時間以上休ませる。

5

生地を麺棒でのばし、型にしき込んでピケする（ピケローラーを使う場合は、ピケしてから型にしき込む）。

6 

硫酸紙をしいて重石をする（場合によってはここでフィリングをつめる）。

7 

上火180℃、下火160℃のオーブンで30分焼く。途中15〜20分くらいで重石をはずして焼きあげる（写真は焼きあがったタルト生地）。

●●●タルト生地　どの材料が、どんなはたらきをしているの？

(1) 小麦粉

①デンプン

オーブン内で加熱が進むにつれて、デンプン粒が主に卵の水分を吸収して糊化し、タルト生地のボディの部分を作りだします。

②タンパク質

生地に小麦粉を加えて混ぜると、タンパク質から粘りと弾力があるグルテンができ、デンプン粒を取り囲むようにして立体的な網目状に生地中に広がります。グルテンはオーブン内で加熱されて固まり、生地が崩れないようにつなぐ骨組みになります。

(2) 卵

卵の水分はデンプンの糊化を助けたり、生地のかたさを調節して成形しやすくしています。また生地中に分散したタンパク質が加熱によって固まり、もろく崩れやすい生地を固めます。

(3) バター

バターが薄いフィルム状になって生地中に分散し、グルテンをできにくくしたり、デンプンが結着するのをふせいで、生地のもろさや、さくさく感を作りだします（ショートニング性）。

●●●タルト生地　生地作りのイメージ

ある程度のかたさがありながらも、かむと口の中でもろく砕けるような食感に仕上げたいものです。ポイントとなるのは、手早く作業すること。手の熱や室温の影響で、バターが最適な状態よりもやわらかくなると、生地中に広がっているグルテンにバターの油脂がしみ込んだように焼きあがり、かたくがりがりしてしまうのです。

●●●タルト生地　その他の製法（サブラージュ法）

冒頭で紹介したクレメ法は、バターをクリーム状にして使うため、クレメ（crémer＝クリーム状にする）という名がついていますが、もうひとつの製法のサブラージュ法は、かたいバターと小麦粉を混ぜて、「砂のようにさらさらにすること」という意味のフランス語、サブラージュ（sablage）からその名がついています。

バターは、かたまりの状態を指で押したとき、力を入れるとへこむくらいのかたさにして使います。小麦粉、粉砂糖、塩を合わせ、小さくちぎったバターを入れて、両手ですり合わせ、バターを細かくして全体をさらさらにします。そのときに、小麦粉はバターの細かい粒のまわりにくっついた状態です。そこに卵を加えたときに、小麦粉はその水分を吸収してまとまります。

クレメ法は口の中で崩れるようなもろさが特徴ですが、さくさく感を求めるならば、サブラージュ法を用います。

参考…287頁

1　細かくちぎったバターと小麦粉、粉砂糖、塩を合わせて両手ですり合わせる。

2　溶き卵を加えて、生地を練らずに手早くまとめる。

クレメ法とサブラージュ法でつくった生地の違い

左:クレメ法で作った生地は底が広がりきめが粗い。右：サブラージュ法で作った生地は少し浮き上がり、きめがつまっている。

タルト生地　Q&A

Q バターはどのくらいのかたさにしたらいいですか?

A やわらかいクリーム状にします。

タルト生地を口の中で砕けるようなもろさを持った焼きあがりにするためには、このあとの工程で、バターが小麦粉を加えた生地中に薄いフィルム状に散らばって「ショートニング性」を発揮することが最も重要です。

冒頭で紹介した作り方でその性質を出すには、やわらかいクリーム状のバターが適しているのです。バターを20℃前後にすると、ちょうどこのかたさになります。

参考…287頁

やわらかなクリーム状に混ぜる。

Q クリーム状にしたバターに卵を少しずつ加えるのはなぜですか?

A 分離をふせぐためです。

バターに卵を加えて混ぜるという作業は、バターの「油」と卵の「水」が反発して、非常に分離が起こりやすい状況です。しかし、混ぜ方のポイントを押さえれば、卵の乳化力を生かして、バターの油脂の中に、卵の水分を細かい粒状に分散させる形で、両者をうまく混ぜ合わせることができます（乳化）。

バターに卵を乳化させるためのポイントはつぎの通りです。

①卵を数回に分けて、少量ずつ加える。
②よくかき混ぜる。
③卵の温度を適正にする。
（冷蔵庫から出したての冷たい卵を使うと、バターが固まって、卵が混ざることができず、分離する）

Q バターに卵を混ぜ終えたときの、生地の状態を教えてください。

A なめらかに混ざり、全体にかたさが増します。

バターに卵がうまく乳化すると、生地は締まってかたくなり、混ぜるのに力が必要になります。

やわらかいバターに、液状である卵を加えているのに、加えるほどに全体がかたくなるのはなぜでしょうか。

それは、卵の水分が細かい粒になって分散し、バターの油の中でひきしめ合うようになると、となり合う水同士の間に摩擦が発生して、水が自由に動きまわれなくなるために、全体に流動性がなくなるからです。

一方、分離してしまうと、生地はやわらかくてもろもろになるので、混ぜ終わりの生地のかたさは、うまく混ぜられたかどうかの目安になります。

参考…108～110頁／233～234頁

バターと卵の乳化の過程　表18

	生地の状態	生地の構造のイメージ
卵の入れ始め		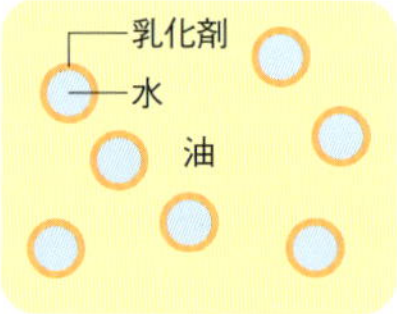
↓		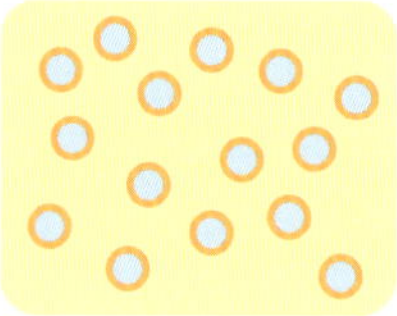
卵の混ぜ終わり		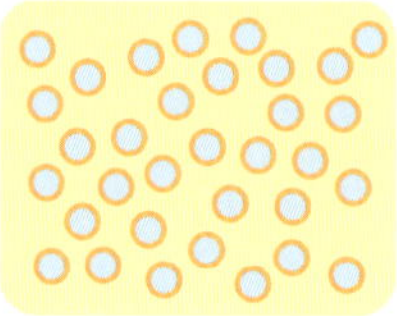

失敗例

分離した状態。ざらついている。

Q タルト生地で小麦粉を加えるときの、混ぜ方のポイントを教えてください。

A 練らないように混ぜることが大切です。

バターに卵を混ぜ込んだ生地に小麦粉を加えたら、まずはへらで切り混ぜて小麦粉を生地全体に広げ、それからカードでまとめて、ボウルの縁で軽く押さえるようにしてひとまとめにします。

口の中でもろく砕けるようなタルト生地を作るには、小麦粉を加えて混ぜるときに、2つのポイントがあります。

1　練らないように混ぜる

小麦粉を加えた生地は、切り混ぜます。練ってしまうと、グルテンがたくさんでき、生地の中に網目状に広がります。

オーブン内で加熱されるとグルテンが固まって、生地をつなぐ骨組みとなるため、ここでグルテンができ過ぎると、焼きあがりがもろく崩れず、ぱきっと割れるようなかたさになってしまいます。また、グルテンが多くできると、焼き縮みの原因にもなります。

2　手早くカードを使って混ぜる

バターは「ショートニング性」という性質を発揮して、生地中で薄いフィルム状に広がり、生地作りの段階でグルテンをできにくくしたり、焼いている間にデンプンの結着をふせいだりします。この性質が、口の中で砕けるようなもろい焼きあがりを作りだしています。

手のひらで押し混ぜるのではなくカードを使うのは、生地の中のバターが手から伝わる熱で溶けて、ショートニング性が失われ、生地がかたく焼きあがるのをふせぐためです。また、同様に生地中のバターが室温でやわらかくならないように、手早く作業することも大切です。

参考…238〜239頁

タルト生地の小麦粉の混ぜ方

カードで切り混ぜたのち、生地を押さえるようにして小麦粉をなじませる。

→

ボウルの縁を使って生地をまとめる。

Q ★★★ **温度が上がってべたついたタルト生地を焼いたら、かたくなってしまったのはなぜですか?**

A **本来はオーブン内で溶けるはずのバターが、生地作りの間に溶けると、ほかの材料へのしみ込み方が変わるからです。**

タルト生地は作業中にやわらかくなると、焼きあがりがかたくなってしまいます。これは、バターが溶けたことが原因です。焼きあがった生地を顕微鏡で見てみると、やわらかくべたついた生地は、溶けたバターがグルテンにかなりしみ込んで焼きあがっているのがわかります。いわばグルテンが油で揚げられるような感じで焼かれてしまった結果で、そのために食感がかたくなるのです。

通常の生地を焼成した場合

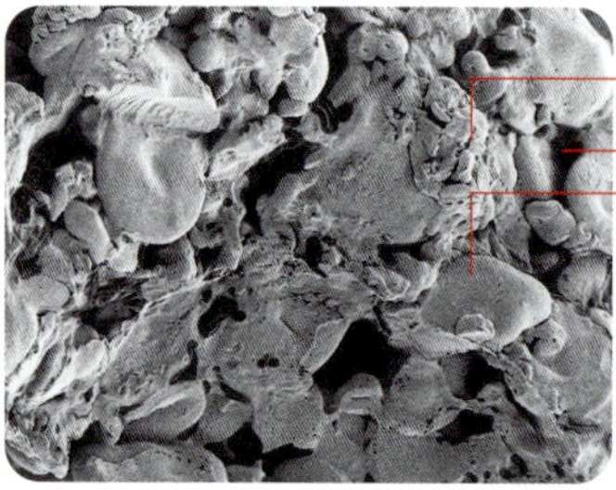

デンプン粒を取り囲むようにして、グルテンの網目構造ができている。バターはグルテンのまわりに分布して、グルテンにあまりしみ込まずに焼きあがっている。

温度が上がり、べたついた生地を焼成した場合

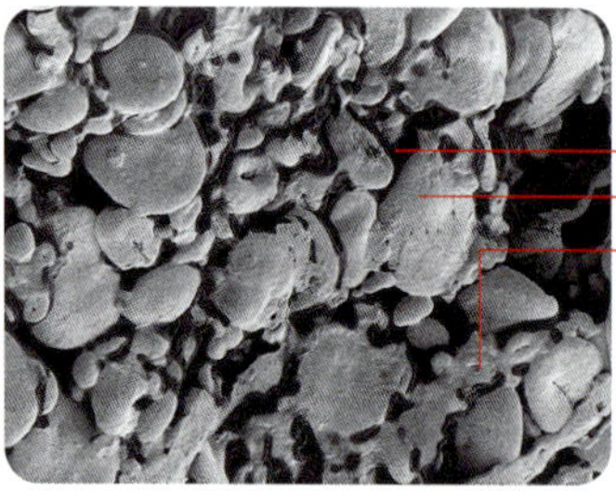

デンプン粒のまわりに存在するはずのグルテンに、溶けたバターがしみ込んで、写真ではグルテンがはっきりと見えなくなっている。

撮影:樋笠 隆彦

＊参考配合例の生地を上記の条件で作成し、走査型電子顕微鏡にて倍率1000倍で撮影。

Q 焼きあがったタルト生地の底が、浮き上がってしまいました。
これをふせぐ方法を教えてください。

A 生地にピケして無数の穴をあけたり、焼くときに生地に重石をのせたりします。

焼きあがったタルト生地の底が浮き上がるのは、底生地とプレートの間（タルト型で焼く場合は底生地と型の間）に空気がたまってしまい、その空気がオーブンに入れて温められて熱によってふくらみ、生地を押し上げたことが原因です。底が平らに焼きあがらないばかりか、浮き上がった部分は、型から熱が伝わらないので、十分に焼けないことになります。そのため、その空気を逃がす工夫をいくつか行います。

また、本書ではタルト用セルクルで焼いていますが、セルクルの場合は、焼いている途中でオーブンをあけて、一度、底とプレートの間にへらを奥まで差し込んで手前を少し持ち上げて空気を抜くという方法もあります。

1　生地を型の底角まできっちりとしき込む

1　生地を底にぴったりはりつける。

2　型の底の角にすき間をあけないようきっちり空気を抜く。

生地を型にしき込むときには、空気が入らないように、ぴったりとはりつけます。特に、型の底の角（周囲）にすき間ができやすく、そこに空気が入ってしまうおそれがあるため、型の底の角まできっちりと生地が入るようにしきます。

2　ピケする

型に生地をしき込んでから、フォークで底に穴をあける。

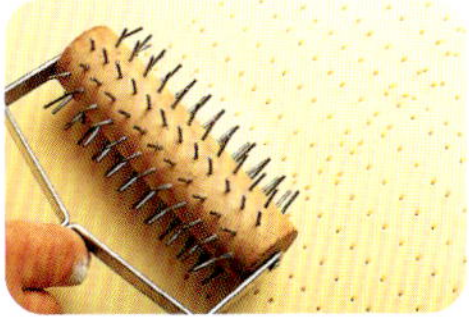

生地全面にピケローラーで穴をあけてから、型にしき込む。

底生地に穴をたくさんあけて（ピケ piquer）、生地とプレートの間に残った空気を逃がしやすくします。

生地を型にしき込んでからピケする場合は、フォークで底生地を突き刺します。一方、初めに生地にピケしてから型にしき込むほうが、作業性がよい場合は、ピケローラーで生地全面に穴をあけます。

ピケが焼きあがりに与える影響

ピケした生地。底が平らに焼ける。

ピケしなかった生地。底全体が押し上げられて浮き上がっている。

3　重石をする

小豆などを重石に利用する。硫酸紙の上に重石をのせる。

タルト生地につめるフィリング（中身）によっては、ピケして底生地に穴をあけないほうがよいものもあります。たとえばフランのように、卵や牛乳からできている液状のフィリングを流し込むタイプでは、ピケの穴からフィリングがもれてしまうおそれがあるからです。

そのような場合は、ピケせずに、重石をして空焼きしてからフィリングを流します。重石をすると、その重みで生地は持ち上げられることなく変形せずに焼きあがります。重石は途中ではずして、生地を焼きあげます。

重石が焼きあがりに与える影響

左：重石をした場合。右：重石をしなかった場合。重石をしないで焼くと、底全体が浮き上がっている。

Q 重石をして焼く場合、いつ頃重石をはずしたらいいですか？

A 側面の上部の生地に、うっすらと焼き色がついてきた頃です。

タルト生地に重石をして焼くときに、そのまま焼き続けると、重石をのせたタルト生地の内側に火が通らないので、途中で硫酸紙ごと重石を取り除きます。そのタイミングは、生地側面の上部が、うっすらと色がついてきた頃で、重石をしていたところが全体に白っぽくなったら重石をはずして、全体にきれいな色がつくまで焼きあげます。これを「空焼き」と言います。

また、さらにクリームなどのフィリングをつめて焼くという場合は、重石をはずしてから再びオーブンに入れて表面を乾燥させて、オーブンから取り出します。まだ完全に焼き色がつかず白っぽい状態で焼きあげることを「白焼き」と言います。

白焼きした生地。

空焼きした生地。

STEP UP 白焼きと空焼き

空焼きは、カスタードクリーム（クレーム・パティシエール）など火を通す必要がないフィリングをつめるときに行います。火を通さなければならないフィリングを用いるときには、フィリングの火の通りやすさによって、前もって生地を焼いておくかどうかを決めます。

比較的火が通りやすいフィリングの場合は、白焼きした生地につめてさらに焼きます。火が通るのに時間がかかるフィリングの場合は、生地を型にしき込み、最初からつめて焼くようにします。

Q ★ タルト生地はうまく作れたのに、焼いたら縮んでしまったのですが、なぜでしょう？

A 生地の厚みにムラがあったり、焼成する温度が低かったことなどが原因です。

焼きあげたタルト生地の側面が型よりも低くなったり、型との間にすき間があいたりするのは、生地の焼き縮みが原因でしょう。焼き縮みが生じると、本来入るべき量のフィリングが入らなくなるばかりか、食感もかたくなってしまいます。

なぜ焼き縮みは起こるのでしょう？　生地の焼き縮みは、生地作りの段階で、バターの温度が上がったり、練り過ぎてしまったことも原因となりますが、うまく生地が作れたのに焼き縮んだ場合は、何らかの原因で生地を焼き過ぎてしまったことが起因しています。その原因は2つほど考えられます。

まず、オーブンの扉を開けたときに温度が下がってしまったことなどが影響して、焼成温度が低くなってしまうと、焼き色がつきにくいので、結果として長い時間焼くことになり、生地が縮んでしまいます。

また生地ののばし方が不均一だった場合や、しき込むときに指で生地を強く押さえてしまった場合には、生地が薄くなった一部の箇所に火が通り過ぎて焼き縮んでしまい、それが全体の縮みにつながることもあります。これらの点に注意して焼きあげてください。

Q ★★ お菓子作りではグラニュー糖を使うことが多いですが、タルト生地には粉砂糖を使用するのはなぜですか？

A 粉砂糖のほうが焼きあがりの表面がなめらかで、もろくさくさくした感じになります。

一般的に製菓用の砂糖というとグラニュー糖を使いますが、タルト生地には粉砂糖を使います。粉砂糖を使うのは、生地の焼きあがりの表面がなめらかで、口の中でもろく崩れる仕上がりになるからです。

タルト生地は、スポンジ生地などのほかの生地に比べて水分量が少ない配合で、砂糖が水分に溶けにくい状況で生地が作られます。その上、最初にバターという「油」と混ぜられたあとに、卵の「水分」と出会うので、砂糖が油にコーティングされてさらに水分に溶けにくくなっています。粉砂糖を用いるのは、この状況下でも生地中に分散しやすいからです。

一般的に売られているグラニュー糖は製菓用のものよりも粒が粗く、これを使って作ると、グラニュー糖の結晶が目立つ焼きあがりとなり、水分に溶けきれなかった砂糖がカラメル化して、がりがりとかたい食感となってしまいます。

砂糖の粒子の比較

左:粉砂糖、右:グラニュー糖。

砂糖の種類が焼きあがりに与える影響

左:粉砂糖を使用したタルト生地、右:グラニュー糖を使用したタルト生地。グラニュー糖を使用すると、表面にグラニュー糖の結晶が浮き上がり、がりがりとかたくなる。

Q ★★★ タルト生地の配合を変えるとき、何に気をつけたらいいですか?

A もろく砕ける食感を作りだすバターの分量を軸に、分量を変化させます。

タルト生地はバターのショートニング性によって、生地のもろさやさくさく感を作りだしています。そのため、まず小麦粉の配合量に対するバターの増減を軸にして、配合を変化させることができます。

バターの配合量が減ると、生地のもろさが失われていきます。

また、砂糖の量が増えると、生地が甘くなると同時に、かたくなります。おそらく、水分に溶けきらなかった砂糖がそのまま加熱されてカラメル化するのではないかと考えられています。

基本のタルト生地の配合をもとに、バターや砂糖の量を増減させたり、ナッツ類やココアなどを加えて、求める生地を作りだすことができます。以下の生地の配合例を参考に変化させてみてください。

基本のタルト生地 グラフ3

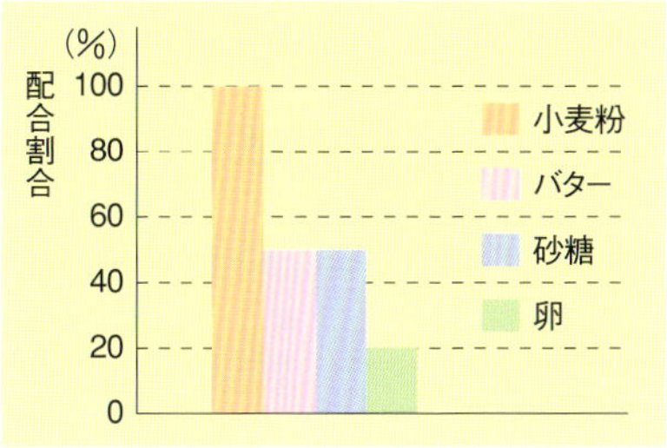

1　卵の混入量の計算式

(1) バターの量が小麦粉の50%の場合(→グラフ3)

基本のタルト生地です。バターは生地のかたさを作りだすので分量が増減すると卵の量も調節する必要があります。

卵の量＝(バター＋砂糖＋小麦粉)×0.1

例(バター125g＋砂糖125g＋小麦粉250g)×0.1＝卵50g

(2) バターの量が小麦粉の50%より多い場合(→グラフ4)

バターの配合を増やし、砂糖の配合を減らした生地で、よりさくさく感が出ます。基本配合よりバターが25g増えるのに対して、卵を10g減らします。

例(バター150g＋砂糖100g＋小麦粉250g)×0.1＝50g
50g－10g=卵40g

グラフ4

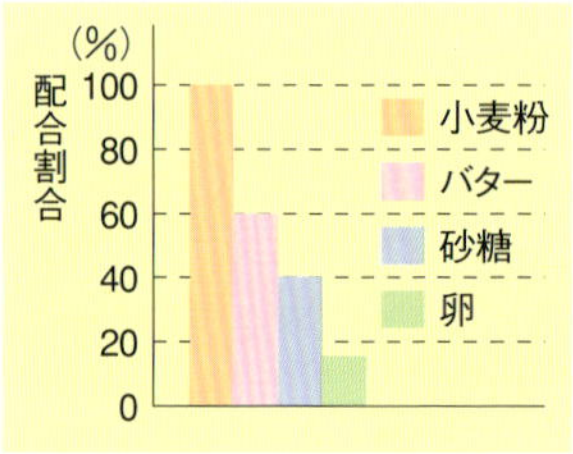

(3) バターの量が小麦粉の50%より少ない場合(→グラフ5)

バターの配合を減らし、砂糖の配合を増やした生地で、かたくぱりんと割れるような焼きあがりになります。基本配合よりバターが25g減るのに対して、卵を10g増やします。

例(バター100g＋砂糖150g＋小麦粉250g)×0.1＝50g
50g＋10g=卵60g

グラフ5

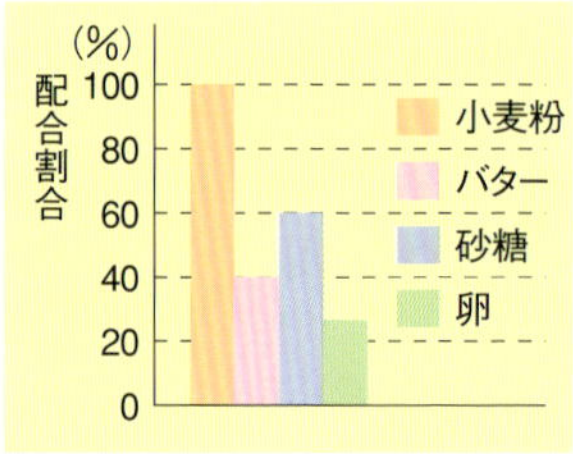

2　アーモンドパウダーなどの粉末ナッツを加える場合

粉末ナッツは生地の水分を吸収することを考慮して、加えたいナッツの重量の30%に当たる量の小麦粉を減らします。

3　ココアを加える場合

加えたいココアの量を小麦粉の量から差し引きます。

このほかのアレンジ方法としては、全卵を卵黄に置き換える、小麦粉の種類を変えたり、小麦粉の一部をデンプンに置き換えるなどしてタンパク質量を変えるといったこともできます。なお以上はあくまでも目安であり、実際には試作して調整が必要です。

CHAPTER 5

バターの可塑性で作る
パイ生地

パイは、ミルフイユやピティヴィエに代表される、幾重にも重なった薄い層が、はかなく崩れていく食感と、芳醇なバターの香りを楽しむお菓子です。

デトランプと呼ばれる小麦粉の生地でバターを包み、それをのばしては折りたたむという作業をくり返しながら、何百にもおよぶ層を作りあげます。焼いたときに、1枚1枚の層がきれいに浮き上がるためには、バターのかたさをデトランプの生地のかたさに近づけ、同時に薄くのびることが大切です。

パイ生地には、折り込みパイ生地の基本の製法のほかに、アンヴェルセ法とラピッド法があります。アンヴェルセはフランス語で「逆さにした」という意味があり、基本の製法とは逆に、バターでデトランプを包んで折り込んでいくという、折り込みパイ生地の製法です。またラピッドは「速い」という意味があり、こちらはバターと小麦粉をざっくりと混ぜて簡単に手早く作る製法で、折り込みパイ生地とは異なります。それぞれの違いを理解して、お菓子作りに生かしてください。

パイ生地　基本の作り方

【参考配合例】

デトランプ

- 薄力粉　250g
- 強力粉　250g
- 塩　10g
- バター　80g
- 冷水　250ml

バター　370g

準備

・薄力粉、強力粉は合わせてふるう。

＊オーブンは機種や形態によって、焼成温度や時間に多少の差が出る。

1 

デトランプを作る

薄力粉と強力粉に塩を加えて混ぜる。冷たいバターを手でちぎりながら加える。

2 

手ですり合わせて混ぜる。

3 

冷水を加え、手でざっと混ぜる。

4 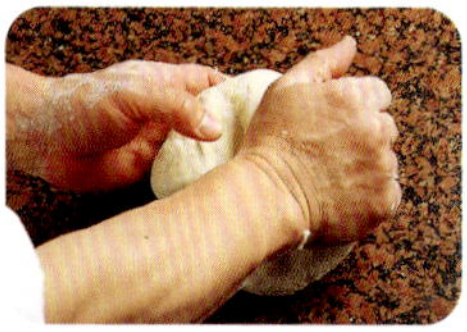

大まかにまとまったら、ボウルから取り出し、丸くまとめる。

5 

表面が少しなめらかになったら、きれいに丸め、十字の切り込みを入れる。ビニール袋に入れて、冷蔵庫で1時間以上休ませる。

6

デトランプでバターを包む

打ち粉をした台で、冷たいバターのかたまりを麺棒でたたいてかたさを調節し、約25cm四方の正方形にのばす。

7

生地を切り込みから四方に開いて四角い状態にして、バターより、ひとまわり大きくのばす。生地の中央にバターの角を45度ずらしてのせる。

8

生地の四隅が真中にくるようにバターを包み込み、空気が入らないように注意して合わせ目を閉じる。

9

生地をのばして折り込む

生地を縦長にのばす。幅はそのまま（約25cm）、長さは3倍（約75cm）。

10

打ち粉を払い、手前1/3を折りたたむ。つぎにむこう側の生地をかぶせ、しっかりと重なるように麺棒を転がしながら押さえる。

11

生地を90度回転させ、同様に長さを3倍にのばして3つ折りにする。3つ折りが2回終了した時点で、ビニールで包み、冷蔵庫で1時間休ませる。9～11の工程をさらに2回くり返す。

12

焼成する

生地をのばして成形し、ピケする。上火200℃、下火200℃のオーブンで15分焼き、上火を180℃、下火を160℃に下げて15分焼く。

＊オーブンに庫内の蒸気を抜く機能がある機種ならば、温度を下げてから蒸気抜きをすると、ぱりっと焼ける。

●●●折り込みパイ生地　どの材料が、どんなはたらきをしているの?

1　幾重もの層を作るのは?

パイ生地は、バターとデトランプ（主に小麦粉と水でできた生地）の層が薄くなって交互に何層も重なっています。

デトランプ、バター、デトランプと重なった3層の生地をのばして折りたたんでいくことをくり返すと、何百もの層に達します。

生地を折り重ねていくとき、デトランプの層同士はくっつきやすいですが、間にバターがあるとくっつきません。

2　層になって浮き上がるのは?

バターやデトランプの一部の水分が、加熱されることで水蒸気になってデトランプを持ち上げてすき間が幾重にもできます。これが折り込みパイ生地の層となります。

折り込みパイ生地の断面層

＊桃色：デトランプ（食用色素・赤で着色）、白色：バター。

●●●折り込みパイ生地　プロセスで追う構造の変化

焼成工程の折り込みパイ生地

パイ生地をオーブンに入れて加熱すると、バターは短時間で高温になって溶けます。薄くのばされたデトランプは、溶けたバターの間で熱せられ、火が通り始めます。

↓

バターに含まれる水分（バターの約16%）が加熱によって水蒸気になることで、それぞれの薄くのばされたデトランプが持ち上げられ、デトランプ1枚1枚の間にすき間ができます。

↓

デトランプに含まれている水分の一部はデンプンの糊化に使われ、同時にグルテン（タンパク質）にも火が通ります。

↓

加熱が進むと、デトランプはまるで溶けたバターの油脂で揚げられていくようにして火が通っていきます。生のデトランプが乾燥して焼きあがる際に、水分は水蒸気となって外に出ていき、デトランプ同士のすき間をさらに広げます。

↓

デトランプの水分が出ていった部分に油脂が吸収されながら、ぱりっと完全に焼きあがります。

●●●折り込みパイ生地　生地作りのイメージ

デトランプ、バター、デトランプと重なった生地を麺棒でのばしたときに、バターとデトランプがほぼ同じように薄くのびることが大切です。

つまり、バターはデトランプと一体となって、まるで粘土のようにのびていくことができるということです。バターが持つこの可塑性という性質は、パイ生地の場合には13℃前後で発揮されるため、常にバターをこの温度帯に保つことがポイントとなります。

＊パイ生地におけるバターの可塑性とは、バターに適度なかたさがあり、切れずに薄くのびることができる限られた温度帯で発揮できる性質。

●●●パイ生地　その他の製法

1　フイユタージュ・アンヴェルセ

アンヴェルセ（enversé）とは、フランス語で「逆さにした」という意味です。つまり、基本の折り込みパイ生地では、デトランプでバターを包み込むところを、この生地では、バターでデトランプを包み込んだ生地を折り込んでいくという逆の方法で作ります。

1　折り込み用のバターののびをよくするために、小麦粉を練り込む。

2　1のバターを縦長にのばし、デトランプをのせ、バター、デトランプ、バターと交互に重なるように、3つ折りを行う。その後は、基本のパイ生地と同様。

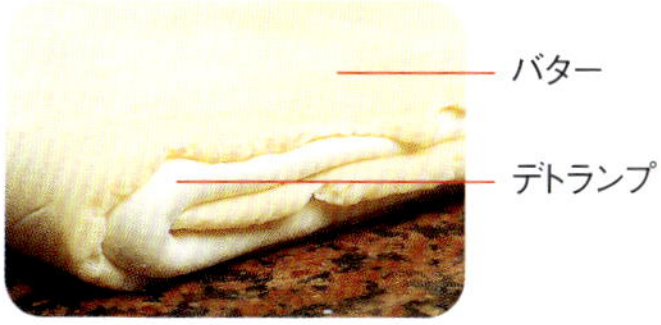

3　3つ折りを1回終了したところ。

2　フイユタージュ・ラピッド

ラピッド（rapide）とは、フランス語で「速い」という意味です。基本の折り込みパイ生地のように、デトランプを作ってバターとともに折り込むことをせずに、バターと小麦粉をざっくりと混ぜてまとめます。

小麦粉生地の間にバターが入り込み、これらが圧縮板のように断続的に重なった構造になります。このように層が分断されていると、グルテンによって生地が縮もうとする力が弱いので、基本の折り込みパイ生地では、デトランプを作ったあとや、2回折り込んだあとに1時間ほど生地を休ませますが、この生地の場合は、20～30分前後休ませる程度ですみます。その結果、早く生地ができあがるのです。

ほろっほろっと崩れるような口当たりに焼きあがりますが、パイの層が出にくく、浮き上がりはあまり望めません。そのため、薄く焼くパイに適しています。

1　かたく冷やした角切りのバターに、小麦粉をまぶす。

2　水、塩を加えて、ざっと混ぜ込み、生地をまとめる。冷蔵庫で10～15分休ませる。3つ折りまたは4つ折りを、基本の折り込みパイ生地と同様に行うが、休ませる時間は20～30分でよい。

3　最初に生地をのばしたとき（小麦粉生地とバターがまだらになっている）。

4　折り回数が進むにつれて、だんだん生地がなめらかになってくる。

製法別の焼きあがり

左：基本の折り込みパイ生地、中央：フイユタージュ・アンヴェルセ、右：フイユタージュ・ラピッド。ラピット法ではパイの層ができにくく、あまり浮き上がらない。

パイ生地　Q&A

Q 折り込みパイ生地は、何層に焼きあがっているのですか？

A 計算上は、3つ折りを6回すると、焼成後は730層に達します。

折り込みパイ生地は、折る回数が進むにつれて、デトランプもバターもごく薄くのばされて幾重にも重なり、層が増えていきます。3つ折りを6回行うと、理論上ではバターとデトランプの層は1459層、バターが溶けて焼きあがると730層にも達します。

しかし実際は、途中でデトランプがのびきれずに切れてしまうものもあるため、計算通りの層ができるとは限りません。均一にのばしていくほど、この値に近づくと考えます。

折り込みパイ生地の断面

3つ折り2回：10層の焼きあがりとなる。

3つ折り4回：82層の焼きあがりとなる。

3つ折り6回：730層の焼きあがりとなる。

＊桃色：デトランプ（食用色素・赤で着色）、白色：バター。

Q デトランプはどのくらいまで練ったらいいですか？

A 表面がなめらかになるようにまとめ、練るというほど混ぜません。

折り込みパイ生地のデトランプは、パンのようによく練らずに、軽くこねるようにして丸くまとめる程度にしておきます。練ってグルテンの弾力が強まると、折り込み作業の途中で生地がのびにくくなるので、この段階ではほどよい弾力に抑えておくためです。そして、表面がなめらかになるまで、まとめていきます。

STEP UP 均等に吸水させるためのまとめ方

小麦粉に水を加えたときにまんべんなく水が吸収されていないと、いくら生地を練り混ぜても、小麦粉がダマのようになって残ってしまいます。生地のまとめ具合と同時に、水を小麦粉に均等に吸水させることが大切です。

小麦粉に水を加えるときに、少し水を残しておくとよいでしょう。ざっと混ぜたときに、水を十分に吸収した小麦粉と吸水していない小麦粉が出てくるので、残しておいた水を吸水が足りない部分にふりかけて、均一に吸水させながら生地をまとめていきます。

左：標準の生地、右：均等に吸水されていない生地。右はいくら練っても小麦粉がダマになって残ってしまう。

Q デトランプはどのくらい休ませたらいいのでしょう？

A デトランプを指で押してみて、押した跡が戻らなくなったくらいが目安です。

デトランプを休ませる目安

左：休ませ足りないもの、右：十分休ませたもの。右のように、指で押した跡が戻らなくなるまで休ませる。

デトランプを休ませる目的は2つあります。まとめ終わった直後のデトランプは、グルテンの弾力が強過ぎて、のばそうとしても縮んでしまいます。その弾力を弱めるために、生地を休ませます。また、生地の水分を全体に均一に行き渡らせるという目的もあります。つまり、この間にデンプンが水を徐々に吸収して、生地になめらかさとやわらかさが出てくるのです。

目安は時間にして1時間程度。指でデトランプを押してみて、押した跡がそのまま残るくらいまで休ませます。

デトランプを休ませる時間が足りないと、まだ弾力が強く、指で押しても戻されて跡がふさがってしまいます。さらに休ませると、その押し戻す弾力が弱まります。

STEP UP グルテンの網目構造のリセット

デトランプはこねるようにしてまとめるので、四方八方に力が加わります。混ぜ終えた直後では、力を加えたあらゆる方向にグルテンの網目構造が引っ張られているような状態で広がっています。その状態でデトランプをのばすと、さらにその網目構造の乱れが助長されることになります。

グルテンの網目構造は規則正しい網目状であるのが本来の姿です。そのため、デトランプをのばして構造がさらに乱れてしまうと、もとの規則正しい形に何とか戻そうとする力がはたらきます。そのときに、グルテンがデトランプ全体をともなって縮んでしまうのです。

そのグルテンの乱れた網目構造も、1時間ほど休ませる間に、無理に引っ張られた部分でグルテンの再構築が起こり、自然に規則正しい配列に変化していきます。それがすんでからのばすと、網目構造に無理な力がはたらかず、のばした大きさのまま縮まないようになります。

参考…238〜239頁

Q デトランプの小麦粉は、なぜ薄力粉と強力粉をブレンドするのですか?

★★

A 小麦粉のタンパク質量は、層の浮き上がり方やかたさに影響するので、タンパク質量の違う薄力粉と強力粉を配合して、好みの仕上がりに近づけたいからです。

パイ生地はデトランプとバターの層で成っていますが、焼きあがったときにぱりっとした層を形成するのはデトランプの部分です。そのため、デトランプに使用する小麦粉の種類によって、層の浮き上がり方やかたさ、風味に違いが出ます。

ここでカギとなるのは、小麦粉のタンパク質からできるグルテンです。強力粉は薄力粉よりもタンパク質が多く、グルテンがたくさんできます。

デトランプにグルテンがたくさんできると弾力が強まるため、デトランプとバターがはっきりと分かれた層を形成しやすく、層の浮き上がりがよくなります。また、デトランプが作りだす1枚1枚の層は、薄力粉よりもかたさが増します。

このグルテンの性質をどれだけ出したいかによって、小麦粉のタンパク質量を調整します。強力粉と薄力粉のどちらか1種を使うという考え方以外に、ブレンドすることによって、その中間的な性質も得られるのです。

その際、強力粉のみ、薄力粉のみで作った場合の性質を理解して、よりどちらの性質を前面に出すかを考え、自分のイメージする食感により近い配合の比率を決めます。

＊グルテンはタンパク質に水を加えて混ぜることで形成される。小麦粉のタンパク質量を多くした場合は、それだけたくさんのグルテンができ、水も必要となるため、デトランプの水の配合を増やす(→241頁)。

薄力粉と強力粉の焼きあがりの違い

表19

		薄力粉	強力粉
成分	タンパク質含量	6.5〜8.0%	11.5〜12.5%
	グルテン量	少ない	多い
焼きあがり	焼成後のボリューム	低い	高くふくらむ
	層の浮き上がり方	悪い	よい
	層のかたさ	やわらかく、ほろっと崩れる	しっかりとしたかたさで、ぱりっとしている

小麦粉の種類が層の浮き上がりに与える影響

左から薄力粉、中は薄力粉と強力粉各50%のブレンド、右は強力粉で作ったデトランプを使ったパイ生地。

STEP UP グルテンにはたらく塩の効果

デトランプに塩を加えると、グルテンの網目構造が緻密になり、それによってデトランプの弾力もほどよく強まり、デトランプを薄くのばすことができます。そして、パイ生地にして焼くと、1枚1枚のデトランプの層はしっかりとしたかたさを持ちます。

デトランプの配合では、塩を加えるのを前提に、薄力粉と強力粉の割合や混ぜ具合で、さらに弾力を調整するとよいでしょう。

デトランプに加える塩が焼きあがりに与える影響

左:標準(塩を加える)、右:塩不使用。塩を加えると層がしっかりとする。

Q バターのかたまりをどうやって薄くしてのばしていくのですか?

A 冷えたバターを麺棒でたたいてのばします。

バターのかたさを調節するには、打ち粉をふった台の上で、冷蔵庫から出したばかりのバターを麺棒でたたいて、薄い正方形にします。

この際に、手で触れたり、常温に長く置いたりすると、最適のかたさを通り越してやわらかくなってしまう可能性があります。バターはひとたび溶けてしまうと、可塑性が失われてしまうので注意が必要です。

参考…288頁

バターのかたさ調節と整形

1 麺棒でたたいて平らにのばす。

2 バターを90度まわして、同様にたたいて、薄い正方形に整える。

Q ★ **折り込みパイ生地のバターは、どのくらいのかたさにしておけばいいでしょう？**

A **折り込み作業中にバターはやわらかくなるので、少しかためにに調整しておきます。**

折り込みパイ生地を作る上で大切なことは、デトランプに包まれたバターが薄くのびることです。デトランプのかたさは温度によって大きな変化はありませんが、油脂であるバターのかたさは、温度に大きく左右されます。

一般的には、バターをデトランプと同じかたさになるように調整するとよいと言われていますが、バターがデトランプよりも少しかたいくらいにしたほうが、生地がのばしやすくなります。生地をのばす際に、デトランプは少なからず縮もうとしますが、バターのほうがかたいと、デトランプが縮む力に相対してそのままの形を保つことができるので、生地全体が縮みにくくなり、のばしやすくなるからです。

バターが薄くのびるのは、約13℃前後の温度帯で、可塑性が発揮される場合です。その温度をだいたいの目安にして、生地の温度、つまりはバターの温度をコントロールして、折り込み作業をしていきます。そして、作業中に温度が上がることを考えて、少しかための10℃前後から作業を始めるといいでしょう。

参考…139頁／288頁

Q ★★ **バターを包み終えた生地を麺棒でのばしたら、バターに亀裂ができたのはなぜですか？**

A **生地の冷え過ぎか、可塑性が低いバターを使ったことが原因です。こうなると焼きあがりの浮きが悪くなってしまいます。**

生地を冷蔵庫で冷やし過ぎたときや、可塑性の低いバターを使ったときに、生地をのばしてもデトランプとともにバターがのびずに亀裂ができてしまうことがあります。そのような場合、バターの亀裂が生地の表面から見てもわかり、このまま折り込み作業を続けると、この部分の層が分断されるため、焼くと層の浮き上がりが悪くなってしまいます。それでは詳しく説明しましょう。

1　生地が冷え過ぎていた場合

パイ生地の折り込みの工程で生地を休ませるときに、低温の冷蔵庫に長い時間入れて生地を冷やし過ぎたり、冷凍した生地を解凍しきれていない状態でのばすと、冷えてかたくなり過ぎたバターが可塑性を失い、生地をのばしたときにバターに亀裂が入ってしまいます。

3つ折り2回くらいまでは、バターの層がまだ厚いので、この現象が起こりやすくなります。ですから冷蔵や冷凍で長時間保存する場合は、3つ折り4回くらいまで折り込んでバターの層が薄くなってから保存するといいでしょう。

2　可塑性が低いバターを使用した場合

可塑性が低いバターを使用した場合にも、バターののびが悪く亀裂ができることがあります。バターにはさまざまなタイプがあり、水分が多いものや、粒子が粗いものは、一般に可塑性が低く、のびにくいと言われています。パイ生地に使用するときには、風味だけでなく、低水分でのびやすい（→284頁）ということも考慮に入れてバターを選ぶようにします。

失敗例

バターののびが悪く、ひび割れができた生地。

標準例

適正の生地。

バターの断面

左：粒子の細かいなめらかなバター、右：粒子が粗いバター。粒子が粗いものは可塑性が低く、のびにくい。

Q 折り込みパイ生地をのばしていたら、生地がやわらかくなってしまいました。どうしたらいいでしょう？

A 作業の途中でも冷蔵庫に入れて、いったん冷やします。

失敗例

デトランプの中からバターが溶け出してべたついた生地。

生地がやわらかくなったのは、室温が高かったり、作業時間がかかってしまい、生地中のバターの温度が上がってしまったことが原因として考えられます。

パイ生地をのばしている最中に、生地が少しでもやわらかくなったと感じたときには、すぐにいったん冷蔵庫に入れて冷やしてください。

バターはやわらかくなり過ぎると、冷やし固めても完全にもとの状態には戻りません。冷蔵庫に入れて一時的に固まったとしても、常温で作業していると、またすぐにやわらかくなってしまいます。ですから、冷蔵庫から出してからも手早く作業することが求められます。

やわらかくなった生地で作業を続けると、バターがデトランプから出てきてべたつき、台や麺棒に生地がついてしまいます。この状態になると、もう修正できません。

参考…285〜286頁

Q ★★ 折り込みパイ生地をのばしていたら、生地の表面が白と黄色のまだらになってしまいました。どうしてですか?

A 生地が乾燥してしまったためで、焼きあがりの浮きが悪くなってしまいます。

生地中のバターの温度が上がって、全体がべたついてくると、打ち粉を多く使ってしまいがちです。すると、粉っぽくなるばかりか、生地表面にたくさんついた打ち粉が生地の水分を吸収して、その部分が乾燥してしまいます。また、生地の乾燥は、生地を休ませている間にビニールをかけなかったことが原因でも起こります。

ひどい場合には、乾燥した部分がかたくなり、その部分ののびが悪くなって、のばしていくうちに生地の中からバターが出てきて、表面が白と黄色のまだらになってしまいます。するとかたくなった部分が折り込みによって層の中に入るため、焼くと層の浮き上がりが悪く、かたく焼きあがります。そのため打ち粉は、最少限に控え、余分な粉はブラシで払いながら作業を進めます。

失敗例

表面に打ち粉がたくさんついた生地。

麺棒でのばすと、のびが悪く、表面が白と黄色のまだらになる。

標準例

適正の生地。

Q ★★ 折り込みパイ生地で、3つ折りを2回したあと、冷蔵庫で生地を必ず休ませるのはなぜですか?

A デトランプの弾力をゆるめてのばしやすくするとともに、やわらかくなりかけたバターを冷やすためです。

折り込みパイ生地は、3つ折りを2回したら、次の折り込み作業をしやすくするために、生地を冷蔵庫で休ませます。デトランプのグルテンの弾力をゆるめ、折り込んだバターを冷やすためです。以下に詳しく説明しましょう。

1　デトランプの弾力をゆるめる

パイ生地をのばしていると、だんだん生地の弾力が強まってきます。これは、麺棒でのばすことで、生地のデトランプに、まるで練られているのと同じような力がかかり、縮もうとするグルテンの力がはたらくことが原因です。

そのため、折り込み作業は1方向に1回までが限度で、それ以上生地をのばそうとしても弾力が強くなり過ぎて、思うようにのびません。1回折り込んで、90度向きを変えて、もう1回折り込んだら、生地をいったん冷蔵庫で休ませます。

その間に、グルテンの乱れた網目構造が、自然に規則正しい配列に再構築されます。そのあとならば網目構造に無理な力がはたらかず、のばしやすくなります。

2　バターを冷やす

作業中にやわらかくなりかけたバターを固めるためにも、冷蔵庫で生地を休ませることは必要です。バターがやわらかいと、可塑性を失い、薄くのばせません。

また、バターがやわらかいと、生地が縮みやすくもなるのです。生地をのばすと、デトランプはグルテンによって少なからず縮もうとする力がはたらきますが、バターにある程度のかたさがあれば、デトランプに縮みが生じても、バターはその形を保っていられるので、生地全体が縮みに耐えられるのです。

参考…139頁／288頁

Q★★ 折り込みパイ生地をのばすときに、3つ折りをくり返すたびに、必ず生地を90度回転させるのはなぜですか？

A 生地を一方向にばかりのばしていると、縮む力がその方向にばかりかかってしまうからです。

折り込みパイ生地は、3つ折りを1回するごとに90度回転させます。最初は正方形の生地から始まり、それを縦3倍の長さに長方形にのばして、3つに折りたたみます。その生地の向きを90度変えて、さらに同様にのばして折りたたみます。このように3つ折りを2回終えた生地は、最初の生地から考えると縦横に同じだけのばされて、最初の生地が9つ重なっている状態になります。

3つ折り2回目のあと、理論上、仮に生地を展開すると、右下の図のような大きな正方形になります。縦横同じだけのばされているので、生地をのばしたときに、グルテンの縮もうとする力がはたらいたとしても、縦横均等にその力がかかるので、生地がいびつに縮むことはありません。

もし、90度回転させないで、3つ折りを2回行うと、一方向にのみ、生地がのばされることになります。こうなると、縦に縮もうとする力が非常に強くはたらき、実際は、3つ折り2回目で思うように生地がのびていかなくなります。

図4

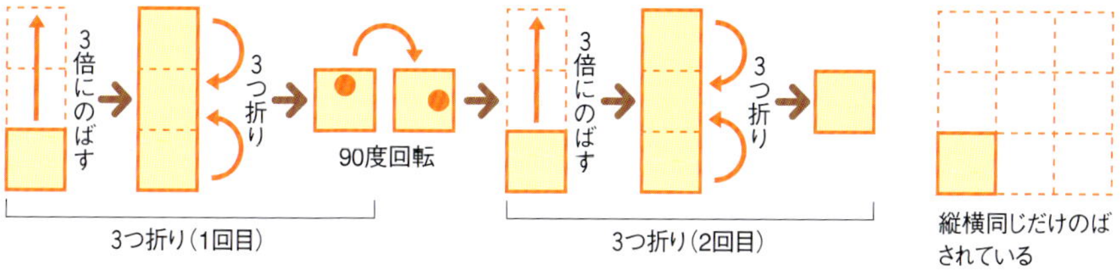

3つ折り2回の展開図

Q パイ生地にピケするのはなぜですか?

A 均一な浮き上がりにするためです。

ピケは、フランス語で「刺す」とか「突く」という意味の言葉。パイ生地やタルト生地にピケローラーやフォークを利用して小さな穴をあけることをさします。

さて、パイ生地を焼くとふくらむのは、バターやデトランプの一部の水分が、加熱することによって水蒸気となり、デトランプの層を押し上げるからです。

ピケをするのは、穴から、水蒸気をある程度逃がすことによって、層の過度なふくらみを抑え、均一に浮き上がらせることができるからです。

また、ピケの穴をあけた箇所は、デトランプ中のグルテンが断ち切られ、生地が縮むのをふせぐ役割も果たしています。

参考…125～126頁

ピケが焼きあがりに与える影響

左:ピケした生地(標準)、右:ピケしていない生地。ピケしていないと均一に浮き上がらない。

STEP UP ピケローラーの使い方のコツ

ミルフイユなどのように、生地を大きくのばして、全体を均一に浮き上がらせたい場合にも、ピケは効果的です。この場合は、ピケローラーを生地の中心から上下左右に対称に転がします。

ピケによってグルテンは寸断されますが、ピケローラーを転がすと、転がした方向に生地が多少引っ張られるので、その方向に縮みが生じてしまいます。そのため、偏りなく対称に転がして、生地の変形をふせぐのです。

ミルフイユ。全体を均一に浮き上がらせるためにピケは欠かせない。

Q★★ デトランプにバターを加える以外に、加えない方法もあると聞きました。このバターのはたらきを教えてください。

A デトランプにバターを加えると、層がよく浮き上がり、焼き縮みしにくくなります。

パイが幾重もの層を作るには、デトランプを薄くのばさなくてはなりません。そのために、グルテンの粘りと弾力が必要ですが、その粘りと弾力が強いと、生地をのばしたときに、縮もうとする力が強くはたらいて、かえって薄くのばしにくくなるとも言えます。

そこで、デトランプにバターを加えると、バターの油脂によってグルテンの形成が少し抑えられるとともに、のびのよさが加わります。

それによって、デトランプはグルテンの弾力を持ちながらも、しなやかにのびるようになるので、より薄い層を形成しやすく、その結果、浮き上がりがよくなります。また、焼いている間に、デトランプが縮むのをふせぐこともできます。

デトランプに加えるバターが焼きあがりに与える影響

左:デトランプにバターを加えた生地、右:バターを加えない生地。バターを加えると層がよく浮き上がる。焼き縮みもしない。

Q★★ デトランプの配合に酢を加えると、パイの層がよく浮き上がるというのはなぜですか？

A 酢に含まれる酸で、パイの層はよく浮き上がります。

デトランプ中のグルテンは、小麦粉のタンパク質のグリアジン、グルテニンからできたものです。このうちグルテニンは酸に溶けやすいのが特徴です。

そのため、デトランプにワイン酢などの酸を加えると、できたグルテンが軟化し、のびのよさが加わります。デトランプがしなやかに薄くのびると、より層を形成しやすく、その結果、浮き上がりがよくなります。

実際には、デトランプに加える水の一部をワイン酢で置き換えて、配合を計算します。酸は少量加えればこの効果を発揮するので、ワイン酢は小麦粉の重量の5～10%程度にして、風味が感じられない程度の量にします。

また、アルコールでも同様の効果が得られます。

酢を加えたデトランプの焼きあがり

左：標準、右：デトランプの配合にワイン酢を加えたもの。酢を加えると格段に浮き上がりがよくなる。

Q ★★ 折り込みパイ生地は層が増えるほど、焼きあがりのボリュームは大きくなるのですか？

A そうとも限りません。層を増やすと、1枚1枚が薄くなり、適度なボリュームに抑えられ、それがはかなく崩れる食感につながります。

層の数が増えたからといって、必ずしも焼きあがったパイの層がよく浮き上がるわけではありません。また、浮き上がったからといっていいパイだとも言えません。

理論上、折り回数が少ないと、1枚1枚の層が厚くなり、浮き上がりがよくなってボリュームが出ます。層が厚いので、ざっくりとした歯ざわりになって、もろさがありません。

折り回数を増やし層が多くなると、それぞれの層が薄くなるので、口の中ではらはらと崩れるような、パイ独特のはかない食感になります。

一般的な折り回数である3つ折り6回になると、計算上では730層になります。しかし、折り込み作業の途中で、それぞれの層が薄くなり過ぎて、ちぎれたり、つぶれたりして、実際はそれだけの層がはっきりと分かれてできることはありません。

これを焼成すると、バターやデトランプに含まれる水分が水蒸気となり、薄くのばされたデトランプの層は押し上げられますが、層が少ないものよりも薄いため、高く押し上げられないので、かえって浮き上がりが抑えられるのです。

折り込むバターの重量によっても変わりますが、4つ折り（133頁の**10**で3つに折りたたむところを、4つに折りたたんで作る方法）であれば4回くらい、3つ折りであれば6回くらいが、層の浮き上がりも適度で、口の中ではかなく崩れるような食感が期待できます。

折り回数が異なるパイ生地の焼きあがり

左から：4つ折り3回（65層）、3つ折り4回（82層）、4･3･3･4折り（145層）、3つ折り6回（730層）。層の数と高さは、必ずしも比例しない。

CHAPTER 6

デンプンの糊化
卵の乳化性を
利用して作る
シュー生地

シュー生地で作るシューは、シュークリームやエクレアなどでおなじみ。

シューは、生地が内側からまるで風船のようにふくらみ、その形のまま焼きあがります。この特徴的な大きな空洞は、オーブンの中で、生地に含まれている水分が加熱されて水蒸気に変わり、蒸気の力で生地を内側から押し広げるようにしてふくらむことによってできあがります。

このようなふくらみを得るために、生地作りの段階で、生地を加熱するのが特徴です。加熱によって小麦粉のデンプンを十分に糊化させ、さらに卵を乳化させながら加えるという作業がポイントとなります。

シュー生地　基本の作り方

【参考配合例】25個分

水　200g

バター　90g

塩　2g

薄力粉　120g

卵　225g

準備

- 薄力粉はふるう。
- バター、卵は常温にしておく。
- オーブンプレートにバター（分量外）を塗っておく。

＊オーブンは機種や形態によって、焼成温度や時間に多少の差が出る。

1

鍋に、水、バター、塩を入れて火にかけて沸騰させる。いったん火からはずして薄力粉を加え、ひとまとまりになるまで混ぜ、再び火にかけて生地を練り混ぜながら火を通す。

2

鍋底に生地がついて薄く膜が張るくらいになったら、火からおろし、ボウルに移す。

3

卵を数回に分けて加えて混ぜる。

4

なめらかなつやのある生地を作る。卵を入れ終えたときに、ボウルの底をさわると、少し温かさを感じるくらいの温度がよい。

5

直径13mmの丸口金をつけた絞り出し袋に生地を入れて、オーブンプレートに直径5cmの大きさに絞る。全体に水を霧吹きする。

6

上火190℃、下火200℃のオーブンで焼き、ふくらんだら上火180℃、下火160℃に下げて、しっかりと焼き色がつくまで約45分焼く。

＊さらに温度調整や蒸気抜きを細かく行って焼きあげるには、164頁を参考にする。

シュー生地　どの材料が、どんなはたらきをしているの？

1　空洞を作るのは？

(1) 材料がもたらす水分（主に水、卵）

シュー生地は、ほかの焼き菓子に比べて、水分が多い配合が特徴。その水分は、オーブンで加熱されることによって水蒸気となり、体積を増して、生地を大きくふくらませます。

＊水は水蒸気になると、体積が1700倍に変化する。実際、この値がそのままシュー生地のふくらみに当てはまらないが、水はそれだけ膨張し得るので、その力で粘性のある生地を押し広げて、ふくらませることができると考えられる。

2　皮を作っているのは？

(1) 小麦粉

熱湯に小麦粉を加えて加熱することによって、デンプン粒が水を吸収し、ふくらんでやわらかくなり、糊のような粘りが出ます（糊化）。その後、オーブン内でさらに糊化が進みます。ここから、水分がある程度蒸発して焼きあがることで、ふっくらした生地のボディとなるのです。

(2) バター

生地作りの際に、油脂がグルテンの形成を抑え、デンプンの過剰な粘りを断ち切って、生地ののびをよくします。

(3) 卵

生地作りの段階で、卵黄はバターの油脂を生地中に分散させる乳化の役割を果たします。

焼成段階では、卵の水分が空洞を作るのに役立ち、最終的に卵のタンパク質が加熱によって固まって、ふくらんだ生地がその形を保てるように強固にします。

●●●シュー生地　プロセスで追う構造の変化

1　焼成工程のシュー生地

シュー生地の表面に、オーブン内の熱い空気が直接当たり、水蒸気を閉じ込めるための薄い膜ができます。

↓

最も温度が上がりやすい生地底部が、100℃に達すると、水が急激に水蒸気に変化して体積を増して生地を押し広げ、空洞を作り始めます。これが核となって最終的に大きな空洞になります。

↓

空洞の発生はひとつだけではなく、生地全体がまだ100℃に達していない状態から、徐々に水蒸気が発生したり、少量の空気が熱膨張して、流動性のある生地中央に集まり、空洞ができます。

↓

中央の空洞は、底部からの空洞の押し上げによって、皮上部で押しつぶされると考えられます。

↓

さらに空洞が大きくなり、生地は薄くのびて、生地全体が風船のように大きくふくれます。

↓

生地表面がしっかり焼き固まると、水蒸気が空洞を押し広げようとしても、それ以上生地がのびずに、ふくらみが抑えられます。それでも、中から生地を押し広げようとする水蒸気の圧力が強いため、生地表面には亀裂ができ、さらにもう少しふくらみます。

↓

生地の亀裂の溝部分はまだ焼けていないので、そこから内部に閉じ込められていた水蒸気が逃げていきます。そして、亀裂の溝も焼き固まり、全体にかたさがあってしぼまないシューに焼きあがるのです。

シューの断面

シュー生地　生地作りのイメージ

シュー生地の空洞は、オーブン内で生地に含まれる水が水蒸気に変わることによってできるので、生地はあらかじめ多量の水を抱え込んでおく必要があります。そして、生地が空洞のふくらみにともなってよくのびるように、やわらかい粘りを出すことが大切です。

この2つの条件をクリアするため、シュー生地はほかの生地とは作り方が大きく異なります。まず熱湯に小麦粉を入れて混ぜ、できた生地を加熱して、小麦粉のデンプンを糊化させることによって、水分を十分に含んだ粘りのある生地を作りだします。

また、バターの油脂が細かい粒子になって生地中に均一に分散するほど、のびがよい生地になります。そこで、卵を加えて、その乳化力によって、油脂の分散を安定させます。そして、卵の水分で生地の持つ水分量と粘りを最終的に調節します。

シュー生地 Q&A

Q ★★ 沸騰した湯の中に、小麦粉を加えて混ぜるのはなぜですか?

A 小麦粉にムラなく水を吸水させて、一気に糊化を進めるためです。

シュー生地は、焼いている間に、生地中で水蒸気を発生させて空洞を作りだすため、その材料となる水をあらかじめ生地に多量に含ませておくことが大切です。そして、風船のように空洞が大きくなるとともにのびる、やわらかい粘りを持った生地を作ることです。この工程は、そのために大切な第一歩です。

それゆえにシュー生地は、ほかの焼き菓子に比べて、非常に水が多い配合が特徴です。沸騰した湯に小麦粉を加えると、デンプン粒が熱水を吸収してふくらみ、やわらかくなって糊のような粘りを生じて糊化します。熱湯で糊化させることによって、水と混ぜ合わせるよりも、デンプンが多くの水分を抱え込みます。そしてデンプンの糊化によってのびのよい生地となります。

そしてここでのポイントは、小麦粉にまんべんなく水を吸収させて、一気に糊化が進む温度まで上げるということです。そのためにも、水ではなく沸騰した湯の中に、小麦粉を一度に入れてよくかき混ぜて、ひとまとまりの生地を作るのです。

参考…242～243頁

小麦粉の糊化

1　バターを加えた湯を沸騰させる。

2　一気に小麦粉を加えて吸水させて糊化させる。

Q 湯にバターを入れて沸騰させるのはなぜですか？

A 生地ののびをよくするためです。

シューの空洞が大きくなって全体がふくれるときに、生地が破れることなくのびるためには、生地にやわらかい粘りがあることのほかに、のびのよさも必要です。糊化による粘りは、過剰になるとシューのふくらみをかえってさまたげてしまいます。

油脂にはデンプンの過剰な粘りを断ち切るはたらきがあるので、沸騰した湯にバターを加えて分散させておいてから小麦粉を加えると、糊化したデンプンの粘りが出過ぎません。これによって、生地にのびのよさが加わります。

バターの有無による生地の粘りの違い

熱湯、バター、塩に小麦粉を入れて混ざったときの生地（参考配合例）。

左の参考例にバターを入れずに作った生地。粘りが強すぎる。

バターの有無による焼きあがりの比較

左：参考配合例（バターあり）、右：バターなしの生地。バターなしの生地は、過剰な粘りがふくらみをさまたげ、焼きあがりのボリュームが小さい。

STEP UP ダマをふせぐバターの役割

小麦粉は熱湯に加えると、急激に粘りが強く出たデンプン粒同士がくっついて、ダマができてしまいます。小麦粉を水に加える分にはこのような現象は起きませんが、熱湯に加えると一気に糊化が進むからです。ダマになると、均一に吸水することができなくなり、火の通りにもムラが生じてしまいます。

そのため、あらかじめ熱湯にバターを溶かしてから小麦粉を加えると、デンプンの過剰な粘りが断ち切られることで、ダマができるのをふせぐことができます。

Q ★★ 熱湯に小麦粉を加えたのち、さらに火にかけて練るのはなぜですか?

A デンプンの糊化をより進めるためです。

シュー生地作りで、熱湯に小麦粉を加えてひとかたまりになった生地を、鍋の中で火にかけながら混ぜることを「デセシェ（dessécher）」と言います。小麦粉を加えて混ぜると、いったん温度が下がるので、生地を再加熱して温度を上げ、さらに糊化を進める目的で行います。

デセシェで大切なのが、生地全体の温度を均一に上げるということです。生地の外側は熱い鍋底に当たるために温度が上がっても、生地の中心の温度は上がりきらないという、加熱ムラが生じやすくなります。

ひとかたまりになった生地を崩して鍋底に広げては集めるということをくり返して混ぜながら、熱い鍋底から生地全体に均一に熱が伝わるように工夫します。

糊化が不十分なシューの焼きあがり

左：標準、右：最初の湯の温度が低く、デセシェも不足した状態のシュー。

Q 生地をどのくらいまで火にかけて練ればいいですか？ 適正な再加熱(デセシェ)の目安を教えてください。

A 生地の中心温度が80℃前後に達していることが大切です。参考配合例では、鍋底に膜が張るまでというのも目安になります。

デセシェする場合は、生地の温度を考えながら火加減を調節することが大切になります。本書の参考配合例の場合は、鍋底に膜が張るまでを目安としています。

このとき、鍋中の生地の中心温度は80℃前後に達しています。デセシェは糊化を進める目的で行っていますが、80℃では小麦粉デンプンの糊化による粘りがピークを迎える95℃には達していません。しかし、ここでさらに加熱を続けると、生地からバターの油脂がにじみ出てきてしまうので、デセシェの段階では、80℃にとどめておきます。あとはオーブンで焼いて、デンプンが完全に糊化する温度まで上げていくのです。

経験を重ねて慣れれば、手の甲で生地表面をさわってみて温度を確認することもできます。まずは、生地がひとまとまりになったときにさわってみます。このときは、十分さわれるくらいの温度です。さらに、再加熱しながら何度かさわって、最初よりも温度が高くなっているのが確認できたらほぼ終了です。

＊小麦粉の配合量が多いものや、弱火でデセシェした場合には、鍋底に膜が張らない場合がある。また、火が強いとデセシェが完了する前に膜が張ることもある。

シュー生地のデセシェ

参考…245頁

鍋底に薄い膜が張ってきたらデセシェ完了の目安。

Q デセシェして糊化したシュー生地に、なぜ全卵を加えるのですか？

A シューがふくらむのに必要な水分を与え、油脂を均一に分散させ、オーブン内でふくらんだ生地をしぼまないように強固にしてくれます。

1　ふくらむのに必要な水分を与える

加熱したあとの生地は、デンプンが水を吸収して糊化することによって、ひとかたまりにまとまっています。オーブンで焼いてシューの空洞を作るためには、水分がもっと必要です。そのため、生地に卵を加えてさらに水分を与えます。

2　乳化によって油脂の分散を安定させる

加熱を終えた生地は、粘りが出た生地にバターの油脂が混ざり込んでいる状態です。この油脂がより細かい粒子になって、生地に均一に分散するほど、のびのよい生地になって、ふくらみがよくなります。それにひと役買っているのが卵黄です。生地や卵に含まれる「水」とバターの「油」は、本来は分離しやすいものですが、卵黄に含まれるレシチンなどの乳化剤が、水と油を乳化させて、油を細かい粒子にして均一に分散させてくれます。

全卵と卵白でシュー生地を作って比較してみると、卵黄による乳化の必要性がわかります。卵白では乳化できないので、卵白で作った生地は分離して、なめらかなつながりがなくなるために、焼いてもふくらみません。

ここでうまく乳化させて、なめらかでのびのよい生地を作ることが、シュー生地をふくらませるために大切なのです。

3　皮を強固にする

水分が必要ならば、最初の熱湯を増やせばいいのではないかという疑問がわくでしょう。水分だけの問題ならば、たしかにそのとおりです。でも卵に含まれるタンパク質にも、また重要な役割があるのです。

オーブン内でふくらんだシュー生地に火が通るときに、生地中の卵のタンパク質は熱によって固まって、シューがしぼまないように生地を強固にしてくれます。

参考…229～230頁／233～234頁／242～243頁

卵黄による乳化がふくらみに与える影響

左：全卵入り（標準）、右：卵白のみ。卵白のみを加えたシュー生地は、卵黄による乳化が行われないので、生地が分離してふくらまない。

STEP UP 生地のかたさを左右するのは卵の量？

シュー生地の全卵の配合量が個数で示されていた場合、卵の大きさに多少ばらつきがあるので調整の必要が生じることがあります。しかし、特別な場合※を除いて、分量の卵（グラム表示）を加えると絞り出しやすい理想的なかたさになります。

分量の卵を加えてもかた過ぎる、あるいはやわらか過ぎる状態であれば、作業中に問題があったことが原因として考えられます。

卵の量は生地をふくらませたり、ふくらんだ生地を支えるという役割も果たします。ただ単に生地のかたさを調節するためではないということを理解しましょう。

参考…161～162頁

※特別な場合：口金の絞り跡を残したいときには、卵を減らして生地のかたさを調節することがある。

Q デセシェしたシュー生地に全卵を加えたのですが、うまく混ざりません。よい方法を教えてください。

A 生地が分離しないように、卵を少しずつ加えます。

加熱したあとのシュー生地に、溶き卵を加える場合、全量を一度に加えると、うまく混ざり合いません。少しずつ加えてよく混ぜるのは、卵を分離させずに乳化させやすくするためです。

まずは全卵を半量程度加えます。

デセシェした生地の温度は高いので、生地の熱で卵が固まらないように、最初に加える卵は、多めにして生地の温度を下げます。

そして木べらで生地を細かく切るように混ぜます。そうすると生地の表面積が増え、卵は生地に吸い込まれるようになじんでいきます。

ある程度卵が生地になじんだら、今度は練り混ぜていきます。残りの卵を何回かに分けて加えて混ぜ、生地に卵が混ざってきたら、木べらの面で生地を押し出すようにして、力強く木べらを動かして、手早く、なめらかになるまで練り混ぜます。

参考…233～234頁

デセシェした生地に全卵を混ぜる方法

1　卵を入れて、生地を細かく切り分けながらなじませる。

2　ある程度なじんだら、練り混ぜる。生地がなめらかになる。

Q シュー生地の仕上がりを見極めるポイントを教えてください。

A 生地につやがあり、なめらかで適度なかたさであることが大切です。

生地の仕上がりは、次の3つのポイントで見極めるといいでしょう。

①生地が温かい。

ボウルの底をさわってみて、生地に温かさが残っているかどうか確認しましょう。

生地の温度が下がると、デンプンが粘りを増してかたくなります。そうなると、かたさで生地の良し悪しを判断することができなかったり、シューの形に絞り出すのが困難になります。また、オーブンで焼くときに生地の温度が上がるのに時間がかかるため、ふくらみが悪くなってしまいます。

②なめらかでつやつやか。

③適度なかたさ。

木べらで生地をすくって傾けたときに、生地が逆三角形に垂れ下がる状態。または生地に指を刺してすーっと線を引くと、指の跡がゆっくりと閉じてきて、その幅が少し狭くなるくらい。線の幅は狭まりますが消えないで残ります。

＊③の目安は、参考配合例の場合。

参考…245頁

シュー生地の仕上がりの目安

なめらかでつやよく光っている。

生地がさっと流れずに逆三角形にたれ下がる。

指の跡が消えずに、少し幅が狭くなって残る。

Q 配合通りに作ったのに、卵を入れたあとのシュー生地が、ちょうどよいかたさにならないのはなぜですか?

A いずれかの工程で、生地を混ぜ終えたときの温度が低くなってしまったことが原因です。

分量の卵を入れて混ぜたのに、できた生地がかたくなってしまったり、やわらかくなってしまった、という場合は、下記のいずれかの工程で、生地の温度が低くなってしまったことが原因です。

失敗例

かたい。ぼってりとかたまって落ちる。

やわらかい。帯のように途切れずに落ちる。

標準例

生地が逆三角形に垂れ下がる。

1　卵を入れたあとの生地がかたくなってしまった場合

卵を入れたあとに生地がかたくなるのは、生地の温度が下がって小麦粉に含まれていたデンプンが粘りを増してかたくなってしまったためです。また、バターが冷めて流動性が低くなることも多少影響します。

(1) 冷たい卵を使用した

冷蔵庫から出したての冷たい卵を加えると、生地の温度を急激に下げてしまいます。常温の卵を使用しましょう。

(2) 卵を加える作業に時間がかかった

卵が分離するのをおそれて、必要以上に卵を分けて加えると、作業に時間がかかって、生地全体が冷めてしまいます。作業は手早く行うようにします。

2　卵を入れたあとの生地がやわらかくなってしまった場合

卵を入れたあとの生地がやわらかくなってしまったのは、卵を加える以前の工程において、小麦粉のデンプンの糊化が不十分で、粘りが十分に出ていなかったためです。そのような状態の生地に、分量の全卵を入れると、当然のごとく、生地はやわらかくなり過ぎてしまいます。

(1) 小麦粉を加えるときの湯の温度が低い

熱湯に小麦粉を加えるとき、湯は沸きたつほどの100℃でなければいけません。湯の温度が低いと、小麦粉のデンプンの糊化が不十分になります。

(2) デセシェの不足

デセシェによって、生地を80℃前後まで加熱します。その温度に達していなかった場合は、デンプンの糊化が不十分になり、本来よりもやわらかくなります。さらに、加熱が不十分なので、生地の水分の蒸発が通常よりも少なくなり、そのことも生地のやわらかさに影響してきます。

参考…64頁／242〜243頁／245頁

Q 絞り出したシュー生地に霧吹きで水分を吹きつけるのはなぜですか?

A 生地の表面の乾燥を遅らせて、より大きくふくらませるためです。

生地を絞ってから放置して表面が乾燥してしまうと、ふくらみが悪くなります。生地を絞ったらすぐに表面が乾燥しないように霧吹きしてから、オーブンに入れて焼きます。

霧吹きで表面に水分を与えておくと、シューの表面が焼き固まるのが遅くなり、その分生地がのびて大きくふくれます。

また、表面に溶き卵（水を加える場合もある）を塗り、乾燥をふせぐとともに、焼き色を濃くつけるといった方法もあります。

参考…152頁

霧吹きの有無がふくらみに与える影響

左：標準（霧吹きあり）、右：霧吹きなし。霧吹きしないで焼くとふくらみが悪い。

Q オーブンの中でよくふくらんでいたシューが、オーブンから出したとたんにしぼんでしまったのはなぜ?

A 焼き足りなかったからです。

オーブンの中のシューが十分にふくらんだので、焼けていると思って取り出してみると、またたく間にしぼんでしまったというのは、あきらかに焼き足りないことが原因です。

つぎの点に注意して、適切な焼きあがりを見極めましょう。

①シューが十分にふくらんでいる。

②亀裂の溝の部分まで焼き色がついている。

シューがしぼむ際には、最も火が通りにくい亀裂の部分からへこむようにしてしぼみます。そのため、亀裂の溝までしっかりと焼き色がつくまで焼くということが大切です。

③手でさわったときに、生地がつぶれない程度のかたさを感じる。

④余分な水分が蒸発しているため、手で持ったときに軽さを感じる。

焼き足りない生地がしぼんでしまったのは、シューの空洞を満たしている湿った空気(水蒸気を含む空気)が、オーブン内では高温のため体積が大きいのですが、オーブンから出して温度が下がったとたんに体積が小さくなり、まだ生焼けのやわらかい生地が、空気や水蒸気の体積縮小に引っ張られたからです。しっかり焼けていれば、ふくらんだ形を保つことができます。

焼き時間がふくらみに与える影響

左:標準、右:焼き時間が短いもの。焼き時間が短いとすぐにしぼんでしまう。

Q シューを上手に焼きあげるための温度調節を教えてください。

A 初めに上火を強くし過ぎないことと、蒸気抜きをすることによって、ふくらみがよく、美しい亀裂のあるシューに焼きあがります。

シューを立体的にふくらませるには、オーブンの温度調節も大切です。

焼くときの設定温度が高かったり、初めに上火が強過ぎると、シューの上部が早く焼き固まり、のびようとする生地が頭打ちされてふくらみが悪くなります。

逆に温度が低いと、生地に含まれる水分が水蒸気に変わるのに時間がかかるため、水蒸気が出始めた頃には表面が乾いてしまい、同様にふくらみがさまたげられます。

また、生地が十分にふくらんだあと、最後に空洞を作りだしていた水蒸気や生地の水分が抜けて、完全に焼きあがろうとするときは、水蒸気がオーブンの庫内に充満します。もしオーブンに庫内の蒸気を抜く機能がある機種のオーブンならば、蒸気抜きを行います。庫内が乾燥しているほうが、生地から水蒸気が抜けやすいからです。

焼成温度がふくらみに与える影響

左：温度が低い（上火、下火とも）、中：標準、右：上火が強い。温度が低いと小さくてふくらみが悪い。上火が強いと、形がいびつになりふくらみが悪い。

STEP UP シューを焼く際のオーブンの調節

最初は、生地の表面が焼き固まるのを遅らせるために、上火の温度を下火よりも少し低くします。

↓

ある程度十分なふくらみが得られたら、上火の温度を少し上げ、下火の温度を少し下げます。

↓

右写真の段階で上火を弱めます。

↓

全体にうっすらと焼き色がついたら、蒸気抜きを行います。そして、上火、下火とも温度を少し下げ、シューを乾燥させるような感じで焼きあげます。

Q ★★ シュー生地作りで、使用する小麦粉の種類を変えると、焼きあがりにどのような変化が生まれるのですか？

A 薄力粉では皮が薄くなり、強力粉では皮が厚く仕上がります。

薄力粉と強力粉は、タンパク質量で分類され、薄力粉はタンパク質量が少なく、強力粉は多いのが特徴です。小麦粉のタンパク質（グリアジン、グルテニン）は水とともに混ぜられると、粘りと弾力を持つグルテンを形成します。

ただ、シュー生地の場合は、水ではなく熱湯に小麦粉を加えることと、その熱湯には、あらかじめグルテンの形成をさまたげるバターが分散しているという2つの条件によって、グルテンの形成は限りなく抑えられ、デンプンの糊化の性質を引きだすように作られています。

とはいえ、強力粉を使った場合には、タンパク質量が多く、グルテンができやすいので、少量ではありますが、生地中に形成されていると考えられます。ですから、小麦粉の種類を変えるときには、グルテンが与える影響について着目するのです。

強力粉で作ったシュー生地は、薄力粉よりもグルテンによる弾力が若干強く、それがシューのふくらみをさまたげます。その分生地がのびないので、皮が厚くなり、しっかりとしたかたさに仕上がります。

参考 …238～240頁

小麦粉の種類による焼きあがりの比較　　表20

	薄力粉	薄力粉＋強力粉	強力粉
ふくらみ	大きい	←――――→	小さい
皮の厚み	薄い	←――――→	厚い
皮のかたさ	やわらかい	←――――→	しっかりとしたかたさ

＊強力粉は薄力粉に比べてタンパク質量が多い分、デンプンの含量が少ないので、糊化の際に吸水量が全体として少なくなる。そのため、水分量（水、卵）を減らして作成した。

Q★★ シュー生地作りで卵の配合量を変えると、焼きあがりにどのような変化が生まれるのですか？

A 卵の配合量が多いほど、大きく横に広がるようにしてふくらみ、皮が薄くてやわらかく仕上がります。

卵の配合量が多いと、シュー生地がやわらかくなり、焼成時に発生する水蒸気も多くなって空洞が大きくなります。シューの形も変わってきます。

卵の配合量の違いによる比較 表21

	左:卵の配合量が多い、中央:標準、右:卵の配合量が少ない
底面の大きさ	 左:絞った大きさより広がる 中央:絞った大きさより少し大きくなる 右:絞った大きさのまま
ふくらみ	 左:生地が広がって大きくなった分、横に広がる 中央:全体に丸い形でふくらむ 右:全体的に小さい
亀裂	浅い ←→ 深い
空洞の大きさ	 大きい ←→ 小さい
皮の厚み	薄い ←→ 厚い
皮のかたさ	やわらかい ←→ かたい

1 大きさ

卵の配合量が多いほど生地がやわらかくなります。これを絞り出すと生地が流れて広がるため、底面が大きいシューになります。

2 ふくらみと皮の厚み

シュー生地は、オーブンの中で、生地に含まれている水分の温度が上がって水蒸気に変わり、生地を中心から押し広げることによって空洞を作ります。卵の配合量が多いほど、生地はやわらかくてのびやすく、空洞が大きくなるのにともなって、薄く引きのばされます。そのため、よくふくらみ、皮は薄くなります。

3　亀裂

シューの生地内部で水分がどんどん水蒸気に変わるのと同時に、生地表面ではオーブンの熱が直接当たって徐々に焼き固まっていきます。表面が固まってからもさらに水蒸気が空洞を押し広げようとするので、表面が割れて亀裂ができます。

卵の配合量が少なくて生地がかたいと、無理に生地が押し破られたようになって、ざくっとちぎれたような亀裂になり、全体にごつごつした感じに焼きあがります。

一方、卵の配合量が多いと、生地ののびがよいので、亀裂は広がって浅くなり、全体に丸い感じに焼きあがります。

Q ★★ シュー生地の風味をよくしたいのですが、どうしたらいいですか?

A 牛乳を加えるといいでしょう。

シュー生地の配合で、水の一部を牛乳に置き換えると、生地の風味がよくなります。また、牛乳を加えることによって、生地に焼き色がつきやすくなります。

生地の焼き色とこうばしい香りは、生地中のタンパク質やアミノ酸と還元糖が高温で加熱され、アミノ－カルボニル反応が起こってできる産物です。

シュー生地の場合、これらの成分は小麦粉やバターに由来するのですが、牛乳にも含まれているため、牛乳を加えることによってこの反応が促進されて、さらに焼き色が濃くなって、こうばしい香りも増すのです。

参考…266頁

牛乳の有無による焼き色の比較

左：標準のシュー、右：水の一部を牛乳に変えたシュー。牛乳を加えると焼き色が濃くつく。

Q シュー生地の皮の食感を変えたいのですが、配合はどのように変えたらいいでしょうか？

A 下記の配合表を参考に変化させてください。

水をほかの材料の基準として、バター：小麦粉＝1：2の比率を守り、下記のグラフをもとに一番重い生地から軽い生地の配合の間で割合を変化させます。

小麦粉とバターの割合が多くなると、皮が厚くなって、ごつごつとした感じに焼きあがり、小麦粉とバターの割合が少なくなると、皮が薄くなって、亀裂が浅い丸い焼きあがりになる傾向があります。

グラフ6

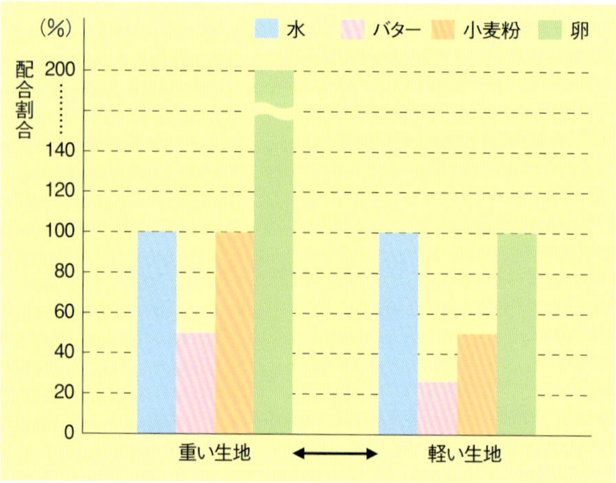

CHAPTER 7

結晶性を利用して作るチョコレート

チョコレートを溶かし固めて作るお菓子で代表的なものと言えば、型抜きチョコレートや、トリュフなどのチョコレートボンボンがあげられます。表面につややかな光沢があり、口に含むとすーっと溶け、そして舌ざわりがなめらかという3つの条件が、おいしさの決め手です。

しかし、一度溶かしたチョコレートを再び固めようとしても、もとのような光沢は得られません。そこで、溶かしたチョコレートの温度調節―テンパリング（調温）―が重要となります。チョコレートを溶かすことで並び方が崩れた結晶を、再び固めるときに本来のきれいな結晶の配列に戻してあげなければなりません。

基本の作り方では少量のチョコレートでも作りやすい「水冷法」を解説します。量が多い場合には、「タブリール法」や「フレーク法」が適しています。いずれにしても使用するチョコレートに合った温度で正しくテンパリングすることが、つややかなチョコレートを作る上で大事なことです。

ガナッシュ入りチョコレートボンボン　基本の作り方

【参考配合例】

ガナッシュ
- スイートチョコレート（カカオ分56%）　400g
- 生クリーム（乳脂肪分35%）　400g
- バター　60g

上がけのチョコレート
- スイートチョコレート(カカオ分72%)　適量

準備

・チョコレートは細かく刻む。
・バターは室温に戻し、クリーム状になる程度のやわらかさにしておく。

1

ガナッシュを作る
ボウルにチョコレートを入れて、沸騰した生クリームの1/2量を注ぐ。

2

少し置いてチョコレートが溶けてから混ぜる。

3

残りの生クリームを2回に分けて加えて混ぜる（写真は3回目の生クリームを入れて混ぜているところ)。

4

バターを3回に分けて加えて混ぜる。

5

型やバットに流し、18℃前後で約8時間置いて固める。ひと口大に切り分ける。

6 

テンパリングする（水冷法）

チョコレートを湯せんにかけて溶かして、約50℃にする。ボウルを水に当てて、チョコレートを混ぜながら28℃に温度を下げる。

7 

再び湯せんにかけて、31～32℃まで温め、保温しながら使う。

8 

上がけする

ガナッシュをテンパリングしたチョコレートにつけて引き上げ、余分についたチョコレートを落とす。

9 

好みで模様をつけて、常温でかためる。

チョコレートの構造

チョコレートは油脂であるカカオバターの中に、主にカカオマス、砂糖、粉乳などの固形微粒子が混ざり合った状態の製品です。微量の水分も含まれていますが、水分は砂糖や粉乳に付着していて、それらは固形を保っています。室温でかたいときには、カカオバターが結晶となって固まってこれらの固形微粒子を閉じ込めています。

図5

テンパリングの必要性

チョコレート菓子の製造工程において、チョコレートを湯せんで溶かしたときには、溶けたカカオバターに、砂糖や粉乳の粒子が固形のまま混ざっているような状態です。

これを再び固めるときには、カカオバターが砂糖や粉乳の粒子を包み込むというだけでなく、カカオバター自身が溶けることによって大きく崩れてしまった結晶構造をもと通りに戻すことがとても大切なのです。これがテンパリングです。

テンパリングを行わないと、固まらなかったり、たとえ固まったとしても、光沢が出なかったり、表面が白くなって見た目が悪くなったり、組織がもろもろになって食感が悪くなってしまいます。

●●●テンパリング　プロセスで追う構造の変化

チョコレートに含まれるカカオバターは、数種類のトリアシルグリセロール※1という脂質から成っており、これが結晶化※2して固まることによって、カカオバターは固まります。ただし、これらのトリアシルグリセロールは、ある温度帯で結晶するものもあれば、そうでないものもあったりと挙動が違います。

それによってカカオバターは、温度帯によって、構造が違う6種類の結晶形（Ⅰ～Ⅵ型）に変化します。表面の光沢があり、口溶けのよいチョコレートを作るのに、最適な結晶形はⅤ型です。

テンパリングは、溶かしたチョコレートのカカオバターを、最終的にⅤ型の結晶形で固めることが目的です。カカオバターの性質上、テンパリングの終了時に、Ⅴ型の結晶が少量できているようにして、チョコレートが固まっていく間に、それを核（種結晶）にして全体が同じようにⅤ型の結晶に揃うようにもっていきます。

※1：トリアシルグリセロールは、グリセロールに3種類の脂肪酸が結合してできたもの。

※2：結晶とは、原子や分子が三次元的に規則的に並んだ状態。

チョコレート（スイートの場合）を約50℃に温めて、カカオバターの結晶を完全に溶かしてから、28℃まで冷やします。不安定なⅣ型をはじめⅢ型の結晶もできている状態。

↓

31～32℃に上げます。不安定なⅢ型、Ⅳ型の結晶が溶けて、同時にⅤ型の安定した結晶に移行しますが、すべての結晶がこの温度で一気にⅤ型に揃うのではなく、Ⅲ型、Ⅳ型もありながら、中にはⅤ型も存在するという状態でテンパリングが終了。

↓

室温でチョコレートを固めます。チョコレートが室温で固まっていくときには、安定するⅤ型が先頭に立って、Ⅲ型、Ⅳ型をⅤ型に揃えながら、最後には全体がⅤ型になるように固まります。

カカオバターの結晶形の型・融点（固体から液体に変化する温度）・結晶の安定性　表22

Ⅰ型	16〜18℃	非常に不安定
Ⅱ型	22〜24℃	不安定
Ⅲ型	24〜26℃	不安定
Ⅳ型	26〜28℃	不安定
Ⅴ型	32〜34℃	安定
Ⅵ型	34〜36℃	もっとも安定

●●●テンパリング　その他の方法

冒頭では、手軽にテンパリングできるよう考慮して、少なめのチョコレートをテンパリングするのに適する「水冷法」を紹介しました。しかし、大量のチョコレートをテンパリングする場合は、ボウルに溶かしたチョコレートを入れて、水を当てて冷やす水冷法では、チョコレート全体の温度を均一に下げることは難しく、つぎの2つの方法が適します。

1　タブリール法　＊温度はスイートチョコレートの場合。

溶かしたチョコレートを大理石の台の上に直接広げて、温度を下げる方法です。大理石は冷たく、熱が伝わりにくいため、チョコレートを大理石台にまんべんなく触れさせて冷却していきます。

①チョコレートを湯せんにかけて約50℃で溶かし、その2/3〜3/4量を大理石の台の上に広げる。
＊溶かす温度は種類やメーカーによって異なる。45℃前後で溶かすものなら2/3量を大理石台に流す。50℃前後ならば、3/4量を目安にする。
②パレットナイフを用いて、大理石台の上にチョコレートを広げ、スケッパーで寄せ集めるという作業をくり返し、28℃に温度を下げる。
③ボウルに残っている温かいチョコレートに、②を合わせて混ぜ、31〜32℃に上げる。

1　溶かしたチョコレートの2/3〜3/4量をパレットナイフで広げる。

2　広げたチョコレートをスケッパーで集め、温度を下げる。

3　残りの温かいチョコレートと合わせて温度を上げる。

2　フレーク法　＊温度はスイートチョコレートの場合。

溶かしたチョコレートに、刻んだチョコレートを加えて温度を下げる方法です。3

種のテンパリングの方法のうち、最も手間が少ないのですが、刻んだチョコレートをすべて加えたときに、ちょうど理想の温度に下がっている状態を作りださなくてはならないので、慣れるまで溶かすチョコレートと、加えるチョコレートの分量調節が難しいと言われています。

①分量のチョコレートの一部を湯せんにかけて、約50℃で溶かす。
②溶けやすいように細かく刻んだチョコレートを加えて混ぜ、31～32℃に温度を下げる。

溶かしたチョコレートに刻んだチョコレートを加えて温度を下げる。

各テンパリング法の温度調節　　グラフ7

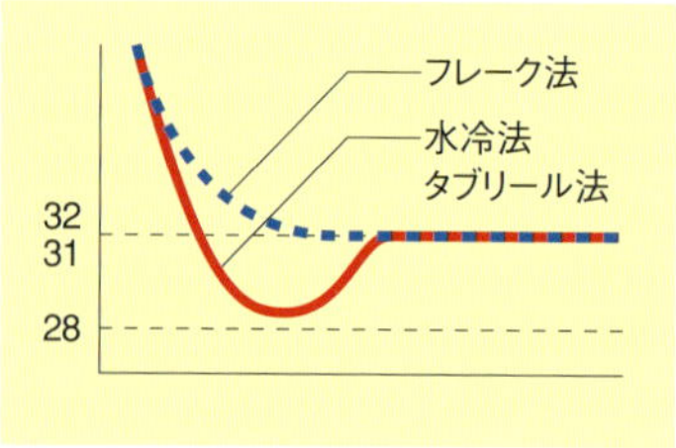

STEP UP 固形のチョコレートを加えるフレーク法

基本のテンパリングでは、チョコレートを溶かして液状にし、28℃まで冷やしてから、31～32℃まで温めます。これは、「水冷法」「タブリール法」の考え方です。

テンパリングには、そのほかに「フレーク法」といって、溶かした液状のチョコレートに、刻んだ固形のチョコレートを入れて、31～32℃に下げる方法もあります。

液状のチョコレートをこのように温度変化させると、つややかに固まらないのに、フレーク法ではなぜそれが可能なのでしょうか。

50℃くらいの液状のチョコレートに、刻んだ固形のチョコレートを加えていくと、固形のチョコレートが溶けていく段階で、温度が自然に下がります。液状のチョコレートの温度が31～32℃に近づいて、最後の固形のチョコレートが溶けかけるとき、固形チョコレートのカカオバターの結晶形はV型なので、それが液状のチョコレート全体を最適な結晶形であるV型に導く核（種結晶）としてはたらくので、この方法が可能なのです。

チョコレート　Q&A

Q スイート、ミルク、ホワイトチョコレートはどのように違うのですか？

A スイートチョコレートに、乳成分を加えたものがミルクチョコレート、カカオマスを入れないで乳成分を加えたものがホワイトチョコレートです。

チョコレートの原料はカカオ豆。これには、チョコレートの味の要となる「カカオマス」、油脂である「カカオバター」が含まれています。そして、チョコレートを甘くするために砂糖、マイルドにするために粉乳などの乳成分を加えます。

スイート、ミルク、ホワイトの3種のチョコレートは、その原料によって、以下のように分類されています。

各種チョコレートの成分　表23

種類	スイート（ブラック、ビター）	ミルク	ホワイト

カカオマス	○	○	×
カカオバター	○	○	○
砂糖	○	○	○
乳成分	×	○	○

Q クーベルチュールとはどんなチョコレートですか？

A カカオバターが多い純チョコレートです。

国際規格における、「クーベルチュール（couverture）」は、カカオバターの含有量が多いのが特徴のチョコレートです。

カカオバターは、チョコレートの口溶けを作りだしている油脂成分です。チョコレートが室温では、ぱりんと割れるかたさであるのに、口に含むと一気に溶けるのは、室温では固体で、体温近くになると急激に溶けるという、植物性油脂には珍しい性質をカカオバターが持っているからです。

そのため、カカオバターの含有量が多いチョコレートは、溶かしたときに流動性（のび）がよく、固まるとつややかで、口溶けがよいので、チョコレートボンボンなどの上がけに使うと薄く被覆することができます。

国際規格によるクーベルチュールのカカオバターの含有量は31%以上で、通常は35%以上の流動性が高いものを言います。日本のチョコレートの規格はこれとは違っており、以下の3つに分類されています。

①純チョコレート

カカオバターを18%以上含み、代用油脂やレシチン以外の乳化剤は添加されていないもの。

②チョコレート

カカオバターを18%以上含み、代用油脂やレシチン以外の乳化剤の添加が認められているもの。

③準チョコレート

カカオバターを3%以上、代用油脂を15%以上含むもの。

日本の規格からすると、クーベルチュールのカカオバターはかなり多いと言えるでしょう。

また、準チョコレートのように、カカオバターの量が少なくてもチョコレートができてしまうのは、日本では、カカオバターに代わる代用油脂が認められているからです。ちなみに、ヨーロッパではそれを認めない国も多いのです。

代用油脂はパーム（アブラヤシ）、ヤシ、大豆などの植物油などからできているので、風味が乏しく、含有量が多いとチョコレート本来のおいしさが損なわれてしまいます。とはいえ、代用油脂の組み合わせや脂肪酸組成を変えることによって、コーティングに適した流動性のよいチョコレートを作ることが可能になります。

コーティングに適したという意味で、この種のチョコレートが上がけ（コーティング）用として売られています。

チョコレートボンボンの上がけ

テンパリングしたクーベルチュールにボンボンのセンターをくぐらせる。

できあがったチョコレートボンボン。

Q チョコレートを溶かすとき、鍋に入れて直火で加熱してはいけないのですか?

A チョコレートは高温で加熱すると分離するので、湯せんにします。

チョコレートはカカオバターの油脂の中に、カカオマス、砂糖、粉乳などの固形微粒子と微量の水分が混ざり合った状態です。チョコレートを溶かすときには、熱によって溶けて流動性を帯びたカカオバターに、砂糖や粉乳の粒子が固形のまま混ざっている状態を保つようにしなければなりません。

もし、鍋にチョコレートを入れて火にかけて溶かすと、粘度が高いので、熱の対流が起こらず、局所的に温度が上がって焦げてしまいます。それによって、この構造が大きく崩れて、砂糖や粉乳などの油には溶けずに、水には溶ける成分と、カカオバターの油脂が分離してしまいます。そのため、湯せんでゆるやかに加熱して溶かすほうがよいのです。

参考…171頁

Q チョコレートを湯せんで溶かすときに、かたくもろもろに分離してしまったのはなぜ?

A 湯せんの水が入ったのが原因だと考えられます。

湯せんでチョコレートを溶かすときに、うっかり溶かしたチョコレートに湯せんの水が入ってしまうと、もろもろに固まってそれ以上溶けなくなることがあります。

入り込んだ水は、チョコレート中のカカオバターの油脂と反発し合って混ざりません。そして、その水は、吸水性の高い砂糖に吸収されます。砂糖の微粒子は水を少し含むと粘性が出るので互いにくっつき、かたいかたまりになってそれ以上溶けなくなってしまい、それがチョコレートをもろもろとしたかたまりに見せているのです。

参考…171頁

Q ミルクやホワイトチョコレートは、スイートチョコレートよりも溶かす温度が低いのはなぜですか？

A カカオバターよりも低い温度で溶ける乳脂が含まれているからです。

チョコレートは種類、製品、メーカーによって、テンパリングの際に溶かす温度が多少違います。製品に温度が記載されていれば、それに従って溶かすようにします。一般的には、ミルクやホワイトチョコレートはスイートチョコレートよりも低い温度で溶かします。

それはチョコレートに含まれる油脂の違いが影響しています。

スイートチョコレートの油脂は、ほぼカカオバターで占められていますが、ミルクやホワイトチョコレートには、乳成分が加えられているので、カカオバターのほかに、乳脂が含まれているという点が違います。

乳脂はカカオバターよりも融点（固体から液体に変化する温度）が低いので、乳脂が含まれていることで、溶かす温度が低くなるのです。

もし、ミルクやホワイトチョコレートを高い温度で溶かすと、粉乳が砂糖と一緒に固まってもろもろの状態になりやすいので、気をつけましょう。

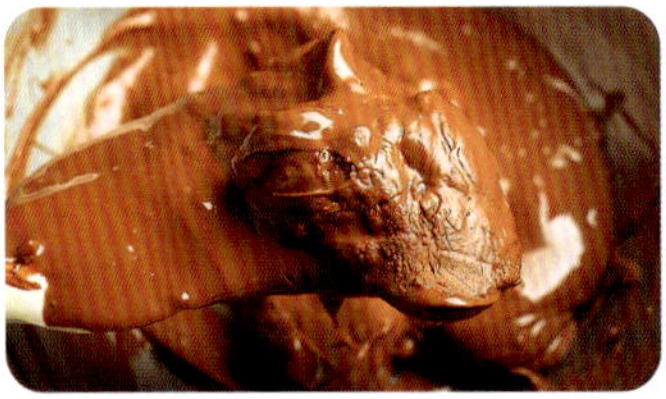

ミルクチョコレートを高い温度で溶かすと乳成分が固まってもろもろになる。

チョコレートの溶解、冷却、保温温度の例

表24

国産　大東カカオ社のチョコレート

種類	溶解温度	冷却温度	保温温度
スイート（ブラック）チョコレート	50	28	32
ミルクチョコレート	45	27	31
ホワイトチョコレート	40	26	30

表25

フランス　ヴァローナ社のチョコレート

種類	溶解温度	冷却温度	保温温度
スイート（ブラック）チョコレート	53〜55	28〜29	31〜32
ミルクチョコレート	48〜50	27〜28	29〜30
ホワイトチョコレート	48〜50	26〜27	28〜29

＊メーカーまたは製品によって、温度は多少異なる。テンパリングの際は、製品に表示されている温度を参考にする。

Q テンパリングの理論を教えてください。

A チョコレートを溶かすとカカオバターの結晶構造が変化するので、チョコレートの品質として最適な結晶形に揃えて固めるために行います。

チョコレートの構造とカカオバターの6種の結晶形（→173頁）については、先にお話をしたとおりですが、チョコレートボンボンなど、チョコレート菓子を作る上で、最適なカカオバターの結晶形について、もう少し詳しくお話しましょう。

1　テンパリングの目的

テンパリングは、溶かしたチョコレートのカカオバターを、最終的にⅤ型の結晶形で固めることが目的です。カカオバターの性質上、テンパリングの終了時に、Ⅴ型の結晶が少量できている状態にして、チョコレートが固まっていく間に、それを核（種結晶）にして、全体が同じようにⅤ型の結晶に揃うように調整します。

2　チョコレートに最適な結晶形を決める要素

では、なぜⅤ型の結晶形に揃えるのでしょう?

Ⅰ型からⅥ型までのカカオバターの結晶形の中で、室温でも溶けることなくエネルギー的に安定しているのは、Ⅴ型とⅥ型で、より融点の高いⅥ型のほうが溶けにくく安定度が高いと言えます。

とはいえ、チョコレートは、室温では固形で、口に入れたとたんにすっと溶けるという口溶けのよさが大切とされていることを考えると、体温以下ですばやく溶けるⅤ型のほうがチョコレートとしては適していると言えます。

また、Ⅴ型はⅥ型よりも結晶が小さいため、表面の光沢がよくなるという点でも優れています。しかもⅥ型は結晶が大きいため、それがブルーム　（→180～181頁）の原因となってしまうのです。

以上のことから、チョコレートに最適な結晶形はⅤ型であると言えるでしょう。

3　溶かしたチョコレートを固める温度

単純にチョコレートを温めて、冷やし固めるだけではなぜいけないのでしょうか。

カカオバターは冷やし固める温度が低いほど、早く結晶化して固まりやすいのですが、できた結晶の形が不安定なⅡ型、Ⅲ型、Ⅳ型になってしまいます。不安定な結晶は、より安定を求めて、自ら形を変えて最終的にⅥ型に達するという性質があり、これでは理想のⅤ型を保持して固めることができません（→180～181頁）。

4　溶かしたチョコレートの温度をいったん下げたのち上げる理由

スイートチョコレートの場合は50℃前後、ミルクおよびホワイトチョコレートの場合は45℃前後に温めてカカオバターの結晶を完全に溶かしてから、28℃までいったん冷やします。このときは、不安定なⅣ型をはじめⅢ型の結晶もできています。そして、ふたたび31〜32℃に上げると、これらのⅢ型、Ⅳ型の結晶が溶けて、同時にⅤ型の安定な結晶に移行するのです。

とはいえ、すべての結晶がこの温度で一気にⅤ型に揃うのではなく、Ⅲ型、Ⅳ型もありながら、中にはⅤ型も存在するという状態でテンパリングが終わります。

そして、型づめや上がけなどの工程で、チョコレートが室温で固まっていくときには、安定するⅤ型が先頭に立って、Ⅲ型、Ⅳ型をⅤ型に揃えながら、最後には全体がⅤ型になるように固まっていくのです。

参考…171〜173頁

Q ★★ 固まったチョコレートの表面に、まだらな白い模様ができたのですが、これは何ですか？

A ブルームと言われるものです。

チョコレートは光沢が命ですが、その表面がうっすら白くなったり、白いまだら模様になってしまったら……。それは「ブルーム」の発生です。ブルームは、チョコレートが不適切な温度にさらされるとできてしまいます。

この現象は、原因によって「ファットブルーム」「シュガーブルーム」の2種類に分けられます。2つのブルームについてお話しましょう。

1　ファットブルーム

「ファット＝脂（カカオバター）」がチョコレートを白く見せてしまっているタイプのブルームで、工程または保存方法に問題があった場合に起こります。

よく起こる問題点は以下のとおりです。

①テンパリングの温度調節が適切でなかった場合。

②チョコレートが保存中に、約28℃以上の温度にさらされて溶けてしまい、再び固まった場合。

②の場合、結果的には、チョコレートをテンパリングせずに固めてしまった①の場合と同じことです。

ファットブルームは、チョコレートが理想的な温度で固まれなかったことが原因で、カカオバターの油脂が表面へと押し上げられ、結晶が大きくなってしまい、そこで光が乱反射することによって白く見えてしまう現象です。カカオバターの結晶は、チョコレートの表面だけでなく、内部でも大きくなるので、このようなチョコレートは食べたときに、ざらついた食感となり、口溶けも極端に悪くなります。

ちなみにこのときは、カカオバターの結晶形はⅥ型になっています。Ⅵ型は、理想的なⅤ型よりも、結晶が大きいので白く見えます。

Ⅵ型はテンパリングをしたときのような液状のカカオバターからは直接結晶化せず、いったんⅣ型やⅢ型などの結晶として固まったものが、時間をかけてⅥ型に移行してブルームが生じると言われています。つまり、テンパリングせずに固まった結晶の形は、不安定なⅣ型やⅢ型などで、不安定な結晶というのはより安定を求め、自ら形を変えて最終的にⅥ型に達するのです。

テンパリングの温度調整が適切でない場合のブルーム

左:適正、右:ブルーム。

高温にさらされて起こるブルーム

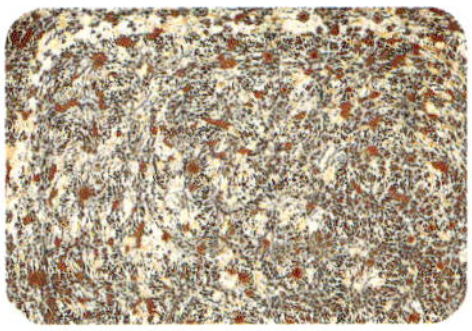

カカオバターの結晶が白く見える。

2　シュガーブルーム

「シュガー（砂糖）」が原因で、チョコレートが白くなってしまうタイプのブルームです。冷蔵庫に入れてあったチョコレートを取り出して、室温で保存した場合に起こります。

冷蔵庫で冷たくなったチョコレートを急に室温に出すことによって、チョコレートの表面に結露が起こり、水滴がつきます。たとえるなら、寒い屋外から暖かい室内に入ったときに、眼鏡がくもるのと同じことです。

その水滴にチョコレートの砂糖が溶け出して、そのまま室温に長く置かれる過程で水分が乾くと、砂糖の結晶だけが残って、ブルームとなり、白く見えるのです。

シュガーブルームが起きたチョコレート

冷えたチョコレートを室温に出したときにつく水滴の乾燥によって、砂糖が白く浮き出る。

Q テンパリングがうまくできているかどうか不安です。確認する方法を教えてください。

A 使う前に、テンパリングしたチョコレートを紙やへらにつけて、その固まり方で判断できます。

チョコレートはテンパリングを行ったあと、温度調節がうまくできたかを確かめてから使います。簡単にできてわかりすい方法を紹介しましょう。

テンパリングしたチョコレートに紙やへらを差し入れて薄くつけてみます。それが固まるまでの時間と表面の状態で判断します。テンパリングが成功していれば、すぐに固まり、表面に光沢が出ます。

もし温度調節に失敗していると、なかなか固まりませんし、固まったとしても白っぽく、マットな質感になります。それは、チョコレートの表面でカカオバターの結晶が大きくなってしまい、光が乱反射して白く見えるためです（ブルーム）。

失敗した場合は、初めからテンパリング作業をやり直します。

テンパリングの確認方法

テンパリングしたチョコレートに厚紙を差し入れて取り出す。

取り出してすぐに薄く固まれば、テンパリング成功。

Q ★★ 型抜きチョコレートが型から抜けなかったのはなぜですか?

A いくつかの原因が考えられますが、一番多いのがテンパリングの失敗です。

溶かしたチョコレートを、思い思いの型（モールド）に入れて作る、型抜きチョコレート。これを作ったときに、チョコレートを固まってから抜こうとしても、型から離れずに抜けなかったという失敗談を耳にすることがありますが、これには、いくつかの原因が考えられます。

第一に考えられるのが、テンパリングの温度調節がうまくいかなかったということです。温度調節がうまくいくと、型に入れて固まったときにチョコレートが幾分縮みます。そのため、型に直接流し込んでも、きれいに抜けるのです。

なぜチョコレートが縮むのでしょうか。テンパリングが終了して型に流し込まれた時点では、カカオバターの結晶形は不安定なⅢ型、Ⅳ型もありながら、中には安定したⅤ型も存在するという状態です。そして、固まる間に、結晶形はⅤ型を核にして、Ⅲ型、Ⅳ型をⅤ型に揃えながら、最終的には全体がⅤ型で固まります。Ⅲ型、Ⅳ型は密度が低く、Ⅴ型は密度が高いので、固まったときには全体の体積が小さくなり、チョコレートが縮むという現象が起こるのです。

テンパリングに失敗したチョコレートのカカオバターは、Ⅳ型やⅢ型で固まります。

型に入れた時点と固まった時点で密度の変化がないので、チョコレートは型に密着したままで抜けません。

テンパリングに問題がない場合は、型が汚れていたり、型の温度が低かったということが考えられます。特に金属製の場合は冷えやすいので注意しましょう。通常、型は25～27℃前後で使います。

またチョコレートを型に薄く流し入れる際に、チョコレートの量が少なくて薄過ぎても、固まったときの収縮が小さいので抜けにくくなります。

型抜きチョコレート

テンパリングに成功すると、型とチョコレートの間にすき間があく。

きれいにはずれる。

失敗例

テンパリング失敗。縮まないのではずれない。

Q ガトー・オペラなどで上がけに使用するパータ・グラッセは、なぜテンパリングしなくてもいいのですか？

A コーティング専用に作られたチョコレートなので、溶かすだけで使えます。

ガトー・オペラの上がけ

1　溶かしたパータ・グラッセをかける。

2　テンパリングしなくても、薄くつやつやかに仕上がる。

ガトー・オペラなど、ケーキにチョコレートを上がけするときに使いやすいのが、パータ・グラッセというコーティング専用のチョコレートです。

通常のチョコレートはカカオバターでできているので、溶かしてテンパリングする操作が必要になりますが、上がけ専用のパータ・グラッセなどのチョコレートは、植物性油脂（代用油脂）を使用しているので、テンパリングせずに溶かすだけで使えます。

Q 溶かしたチョコレートに水が加わると分離するのに、ガナッシュ作りで生クリームを加えた際に、その水分が混ざるのはなぜ?

A 生クリームを加えた場合は、乳化するからです。

溶かしたチョコレートに、水が加わると分離するのに（→177頁）、水分を多く含む生クリームが分離せずに混ざるのはなぜでしょうか。それぞれの構造を解説し、乳化するわけをお話しましょう。

1　チョコレートと生クリームの構造

チョコレートは、カカオバターという油脂の中に、カカオマス、砂糖、粉乳などが固形の微粒子の状態で混ざり込んでいます。一方、生クリームは水分の中に乳脂肪が細かい粒で分散した乳化の構造（水中油滴型）をとっています。まるで「水」と「油」の関係とも言える、水分と乳脂肪が分離せずに混ざり合っているのは、乳脂肪球のまわりを乳化剤が取り囲んで両者が直に接することがないからです。

2　チョコレートと生クリームを乳化させて混ぜる

溶かしたチョコレートに少量の生クリームを加える程度ならば、チョコレートのカカオバターがベースとなり、そこに生クリームの水分が乳化剤の仲立ちによって分散する、油中水滴型の乳化の形で混ざります。

しかし、ガナッシュの場合は、生クリームの分量がチョコレートに対して多いため、生クリームを徐々に加えていく過程で、ベースであるカカオバターの量をはるかに超えて水分が加わります。すると途中で転相というベースの逆転が起きて、生クリームの水分がベースとなり、その中にカカオバターと乳脂肪が、乳化剤に取り囲まれて粒状となって分散するようになります（水中油滴型）。

3　うまく乳化させるために

2つの材料を乳化させるときには、少しずつ加えて、よく混ぜることが必要です。そのため、ガナッシュ作りでは、生クリームを数回に分けて加えるようにし、生クリームを加えた中心から小さく円を描くようによく混ぜて乳化させながら、徐々に周囲のチョコレートを取り込んで全体をなじませていくように混ぜます。

参考 …233〜234頁／272〜273頁

Q ★★ ガナッシュを作るとき、生クリームは35%に近い低脂肪のものをよく使うのはどうしてですか？

A 分量によっては、高脂肪の生クリームを使うと分離しやすいからです。

ガナッシュは、最終的に、生クリームの水分をベースとして、そこにカカオバターと乳脂肪を分散させる、水中油滴型の乳化の形をとります。その際、ベースとなる水分が十分でないと、カカオバターなどの脂肪分が分散するスペースが足りなくなって分離しやすくなるので、低脂肪の生クリーム（その分水分が多い）を使います。

参考…233～234頁

Q ★★ ガナッシュなどのセンターにチョコレートを上がけしたら、ぼってりと厚くかかってしまいました。なぜですか？

A テンパリングしたチョコレートとセンターを適温に維持していなかったからです。

チョコレートボンボンは、ガナッシュなどのチョコレートのセンターに、光沢のあるチョコレートが薄く上がけされているのが理想の仕上がりです。それには、温度管理がポイントになります。チョコレートとガナッシュの温度差を10℃くらいにすると、つやよく薄く固まります。

1　テンパリングしたチョコレートの温度を維持する

テンパリングしたチョコレートを、作業中、適温である31～32℃に維持します（スイートチョコレートの場合）。その温度よりも低くなったり、高くなったりすると、せっかく作りだしたV型の結晶状態が壊れてしまい、ブルームが生じる原因になるからです。

テンパリングしたチョコレートを保温する専用の保温器、または大量でなければ、ボウルに入れて温度管理しながら作業します。その際、大きなボウルに少量のチョコレートを入れると冷めやすいので、小さめのボウルいっぱいにチョコレートを入れたほうがいいでしょう。

温度が下がってきたら、湯せんでチョコレートを温めて温度を調節し、再び作業を続けます。

またはボウルがぴったりと入るくらいの直径の鍋に、32℃前後の湯を入れてその温度を保ちながら湯せんでチョコレートを保温すると、比較的長い間適温を保つことができます。

チョコレートの温度が低くなると、粘りが強くなり、上がけが厚くなってしまうので気をつけましょう。

またテンパリングしたチョコレートは、時々混ぜて、均一な温度に保ちます。粘りがあるのでどうしても空気が入りやすく、空気が混入すると、上がけしたチョコレートに気泡が入ってしまうので、ボウルの底にゴムべらの先をつけたまま、空気が入らないようにして静かに混ぜるようにします。

2　センターとなるガナッシュの温度

チョコレートを上がけするときには、センター（上がけされるもの）は20℃前後が適温です。

テンパリングしたチョコレートは31～32℃なので、その差は約10℃。この温度に調整すると、チョコレートがほどよい厚みに上がけされて、つやよくできあがります。

もし、ガナッシュの温度が低過ぎると、上がけしたチョコレートが内側から急激に固まり、つやが悪くなってしまいます。

ガナッシュの温度に注意。低過ぎてはいけない。

空気を入れないように注意して時々混ぜて、均一な温度に保つ。

Q　チョコレート作りの作業をするときや、製品の品質を保って上手に保存するのに適した環境を教えてください。

A　チョコレート作りをするときの室温は、18～23℃、保存は15～18℃が適温です。

チョコレート作りの作業をするときは、室温が約18～23℃、湿度が約45～55％がよい環境です。温度が高いとチョコレートが固まるまでに時間がかかり、せっかくテンパリングしたチョコレートの結晶が崩れてつやよく仕上がらないので注意します。

また、チョコレート製品は、光、温度、湿度に注意して保存します。理想的な環境は、直射日光が当たらず、温度15～18℃、湿度45～55％の場所です。

きれいにできあがったチョコレート製品でも、保存温度が適切でないと、チョコレートが溶解と結晶化をくり返し、不安定な結晶形に変化し、ブルームが生じて、見た目も食感も悪くなります。

CHAPTER 8

クリーム

お菓子は、パウンドケーキやフィナンシェ、マドレーヌのように生地の味わいを楽しむタイプと、クリームと生地を共に楽しむタイプに分けられます。

クリームと生地を合わせたお菓子にも、生地をより引き立てるためにクリームを添えるものもあれば、ムースなどをより引き立てるために生地を添えるものもあります。どちらも主役になったり、脇役になったりして、そのおいしさを発揮しています。

この章では代表的なクリームを紹介します。シャンティイクリームやカスタードクリーム、バタークリームなどは、そのままでもなめらかで風味豊かなものですが、風味づけをしたり、クリーム同士を混ぜ合わせることによってアレンジが広がります。

ほかに、バヴァロワやムースのベースに使うことの多いアングレーズソース、バタークリームやムースなどに軽さを与えるために使うイタリアンメレンゲ、タルトには欠かせないアーモンドクリームも覚えておくと役立つでしょう。

シャンティイクリーム
Crème chantilly

生クリームを泡立てたものを、一般的にホイップクリームと呼んでいます。特に砂糖を加えて泡立てたものは、シャンティイクリーム（クレーム·シャンティイ Crème chantilly）と言い、ケーキに挟んだり、塗ったり、絞り出すなど、さまざまな場面でよく使われるクリームです。

また、砂糖を加えないで泡立てる、クレーム・フエテ（Crème fouettée）もあります。そのまま使うより、ほかのクリームと混ぜ合わせて使うことが多く、バヴァロワやムースに加えたり、チョコレートを加えるなど甘みのついたものに合わせます。

シャンティイクリーム　基本の作り方

【参考配合例】
生クリーム　350g
砂糖　25g

準備
・生クリームを冷やしておく。

1　ボウルに生クリームを入れ、ボウルを氷水に当てる。
2　砂糖を加え、用途に応じた泡立て加減に泡立てる。

＊ハンドミキサーやミキサーで泡立てる場合は、中低速〜中速で泡立てる。
＊砂糖の配合量は使用目的や好みによって変わるが、通常は5〜10%程度。

STEP UP 砂糖の種類と加えるタイミング

生クリームを泡立てるときに、どんな種類の砂糖を使うかによって、砂糖を加えるタイミングが違います。

グラニュー糖を使う場合は、粒子が大きく溶けにくいので、最初の段階から加えて泡立てます。

粉砂糖は粒子が小さくて溶けやすいので、生クリームがある程度泡立った時点で加えます。生クリームは砂糖を加えないで泡立てたほうが空気を多く含むので、粉砂糖のようにさっと溶ける砂糖を使用するならば、途中まで泡立ててから加えるのです。

参考…196頁

シャンティイクリーム　Q&A

Q 生クリームの効率よい泡立て方を教えてください。

A 生クリームをゆするような動きで泡立てます。

生クリームは卵白と同様に泡立つ性質がありますが、その気泡のでき方はまったく違います。気泡を効率よく作りだすために、素材の泡立つ原理に合った泡立て方をしましょう。

卵白の泡立ては、大きく円を描くように卵白を動かして空気をたっぷり取り込みましたが、生クリームは、泡立て器で混ぜることによって、脂肪球同士がぶつかり合ってつながって泡立っていくため、生クリームをゆするようにして混ぜると効果的です。

生クリームの泡立て方

泡立て器は生クリームにつけたまま、左右に動かして、生クリームをゆする。

参考…277～278頁

Q 生クリームを泡立てていたら、完全に泡立つ前にもろもろになってしまいました。どうしてですか？

A 泡立てるときの温度が高かったためです。

生クリームは、保存のときも、泡立てるときも、泡立てたホイップクリームを塗るときも、常に低温に保つということが大切です。

生クリームを泡立てるときには、ボウルを氷水で冷やしながら泡立てると、なめらかで、締まりのある状態に泡立てることができます。冷やさずに泡立てると、早く泡立ちますが、色は黄色く、ぼそぼそして締まりのない泡立ちになってしまいます。

また、生クリームは3～5℃くらいの冷蔵庫で保存するのが望ましく、保存温度が高かった場合や、一度温度が上がってしまった生クリームを使用した場合は、いくら冷やして泡立てたとしても、よい状態に泡立てることができません。

ミキサーを使う場合は、ミキサーボウルを氷水で冷却しながら泡立てることができないので、生クリームの温度を5℃以下にするだけでなく、さらにボウル自体も冷やしておき、できるだけ温度が上昇しないように注意して泡立てます。そして、泡立て後もすぐに冷蔵庫に入れて温度を下げます。

このように冷却しながら泡立てるだけでなく、室温が高くならないよう配慮します。

失敗例

冷やさずに泡立てたホイップクリーム。黄色っぽく、ぼそぼそしている。

標準例

氷水を当てて冷やしながら泡立てたホイップクリーム。なめらかで、締まりがある。

Q 生クリームの泡立ち加減はどのように判断したらいいのでしょうか?

A 泡立て器ですくったときの状態や流れ落ちていく状態で判断する方法が簡単です。

生クリームの泡立ち加減を判断するには、さまざまな方法がありますが、一般的には、泡立て器ですくってみるのが一番簡単でわかりやすいでしょう。

生クリームは泡立ちが進むにつれて、だんだんかたくなり、混ぜていて重く感じるようになるので、その感覚でおよその見当をつけて、生クリームを泡立て器ですくってみます。すくえるがすぐに落ちていく、しっかりすくえるといったクリームの状態や、つのの立ち方で判断します。つのがしっかり立つような状態が、生クリームの泡立ちのほぼ最終点と考えていいでしょう。

生クリームの泡立て度合いによるかたさの比較

グラフ8

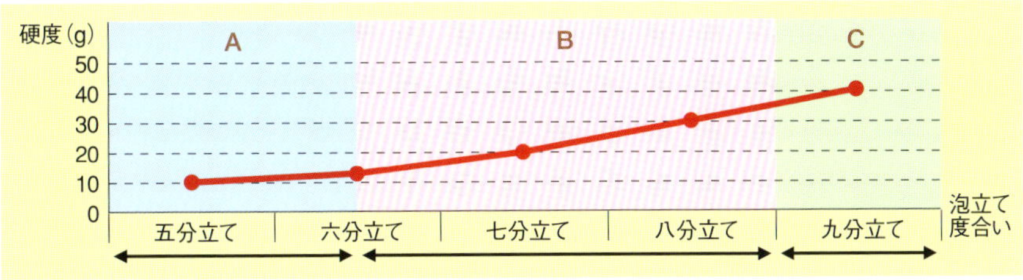

A 五分立て〜六分立て

バヴァロワ、ムースに適したかたさ。

B 六分立て〜八分立て

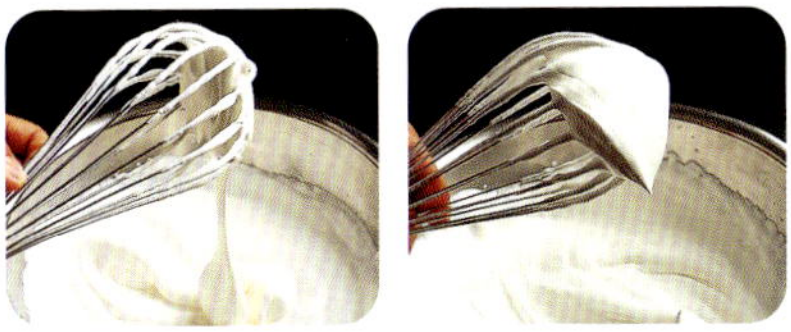

挟む、塗る、絞るのに適したかたさ。

C 九分立て

なめらかさはないがしっかりとしたかたさがある。

データ提供:日本ミルクコミュニティ(株)
＊データの測定方法:クリーム40%を5℃に調温して泡立て、所定の容器に規定量取り、レオメーター(粘度・粘弾性測定装置)のアダプター(20㎜)を用い、10㎜浸入時の抵抗値をgで表示し、硬度とした。

Q スポンジ生地をデコレーションするときに、生クリームはどのくらいのかたさに泡立てたらいいですか?

A 通常は七〜八分立てくらいに泡立てたものを使用し、その中で、挟む、塗る、絞るなどの用途に応じて、泡立て加減を使い分けます。

生クリームは泡立ちが進むほどかたくなるので、用途に応じて、泡立ち加減を使い分けます。

(1) 表面をコーティングする→「やわらかめ」六〜七分立て

泡立て器でやっとすくうことができ、すくったクリームはやがて泡立て器から落ちるくらいのやわらかい状態です。生地の上にのせるとクリームが少し広がっていくかたさで、のばすと薄くのびます。

(2) 絞り出す→「ややややわらかめ〜ややかため」七分立て

泡立て器ですくうことができ、すくったクリームはつやがあり、つの全体がやわらかい曲線を描く状態です。絞ったもののやわらかさを表現したいときはややややわらかめに泡立てたり、また口金の形状で泡立て加減を多少変えたりなどの調節をします。

しっかりつのが立つくらいまで泡立てると、口金を通るときに圧力がかかってさらに泡立ちが進んだ状態に変化し、絞り出した線がひび割れたようになってしまうので、それよりも少し手前の泡立て状態が適しています。

失敗例

つのがしっかり立つ泡立ち加減で絞り出すと、縁がひび割れる。

(3) スポンジ生地の間にサンドする→「かため」七～八分立て

泡立て器でクリームをすくうと、つのがしっかりと立ち、つのの先端がやわらかい曲線を描くかたさです。間に挟むクリームは、気泡をある程度含み、ケーキを支えるだけの保形性があって、かつなめらかな状態であることが大切です。

用途別泡立て加減の比較　表26

コーティング用　六～七分立て

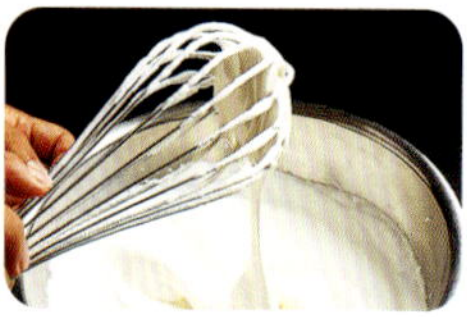

やっとすくうことができるくらい

生地にのせるとやや広がる

なめらかにコーティングできる

絞り出し用　七分立て

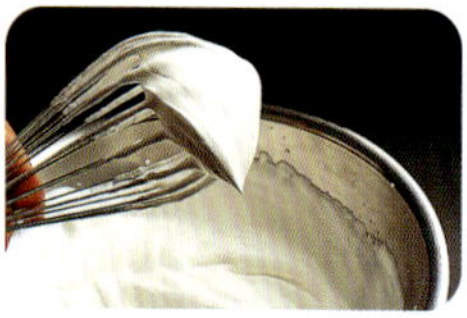

しっかりつのが立つ手前くらいがよい

ひび割れずにつややか

サンド用　七～八分立て

しっかりつのが立つくらい

生地にのせても広がらず、保形性が高い

しっかりとしたかたさがあり、生地同士をくっつけて支えることができる

Q ★★ 生クリームをミキサーで泡立てるときに、一度にたくさんの量を泡立てると、ボリュームが出ないのはなぜ?

A ミキサーのボウルに入れる生クリームの量が多いと、泡立て中に生クリームが空気に触れる面積が小さくなるので、空気を取り込みにくくなります。

生クリームをミキサーで泡立てる場合は、生クリームの量が多くても少なくても、付属の一定の大きさのミキサーボウルを用いるため、ミキサーボウルの容量と生クリームの量のバランスが、泡立ちのボリュームに影響を与えます。

たとえば、同じミキサーで1リットルの生クリームを泡立てるのと、3リットルを泡立てるのでは、量が少ないほうが、泡立ちのボリュームが大きくなります。

泡立ての際は、空気に触れている表面部分から空気を取り込みます。1リットルと3リットルの生クリームを同じミキサーボウルに入れると、1リットルのほうが単位容積当たりの表面積は大きくなります。つまり、空気に触れている部分が生クリームの容量に対して多いので、結果として空気を多く含んでボリュームが出るのです。

原則的に、生クリームは、ミキサーボウルの容量の1/3くらいが適量と言えます。

Q ★★ 生クリームの乳脂肪分の濃度によって、泡立つ速度に違いがあるのはなぜですか?

A 生クリームは乳脂肪球がつながることによって泡立つので、乳脂肪分が高くなるほど、早く泡立ちます。

生クリームの乳脂肪分は製品によって違い、用途や好みで使い分けます。

この乳脂肪分の違いによって、泡立ち時間にも差が出ます。生クリームは、脂肪球同士がぶつかり合ってつながり、取り込まれた気泡と気泡の間に、つながった脂肪球で網目構造を作ることによって泡立ちます。乳脂肪分が高い生クリームは、乳脂肪分が低い生クリームよりも脂肪球の数が多いので、泡立てたときに脂肪球同士が衝突する確率が高くなり、早く泡立ちます。

つまり、乳脂肪分が高い生クリームほど、早く泡立つと言えます(注:同メーカー、同タイプの製品で比較した場合)。

参考…277〜278頁

生クリームの乳脂肪分の濃度が泡立つ速度に与える影響　グラフ9

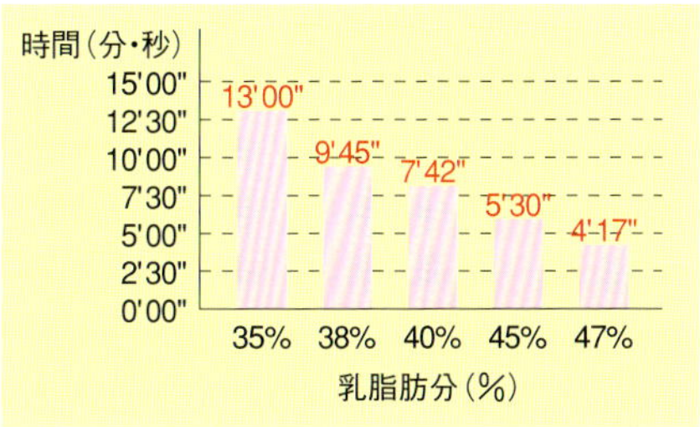

*データの測定方法:各脂肪分のクリームを規定量秤量後、5℃に調温して、ホイップミキサーの回転数、ホイップ終点荷重(七〜八分立て)を設定して泡立て、開始から終点到達までの時間を測定したもの。

データ提供:日本ミルクコミュニティ(株)

Q ★★ ホイップタイプの生クリームは、乳脂肪分35〜50%のものまでありますが、どのように使い分けるのですか？

A 軽い味わいに仕上げたいときは35%、絞る、塗るなどの保形性が必要なときには50%に近いものを使用するとよいでしょう。

ホイップタイプの生クリームの乳脂肪分は35〜50%まであり、味と特性を理解して使い分けます。作り手それぞれの好みやイメージする菓子によって選ぶのはもちろんですが、一般的には軽い口当たりを求めるときは乳脂肪分の低いものを、コクのある味を求めるときや、保形性を必要とするデコレーションに用いるときは乳脂肪分の高いものを使います。

1　軽く仕上げるには乳脂肪分の低い生クリーム

生クリームに空気をより多く含ませることによって軽さを出したいときには、乳脂肪分の低い生クリームを使います。

生クリームは乳脂肪分が低いほど、クリーム中の脂肪球の数は少なくなります。すると、泡立てたときに、脂肪球同士が衝突する確率が低くなるため、脂肪球同士がつながって気泡と気泡の間に網目構造を形成していくのに時間がかかり、その間に空気が十分取り込まれて、オーバーラン値が高くなる傾向にあります。

オーバーランとは、生クリームを泡立てたときに、どのくらい空気を含んで体積が増えたのかを示す指標で、オーバーラン値が高いほど、空気をより多く含んで泡立つと言えます。

逆に、乳脂肪分が高い生クリームは、乳脂肪分が低い生クリームよりも脂肪球の数が多いので、泡立てたときに脂肪球がぶつかる確率が高くなり、すぐに泡立ちます。結果的に、十分に空気を取り込む前に、脂肪球による網目構造の形成が進行してしまい、オーバーラン値が低くなります。なおオーバーランを求める計算は以下のとおりです。

$$\text{オーバーラン（\%）}=\frac{\text{泡立て後の生クリームの容量}-\text{もとの生クリームの容量}}{\text{もとの生クリームの容量}}\times 100$$

＊乳脂肪のみで作られて、乳化剤、安定剤が入っていない「クリーム」の場合。ただし、メーカーによって、均質の度合いや脂肪球の分散状態が異なるので、理論どおりにならない場合もある。

生クリームの乳脂肪分が空気を含む割合に与える影響　グラフ10

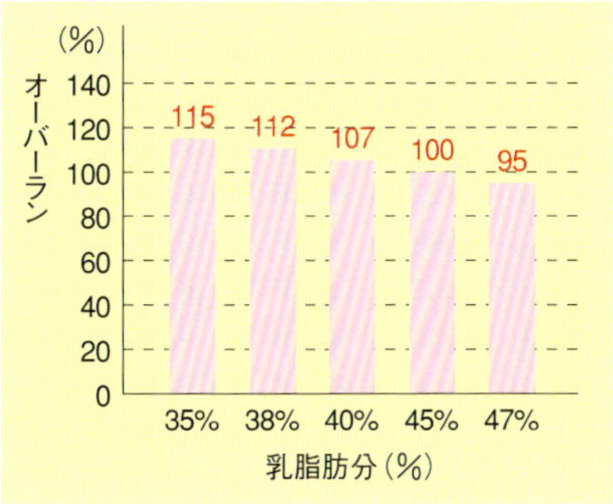

＊データの測定方法：各脂肪分のクリームを規定量秤量後、5℃に調温して、ホイップミキサーの回転数、ホイップ終点荷重（七～八分立て）を設定して泡立てる。終点到達時の泡立ったクリームを規定のオーバーランカップに採取して測定し、計算式によってオーバーラン（%）を算出したもの。

データ提供：日本ミルクコミュニティ（株）

2　保形性が必要ならば乳脂肪分の高い生クリーム

泡立てた生クリームを塗ったり、絞り出したあとも、その形のまま保ちたいときには、乳脂肪分の高い生クリームを使います。

生クリームが泡立ったときの状態は、水分の中に分散していた脂肪球同士がつながって、気泡と気泡の間に網目構造を作っています。この網目構造が密になるほど、泡立てた生クリームのかたさが増し、保形性がよくなります。つまり、乳脂肪分が高い生クリームは脂肪球の数が多いので、泡立てると網目が密になり、しっかりとしたかたさが得られるのです。

3　あっさりとした味わいは低脂肪、コクのある仕上がりは高脂肪の生クリーム

生クリームを味わいの濃厚さで比べると、乳脂肪分が35%に近いものを使用するとあっさりとした味わいに、50%に近いものを使用するとコクのある味わいになります。

味の面での好みもありますが、クリームに合わせる素材との相性も大切です。チョコレートのムースを作るときには、チョコレートの味に負けない乳脂肪分が高い生クリームを選ぶことで、互いのおいしさを引きだすという考え方もできますし、逆にチョコレートムースを軽くするために、乳脂肪分の低い生クリームを合わせる場合もあります。

また、フルーツをたくさん使ったケーキを生クリームでデコレーションするときには、フルーツのさわやかな味を生かすために乳脂肪分が低い生クリームを合わせることもあり、使い分けはさまざまです。

参考…277～278頁

Q ★★ 生クリームに加える砂糖の量を増やすと、ホイップクリームのコシは弱くなるのですか？

A 砂糖を多く加えて泡立てると、空気を含みにくくなり、保形性も悪くなります。

生クリームに砂糖を加えて泡立てるときには、一般的に5～10％程度の砂糖を加えます。甘さの面からいってもそのくらいが適当なのですが、砂糖の量がこれ以上増えると、空気を含みにくくなり、絞り出したクリームの形が崩れやすくなるので注意してください。

砂糖の有無による泡立ちの違い

無糖。

砂糖20％添加。

生クリームに加える砂糖の量が泡立った生クリームの保形性に与える影響　グラフ11

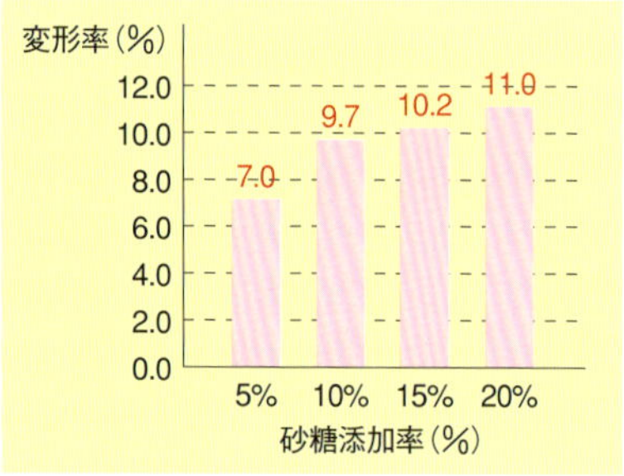

＊変形率が高いほど、泡立てたクリームの形が崩れやすく、保形性が悪い。
＊データの測定方法：40％のクリームに砂糖を各比率で添加して泡立て、絞り出し袋に入れ、30～40㎜の高さの花形に絞ったものの高さを計測する。25～27℃で1時間静置後、沈降量を測定し、変形率（％）として算出したもの。

データ提供：日本ミルクコミュニティ（株）

カスタードクリーム

Crème pâtissière

クレーム・パティシエール

卵黄、砂糖、小麦粉を混ぜ、牛乳を加えて加熱し、卵黄の凝固力と小麦粉の糊化を利用して、クリーム状に仕上げたものを、カスタードクリーム（クレーム・パティシエール Crème pâtissière）と呼びます。カスタードクリームのみで使用する以外に、ホイップクリームと混ぜ合わせてクレーム・ディプロマート（Crème diplomate）にし、なめらかさと口溶けのよさを出したり、クリーム状にしたバターと合わせてクレーム・ムースリーヌ（Crème mousseline）にして、コクのあるバターの風味を生かすというように、変化をつけることもできます。

カスタードクリーム　基本の作り方

【参考配合例】

卵黄　360g（18個分）
グラニュー糖　300g
薄力粉　100g
牛乳　1000g
バニラビーンズ　1/2本

＊薄力粉は、1/2量をカスタードパウダーやコーンスターチで置き換えてもよい。

1

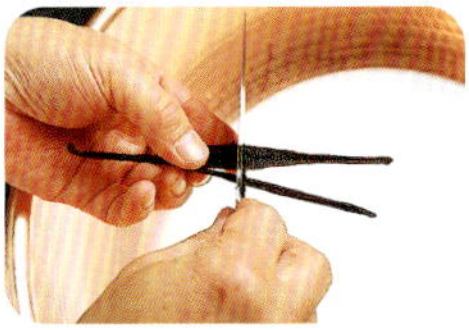

鍋に牛乳を入れて、バニラビーンズから種子をしごき出し、さやと一緒に加えて、沸騰直前まで温める。

2

ボウルに卵黄、グラニュー糖を入れ、白っぽくなるまで混ぜたのち、薄力粉を加えて混ぜる。

3 

温めた牛乳を少しずつ加えながら混ぜて漉す。

4 

中火にかけて、たえず混ぜながら加熱する。

5 

沸騰すると強い粘りが出るが、さらに加熱を続けると、コシが切れてつやが出てくる。できあがったらバットに広げて、乾かないようにラップをかぶせて冷まし、冷蔵庫で冷やす。冷え固まったものを、漉してへらで混ぜて、なめらかに戻して使う。

カスタードクリーム　Q&A

Q **カスタードクリームを加熱する目安として言われる「コシが切れるまで」というのは、具体的にどういう状態ですか？**

A **火にかけて沸騰した時点では粘りが増し、ぐっと締まってかたくなりますが、加熱を続けると粘りが弱まって流動性が出てくる状態を指します。**

カスタードクリームは、十分に火を通すことが大切で、その一番の目的は小麦粉に含まれるデンプンを糊化（デンプンの粒が水を吸ってふくらみ、粘りを出す現象）させることです。

小麦粉のデンプンは95℃に達したときに、とろみが強くついて、最高の粘度を示します（→グラフ12・①）。この段階で糊化はできているのですが、カスタードクリームの場合は、その時点で火を止めてしまうと、なめらかさがなくなり、粘りの強いクリームになってしまいます。

さらに混ぜながら加熱し続けると、急に粘りが低下して、クリームを泡立て器ですくっても流れるような、弱いとろみに変化します（→グラフ12・②）。これは、糊化したデンプンのブレークダウン現象といって、デンプンの分子の一部が加熱によって切れることで起こります。ここまで加熱して初めて「コシが切れて」、なめらかで、つやのあるクリームになります。

カスタードクリームは冷却してから使用するので、糊化したデンプンは冷却後に非常に粘りが増すことを考慮しなければなりません（→グラフ12・③）。そのため、この時点でコシを切って、できるだけ粘りを低下させておき、使用するときに、たとえ粘度が上がったとしても、やわらかさとなめらかさを保っていられるようにします。

参考…242〜245頁

加熱によるカスタードクリームの変化

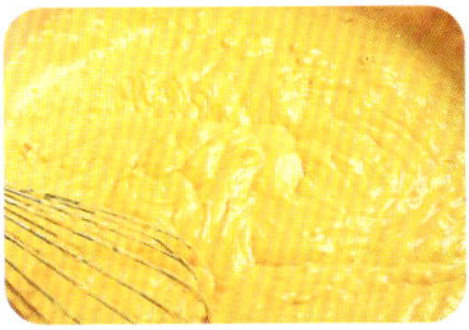

95℃になってとろみが強くついた。なめらかさに欠ける。

コシが切れるまで加熱した。つやが出て、粘りが弱まり、なめらかになる。

冷却した状態の比較

95℃でとろみが強くついたときに火を止めたもの。かたく、なめらかさに欠ける。

コシが切れるまで加熱したもの。やわらかく、なめらかでつやがある。

小麦デンプンのアミログラム　　グラフ12

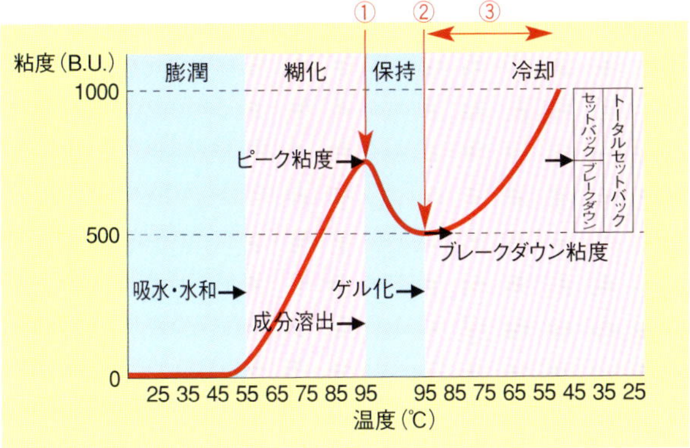

『小麦の科学』長尾精一編

イタリアンメレンゲ
Meringue italienne
ムラング・イタリエンヌ

卵白に煮詰めたシロップを加えて泡立てたものを、イタリアンメレンゲ（ムラング・イタリエンヌ　Meringue italienne）と呼びます。粘性があり、かたくしっかりした泡立ちが得られるのが特徴です。バタークリームのベースや、ムースを作るときにより軽さを出すために用います。また保形性があるので、ケーキの表面に塗ったり、絞り出してデコレーションすることもあります。

イタリアンメレンゲ　基本の作り方

【参考配合例】

卵白　120g（4個分）
グラニュー糖　40g
シロップ
　グラニュー糖　200g
　水　60ml

1　小鍋にグラニュー糖、分量の水を入れて火にかけ、118～120℃になるまで加熱してシロップを作る。
2　卵白にグラニュー糖を加えて、ミキサーで高速で泡立てる。
3　卵白が八分立てくらいに泡立ったら、中速にして混ぜ続けながら、1の熱いシロップをボウルの縁から一定の速さで注ぎ入れる。全体にシロップを行き渡らせるために高速でざっと混ぜてから、中速にして粗熱がとれるまで泡立て続ける。

イタリアンメレンゲは粘性が強いので、ミキサーを使用したほうが泡立てやすい。

メレンゲの種類 表27

メレンゲの名前		作り方	用途
ムラング・フランセーズ（Meringue française）または ムラング・フロワッド（Meringue froide）	ほかの2種とは違って加熱しないので、冷たい（froid）メレンゲと呼ぶ	卵白に砂糖を加え泡立てる	好みの形に絞り出して、低温（130℃）のオーブンで乾燥焼きにして、それにホイップクリームを挟むこともできる。そのほか、モンブラン、ヴァシュランなどのケーキに使用する
ムラング・スイス（Meringue suisse）または ムラング・ショード（Meringue chaude）	加熱して泡立てるので、熱い(chaud)メレンゲと呼ぶ	卵白に砂糖を加えて湯せんにかけ、50℃くらいに加熱してから泡立てる	着色したり、香料を入れたりして、小さく絞って乾燥焼きにし、プティフール（小菓子）などにする。ムラング・フランセーズと同様にケーキに使用する場合もある
ムラング・イタリエンヌ（Meringue italienne）	卵白に熱いシロップを加えて泡立てる	砂糖の重量の1/3量くらいの水を加え、118〜120℃に煮詰めたシロップを、砂糖を加えて軽く泡立てた卵白に加えて、さらに泡立てる	バタークリームやムースのベースにも用いる。保形性があるので、ケーキに塗ったり、絞り出したりして仕上げに使用する

イタリアンメレンゲ　Q&A

Q ★★ イタリアンメレンゲを作るとき、砂糖をシロップの状態にして加えるのはなぜですか？

A 砂糖を水に溶かしてシロップにすることで、たくさんの量の砂糖が加えられるからです。

イタリアンメレンゲの基本配合は、卵白と砂糖の比率を1：1〜1：2の範囲内で変化させることができますが、基本的には卵白の重量に対して2倍の砂糖を加えます。しかし、それだけの分量の砂糖をそのまま加えると、砂糖が卵白の水分を吸収して、ほとんど泡立たなくなります。

砂糖が溶けるには水が必要ですが、卵白に含まれる水分では足りないので、このように砂糖を多く加えるには、加える前に水に溶かしてシロップにしておくのです。そのため、砂糖が溶けるのに十分な量の水（砂糖の1/3量程度）を加えて火にかけて、118〜120℃に煮詰め、水分をとばしてから加えます。シロップはこの状態でも粘性がありますが、冷めていくに従ってさらに粘性が強まるので、泡立てた卵白の保形性もよくなります。

イタリアンメレンゲ

ムラング・フランセーズ

Q ★★ イタリアンメレンゲを作るときに、砂糖全量をシロップで加えてはいけないのですか?

A 卵白を一部の砂糖とともに泡立ててから、熱いシロップを加えると、きめ細かなメレンゲができます。

卵白に砂糖を加えて泡立ててから熱いシロップを加えると、卵白をそのまま泡立ててから熱いシロップを加えるよりも、メレンゲの仕上がりがきめ細かくなります。

泡立てた卵白に熱いシロップを加えると、気泡の中の空気は熱膨張して体積を増し、気泡が大きくなります。それを見越して、初めの段階では、小さい気泡を作っておく必要があるのです。

小さい気泡を作るためには、最初に卵白を泡立てるときに砂糖を加えておいたほうがいいのです。卵には砂糖を加えると泡立ちにくくなる性質があり、空気を取り込みにくい状況をあえて作って泡立てることによって、小さい気泡ができるのです。

そこに熱いシロップを加えても、気泡が大きくなり過ぎずにきめの細かいイタリアンメレンゲに仕上がります。

参考…225〜226頁

Q ★ イタリアンメレンゲを作るときに、シロップが118〜120℃に達したのを温度計で測る以外に、見極める方法はありませんか?

A 鍋の中で沸騰しているときの泡の大きさや、シロップを冷やしたときのかたさで判断できます。

シロップは煮詰めていくと、粘りが出てくるので、温度を測る以外に、どのくらい粘りが強くなったかで判断できます。いくつか見極める方法を紹介しましょう。

1　シロップが沸騰して泡立つ状態を観察する

シロップが沸騰した状態では泡に粘りがなく、110℃前後になると粘りが出てきます。その後、水が蒸発するにつれて粘りが強まって、泡が小さくなっていきます。118℃前後になると、泡の大きさが揃ってくるので、泡が小さく均一になった状態をひとつの目安にします。

2　シロップを氷水の中で丸める

指を氷水につけて冷やし、シロップを取って、氷水の中で丸めたときに、小さな球（プティ・ブーレ）ができます。その球を指で挟んでみて、水あめのようなやわらかなかたさならば、118～120℃になっています。

118～120℃の見極め方

泡が小さく均一になった状態。

シロップを取って丸めると、小さな球になる。水あめのようにやわらかい状態。

Q ★★ 配合通りにイタリアンメレンゲを作ったのに、やわらかくてつやのない仕上がりになってしまったのは何が原因ですか？

A シロップを煮詰め過ぎたり、また適温に煮詰めたシロップが冷めてしまうと、うまくいきません。

イタリアンメレンゲを作る際、シロップが煮詰まるタイミングと、卵白が泡立ちあがるタイミングを合わせることも大切です。シロップが煮詰まったのに、まだ卵白が泡立っていないと、泡立つのを待つ間にシロップが冷めてしまいます。冷めると、卵白に加えてもなじまずに、シロップがボウルの底で固まってしまうからです。

そうなると、分量の砂糖がすべて卵白に加わらなかったのと同じことで、卵白の量に対して砂糖が少ないために、イタリアンメレンゲの仕上がりが、締まりのない、粗いメレンゲになってしまいます。

煮詰め過ぎたシロップを加えた場合も、シロップが固まってしまうので、同様の泡立ちになります。

シロップを加熱すると初めはゆっくりと温度が上がっていきますが、110℃を越えたくらいから、急に温度が上がりやすくなります。ミキサーで卵白を泡立てる場合は、卵白と砂糖の比率にもよりますが、シロップが沸騰したくらいで、卵白の泡立てを開始するとよいでしょう。そのほかにもポイントがあります。

1　鍋の大きさ

シロップを作るときに、シロップの量に見合った鍋の大きさを選ぶことも大切です。鍋が大き過ぎると、火の当たりが強くてシロップの温度がすぐに上がってしまいます。火を止めてからも表面積が大きくて熱が奪われやすいので、すぐに冷めてしまい、温度調節が難しくなります。

また、シロップをメレンゲに注ぐときに、鍋が大きいと鍋肌について残ってしまう分が多くなるので、分量に誤差が生じてしまいます。

2　ボウルの大きさ

卵白の量に対して大きすぎるボウルで泡立てると、シロップを入れてから冷めやすいので、適正な大きさのボウルを用いるようにします。

シロップの温度によるメレンゲの比較

失敗例

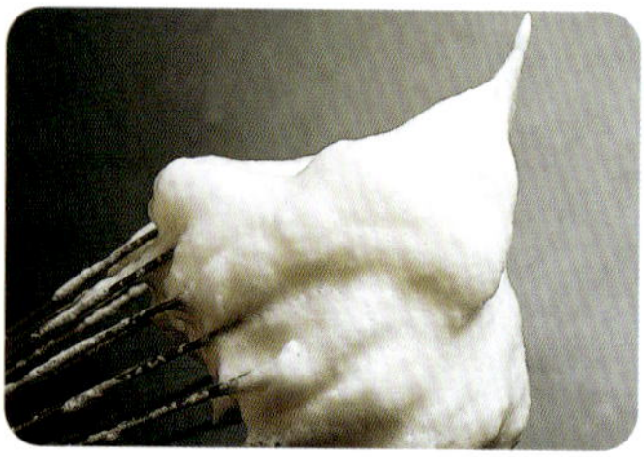

シロップの温度が冷めた場合。

標準例

標準（シロップの温度118〜120℃）。

STEP UP イタリアンメレンゲの卵白の泡立て

イタリアンメレンゲを作る際、卵白がどのくらい泡立ったときに、シロップを加えたらよいかは、シロップの砂糖の配合量によって調整します。

シロップの砂糖量が多いほどシロップの粘性が強まって、卵白の泡立ちを抑えるので、しっかりと泡立ててからシロップを加えるようにします。以下にどれくらいの泡立ちのときにシロップを加えたらいいかの目安をあげておきます。

①卵白に対する砂糖の量が150%以下・・・五〜七分立ての泡立ちのとき
②卵白に対する砂糖の量が150〜200%・・・六〜九分立ての泡立ちのとき

Q イタリアンメレンゲを作るときに、熱いシロップを加えたあと、粗熱がとれるまで泡立てるのはなぜですか?

A 温度が高い状態で泡立てをやめてしまうと、メレンゲの気泡が壊れやすいからです。

卵の気泡は、温度が高いうちは壊れやすく、温度が下がると、表面張力が強まって壊れにくくなります。また、煮詰めたシロップが冷めて適度な粘性が出ます。

そこで、ある程度まで泡立てた卵白に、熱いシロップを加えたあと、ほぼ理想の泡立ちの状態にまで泡立ってきたら、ミキサーの速度を落とし、粗熱がとれるまで、混ぜるような感じで泡立てるのです。

参考…59頁

Q イタリアンメレンゲを使ったケーキの仕上げを教えてください。

A デコレーションをしてから、バーナーなどで焼き目をつけられるのが特徴です。

イタリアンメレンゲは、なめらかさと保形性のある特徴を生かして、ケーキに塗ったり、絞り出すなど、デコレーションや仕上げにも使います。

イタリアンメレンゲのデコレーションの特徴は、仕上げにバーナーで焼き目をつけることができることです。白いメレンゲに茶色の焼き色が映えて、とても美しく仕上がります。

焼き色はバーナーだけでなく、高温のオーブンに入れてつけることもできます。オーブンで焼くと均一に色づき、バーナーで焼いたときの濃淡がはっきりした色づきとは違う印象になります。また粉砂糖をふってから、オーブンで焼いても、砂糖が溶けて結晶ができてきれいに仕上がります。

バーナーで焼き目をつけているところ

オーブンで焼いたもの

粉砂糖をふってオーブンで焼いたもの

バタークリーム

Crème au beurre à la meringue italienne

クレーム・オ・ブール・ア・ラ・ムラング・イタリエンヌ

バターをクリーム状にして、イタリアンメレンゲやパータ・ボンブ、またはアングレーズソースを加えたものを、バタークリーム（クレーム・オ・ブール Crème au beurre）と呼びます。本書では、イタリアンメレンゲを加えて軽さを出したバタークリームを紹介しますが、それぞれを使い分けるとバリエーションが広がります。

バタークリーム　基本の作り方

【参考配合例】

バター　450g

イタリアンメレンゲ（→200頁）　300g

1　バターは常温に戻し、泡立て器で混ぜてクリーム状にする。

2　イタリアンメレンゲを加えて混ぜる。

＊バタークリームは、できるだけ必要な量をそのつど作り、すぐに使うようにする。冷蔵庫で保存するとバターが固まるため。

バタークリームの主な種類　表28

名前	ベースとなるもの	特徴
クレーム・オ・ブール・ア・ラ・ムラング・イタリエンヌ（Crème au beurre à la meringue italienne）	イタリアンメレンゲを使って作る	気泡を多く含み、あっさりとした軽い感じで、香りや味をつけやすい
クレーム・オ・ブール・ア・ラ・パータ・ボンブ（Crème au beurre à la pâte à bombe）	パータ・ボンブを使って作る	濃厚な味わいに仕上がる。チョコレートやナッツ類、コーヒーなどを加えるとコクのある味を表現できる
クレーム・オ・ブール・ア・ラ・クレーム・アングレーズ（Crème au beurre à la crème anglaise）	アングレーズソースを使って作る	保形性にやや欠けるが、水分が多く、なめらかで口溶けがよい

STEP UP パータ・ボンブとは？

卵黄に煮詰めたシロップを加えて泡立てたものを、パータ・ボンブ（pâte à bombe）と言います。溶きほぐした卵黄に118～120℃に加熱したシロップを加えて混ぜ、漉してからミキサーで泡立てて作ります。卵黄は冷たい状態では泡立ちにくいのですが、熱いシロップを加えて温度が上がることで、表面張力が弱くなって泡立ちます。

しっかりと泡立ったら粗熱がとれるまで、低速で混ぜ続けます。こうして、煮詰めたシロップが冷めると、粘性を持ち適度な粘りのある泡立ちになります。

卵黄に118～120℃に煮詰めたシロップを加える。

ミキサーで泡立てるとシロップが冷めて粘性のある泡立ちになる。

バタークリーム　Q&A

Q バタークリームを作るときのバターのかたさは、どのくらいにしたらいいのですか？

A イタリアンメレンゲを加えるバタークリームの場合は、指で押すと力を入れずにへこむくらいのかたさにバターを調整します。

バタークリームを作るときのバターのかたさは、指で押すと力を入れずにへこむ程度、温度で言えば20～25℃に調整し、さらにベースに応じたかたさのクリーム状にして使っていきます。

また、バターに冷たいイタリアンメレンゲを加えると、バターが冷え固まってしまうので、イタリアンメレンゲは、バターに合わせて、25℃くらいに調整するといいでしょう。

指ですっとへこむくらいのかたさがよい。

クリーム状にしてイタリアンメレンゲを合わせる。

Q バタークリームを作るとき、イタリアンメレンゲを加えてから、どのように混ぜたらいいのですか?

A 気泡を壊さないように混ぜると軽い仕上がりに、泡立て器でしっかりと混ぜ合わせると、濃厚な味わいのクリームになります。

イタリアンメレンゲを加えるタイプのバタークリームを作るときは、混ぜ方によって、仕上がりの味わいに変化をつけることができます。

1　口の中ですっと溶けるような軽い味わいにしたい場合

イタリアンメレンゲの気泡を壊さないように混ぜます。ボウルをゆすると動くくらいのやわらかいバターにメレンゲを数回に分けて加え、泡立て器でクリームをすくっては落とす感じで混ぜていきます。ある程度混ざったところでゴムベラに変え、均一に混ぜて仕上げます。

軽く仕上げるときの混ぜ方

1　やわらかいバターにイタリアンメレンゲを入れる。

2　泡立て器ですくっては落とすことをくり返して混ぜる。

2　バターの風味とコクが感じられる濃厚な味わいにしたい場合

クリーム状のバターにイタリアンメレンゲをなじませるようにし、泡立て器でよく混ぜます。このように混ぜると、気泡量が少なくなり、つやのある、なめらかな仕上がりになります。

アングレーズソース

Crème anglaise

クレーム・アングレーズ

卵黄、砂糖を混ぜ、牛乳を加えて加熱して、卵黄の熱凝固力を利用して濃度をつけたものを、アングレーズソース（クレーム・アングレーズ Crème anglaise）と呼びます。ケーキを皿盛りにするときにソースとして皿に流したり、アイスクリーム、バヴァロワ、ムースのベースにも使われます。

アングレーズソース　基本の作り方

【参考配合例】

卵黄　120g（6個）

グラニュー糖　150g

牛乳　500g

1　ボウルに卵黄とグラニュー糖を入れて、白っぽくなるまですり混ぜる。

2　牛乳を沸騰直前まで温め、1に少しずつ加えながら混ぜる。

3　鍋に入れて火にかけ、80〜85℃くらいになるまで加熱する。

4　手早く冷ます。

アングレーズソース　Q&A

Q　アングレーズソースは、80〜85℃以上に加熱しないのはなぜですか？

A　それ以上加熱すると、卵黄が固まって分離するからです。

アングレーズソースは、卵黄が熱によって固まる力を利用して、全体にゆるやかな濃度をつけるクリームです。とはいえ、牛乳の中に分散した卵黄は、完全に固まるまで温度を上げると卵黄だけが固まって浮いてきて分離してしまうので、その過程で徐々に上がっていく粘性を生かして、液体全体に濃度をつけます。

ここで重要なのは、卵黄が固まる温度です。卵黄は、65℃から固まり始めて、70℃

で完全に固まります。ただし、砂糖を加えたり、牛乳などの液体でのばすと、その凝固温度が上がるので、混ぜながら80〜85℃くらいに加熱します。

また、作る分量が多い場合や、厚手の鍋などを使用する場合は、余熱で温度が上昇することを考慮して1〜2℃低い状態で火を止めて冷却するといいでしょう。

参考…229〜231頁

加熱温度の違いによるアングレーズソースの比較

失敗例

85℃以上に加熱して、分離したもの。

標準例

80〜85℃くらいまで加熱したもの。

アーモンドクリーム

Crème d'amandes

クレーム・ダマンド

アーモンドパウダー、砂糖、バター、卵を4同割で混ぜ合わせて作ったものを、アーモンドクリーム（クレーム・ダマンド Crème d'amandes）と呼びます。アーモンドクリームのみで、またはカスタードクリームを合わせてクレーム・フランジパーヌ（Crème frangipane）にし、タルト生地につめて焼くという使い方が一般的です。

アーモンドクリーム　基本の作り方

【参考配合例】

バター　150g

粉砂糖　150g

卵　150g（3個）

アーモンドパウダー　150g

1　バターは室温に戻して、泡立て器で混ぜてクリーム状にし、粉砂糖を加えて、白っぽくなるまですり混ぜる。

2　室温に戻した卵を溶き、1に少しずつ加えては混ぜる、という作業をくり返し、分離しないように混ぜる。

3　アーモンドパウダーを加えてすり混ぜる。

4　冷蔵庫で冷やす。冷え固まったものを、カードまたはへらで混ぜて、なめらかに戻して使う。

アーモンドクリーム　Q&A

Q　**配合通りにアーモンドクリームを作ったのですが、やわらかくなってしまいました。原因を教えてください。**

A　**バターと卵の分離が原因と考えられます。**

バターと粉砂糖をすり混ぜてから卵を混ぜるときには、油であるバターと、水分が多い卵を分離させないように混ぜ合わせる「乳化」を行います。乳化についての注意点は、これまでに何度かお話しているとおりです。

この場面でも、乳化をうまく行うためには、卵を数回に分けて加えること、よく混ぜること、卵の温度を適温にすることが大切です。

ここで、卵を一度に入れ過ぎたり、混ぜ足りなかったり、卵が冷たかった場合には、卵の水分とバターの油が均一に混ざらずに分離してしまいます。そうなると、アーモンドパウダーを加えたとしても、アーモンドクリームの仕上がりがやわらかくなってしまうのです。

乳化がうまくいけば、バターの油脂の中に卵の水分が粒状に分散した形で乳化するので、締まりのある適度なかたさになります。

参考…233～234頁

お菓子
材料のなぜ?

CHAPTER 1

お菓子作りの素材を識る

卵

お菓子作りをしたことがある方なら誰しも、ケーキをオーブンに入れて待つときに、上手にふくらむかな?　と、わくわくした気持ちを味わったことがあるのではないでしょうか。

ケーキがふんわりふくらむ要となるのが卵の泡立てです。

同じ分量の卵と砂糖を使ったとしても、泡立て方のちょっとしたコツで、ふわっと軽い泡立ちや、なめらかで締まった泡立ちを生みだすことができます。そのお菓子の仕上がりを考えて、泡立て方を選ぶようにしましょう。

そして、卵はお菓子の風味を作りだす上でも大事な要素を持っています。卵のやさしくて、どこかなつかしいような香りも魅力ですし、卵黄のコクのある風味は、お菓子には欠かすことができません。加熱によって焼き色とともに生まれるこうばしい香りも、おいしさを増してくれます。

この章では、泡立ての理論を中心に、卵の加熱による変化なども学んでいきましょう。

卵を選ぶ Q&A

Q 卵にはいろいろな大きさがありますが、どのサイズを使えばいいですか？

A お菓子の本は、一般的にはMサイズの卵を基準にして書かれています。

お菓子のレシピで材料欄に卵と書かれていたら、一般的にはMサイズと考えます。1個では少し重量が違うだけでも、数個分になると違いが大きくなります。

しかしどの大きさの卵も、卵黄の重量は20g前後で、特によく使うM～LLでは数gしか違いません。ですから卵が大きくなるほど、卵白の量が多くなります。

また、まだ産卵し始めたばかりの若鶏が産む卵は一般に小さいと言われています。

鶏卵1個の重量の規格 表29

LL	70g以上～76g未満
L	64g以上～70g未満
M	58g以上～64g未満
MS	52g以上～58g未満
S	46g以上～52g未満
SS	40g以上～46g未満

STEP UP 液状卵

お菓子によっては、卵黄または卵白のみを用いたり、片方を多く使う場合があります。お菓子を大量に製造する場合には、どちらかが余ってロスが出ないように、卵黄のみ、卵白のみがパックづめされた液状卵を利用することがあります。

また、卵を割る手間を省きたい、卵を割る際にサルモネラ菌の混入などが気になるという場合にも使われています。

Q 卵の白玉と赤玉では、成分に違いがあるのですか？

A 殻の色が違うからといって、成分に違いはありません。鶏の種類が違うことによって、殻の色が異なるだけです。

卵は一般的な白玉のほかに、褐色の赤玉があります。赤玉は値段が高い傾向にあるので、栄養価が高いのではないかと思われているふしがありますが、実際は、殻の色の違いが、卵白や卵黄の成分の違いにはつながりません。

殻の色は、鶏の種類によって産む色がもともと決まっているだけのことなのです。

では、赤玉はなぜ殻が褐色になるのでしょうか。鶏の体内で卵の殻ができるときや産卵時に、卵殻表面に粘液が付着して、クチクラという膜ができます。このときプロトポルフィリンという蛍光色素が膜に沈着することによって、殻が褐色になります。赤玉を産む鶏は、この色素を多く出しているのです。

Q 卵の鮮度の見分け方を教えてください。

A 卵を割ったとき、卵黄やそのまわりの卵白が盛り上がっているのがひとつの条件です。

卵の鮮度の見分け方 表30

		鮮度がよい	鮮度が悪い
上から見る		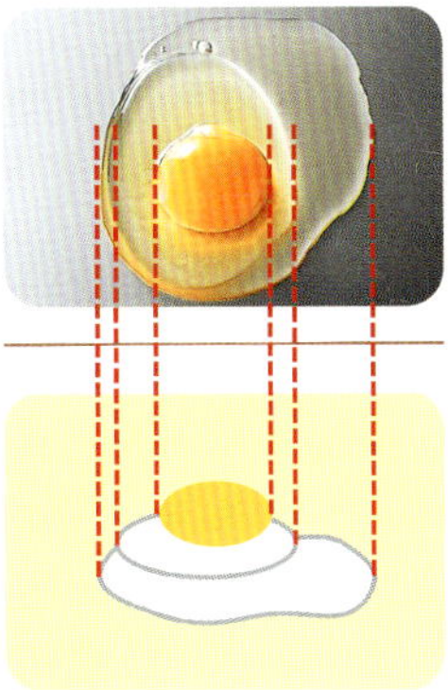	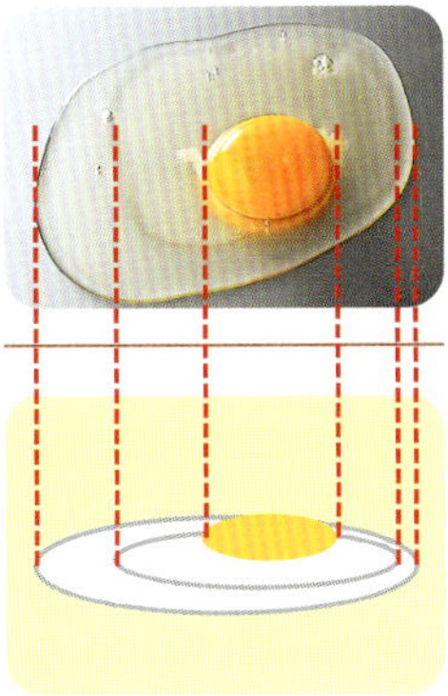
横から見る			
卵黄	高さ	高い	低い
	卵黄膜の強度	強い	弱くて破れやすい
卵白	濃厚卵白の量	多い	少ない
	水様卵白の量	少ない	多い

卵の鮮度は、卵を割ったときの卵白と卵黄の形状を見て判断するとわかりやすいでしょう。

卵白は、濃厚卵白と水様卵白に分かれます。濃厚卵白は、卵黄のまわりにある、どろっとしてコシがある卵白で、水様卵白は、濃厚卵白のまわりの液状のさらさらした卵白です。

鮮度がよいものは、濃厚卵白のコシが強いので盛り上がって見えます。その濃厚卵白が、卵黄をまわりからしっかりと支えていて、かつ卵黄をおおう膜も強度が高いため、卵黄も同様に盛り上がっています。

この2点の外観で鮮度がおおよそ見分けられます。前頁の表30を参考にしてください。

Q 鮮度がよい卵白はどろっとしてコシがあるのに、鮮度が落ちるとさらさらと液状になるのはなぜですか?

A 日数が経つにつれて、どろっとした濃厚卵白のつながりが切れて、さらさらした水様卵白に変化するからです。

鮮度がよい卵の卵白は、その約60〜70%が濃厚卵白です。しかし、日数が経つにつれて、濃厚卵白は水様卵白に姿を変え、最終的には、濃厚卵白はほぼなくなって、ほとんどが水様卵白になります。

濃厚卵白がどろっとしていて、コシがあるのは、繊維状のタンパク質のオボムシンが卵白タンパク質の主成分であるオボアルブミンを結びつけ、網目状の構造を作り、その網目の間に水分が保持されているからです。その網目のつながりが切れると水分を抱えることができず、全体にさらさらとした液状の水様卵白に変わります。

それには、卵白のpHが関係しています。卵白は、産卵直後ではpH7.5程度で中性に近いのですが、日数の経過とともにアルカリ性に傾き、pH9.5程度にまで上昇します。それが原因となって、濃厚卵白のタンパク質の網目のつながりが切れ、水様化するのです。

貯蔵中における濃厚卵白、水様卵白の割合の変化　グラフ13

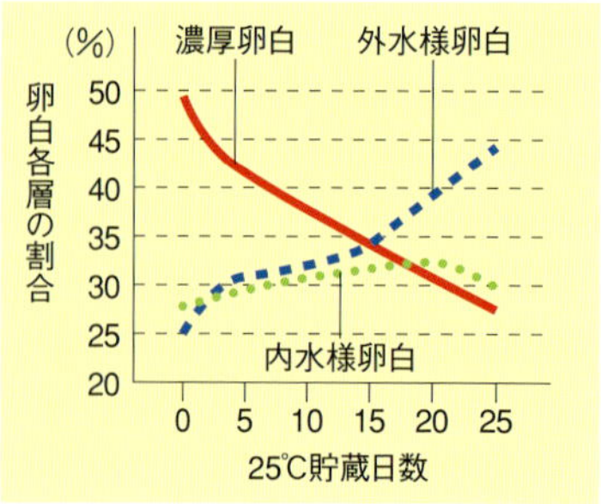

＊日数が経つにつれて、濃厚卵白の割合が減少し、水様卵白（内水様卵白＋外水様卵白）の割合が増加する。

A.L.Romanoff,A.J.Romanoff:1949

STEP UP 卵の鮮度と炭酸ガス

産みたての卵の卵白は白く濁っています。これは、産卵直後の卵の殻の内部には炭酸ガス（二酸化炭素）が多く、卵白に炭酸ガスが溶け込んでいるためです。炭酸ガスは、産卵から日数が経つにつれて、徐々に卵の殻にあいている無数の穴（気孔）から空気中に出ていって、卵白は透明になります。

炭酸ガスは水に溶けると酸性を示す性質があるので、産卵直後の卵白はpH7.5程度のほぼ中性ですが、炭酸ガスが卵白から少なくなるにつれて、pH9.5程度のアルカリ性にまで変化するのです。

卵を泡立てる（卵の起泡性、タンパク質の空気変性） Q&A

Q 卵はどうして泡立つのですか?

A 卵白がシャボン玉のような泡を作ることによって泡立ちます。

卵白は「起泡性」という泡立ちやすい性質と、「気泡の安定性」という泡立った気泡をそのままの形で保つことができる性質をあわせ持っているのが特徴です。

それは、同じように泡立ってできるシャボン玉とは違う点で、シャボン玉は起泡性によって気泡がたくさんできますが、すぐに壊れてしまいます。

このように、泡立つ、気泡を保つという2つの要素のバランスが取れてこそ、お菓子作りに必要な泡立ちが得られるのです。

1　泡立つ ── 空気を取り込んで、気泡を作りだす性質「起泡性」

液体をかき立てたときに、気泡ができるかできないかは、表面張力の強さが関係します。水のように表面張力が強いと、いくら泡立てようとしても気泡はできません。卵白には、表面張力を弱めるはたらきのあるタンパク質が含まれているため、泡立つことができるのです。そして、泡立て器で泡立てることによって卵白の液面が乱されて、その表面張力によって空気を抱え込んで球状の気泡を作ります。

2　気泡を保つ ── できた気泡を持続させる性質「気泡の安定性」

卵白の気泡がシャボン玉のように壊れないのは、気泡の膜をかたくするタンパク質が含まれているからです。卵白の中に空気が入り、その空気のまわりに卵白のタンパク質が集まってつながり、薄い膜を作りだして取り囲むことで、気泡ができます。このタンパク質には、空気にふれると固まる（タンパク質の空気変性）という特徴があります。卵白が薄く膜状に引きのばされることによって、このタンパク質は空気に触れてかたくなるので、できた気泡は安定し、その形を持続させます。

STEP UP 表面張力

表面張力とは、液体と気体の相が接触する境目で、液体がその表面積をできるだけ小さくしようとはたらく力のことです。

たとえば、水道の蛇口から少しだけ水を出そうとするときに、細く糸のように水が流れている状態から、さらに蛇口をしめると、目に見えないくらい細い水流になるのではなく、ある段階から、球形の水滴に変化します。ある一定の体積の物質が、その表面積を最も小さくしようとした形が球形で、そのときにはたらく力が表面張力です。

ここで、水滴について考えてみましょう。水はたくさんの水分子で構成されていて、水滴内部の分子同士は、互いに引き合っていて安定しています。それに対して、水滴表面では、となり合う水分子同士は引き合っていますが、空気に触れている部分はそのような力がかからず、水滴表面の水分子は分子間にはたらくエネルギーが余った状態です。その分、水滴表面の水分子は内部に強く引かれる力がはたらくことになり、表面積は自然に最小になる方向へ向かいます。

図6

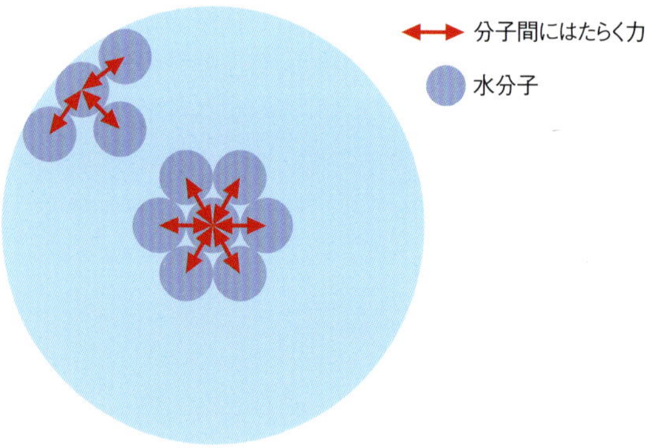

Q 卵白はよく泡立つのに、卵黄はほとんど泡立たないのはなぜですか？

A 卵黄は脂質が含まれているので、気泡ができにくくなります。

1　卵白、卵黄、全卵の泡立ちの比較

卵白は泡立てると空気がたくさん取り込まれて泡立ち、ボリュームが大きくなりますが、卵黄はほとんどボリュームが出ません。全卵は泡立ちますが、卵白のみに比べるとボリュームが劣ります。

全卵では、その中の卵白が主に泡立っているのですが、そこに分散した卵黄によって、泡立ちがさまたげられているのです。

卵白、卵黄、全卵を泡立てたときの容積の比較

卵白

卵黄

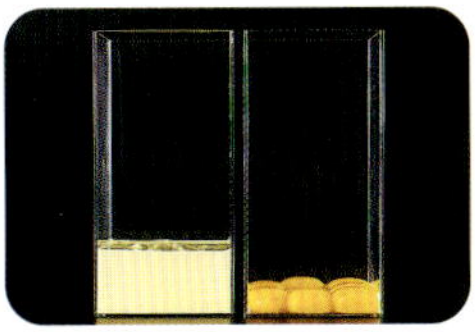

全卵

＊卵白、卵黄、全卵の泡立て前の容積を同程度にし、それぞれ適した量の砂糖を加えて泡立てた。卵白：卵白120g、グラニュー糖90g。卵黄：卵黄160g、グラニュー糖120g。全卵：全卵180g、グラニュー糖90g。

＊容器右の泡立て前の卵と、容器左の砂糖を加えて泡立てたものを比較。

2　卵黄が卵白の泡立ちをさまたげる理由

どうして全卵は卵白よりも泡立ちにくいのでしょうか。それは全卵中の卵黄組成に関係があります。

卵黄は、その成分の1/3が脂質によって占められています。この脂質が卵の気泡を壊してしまうのです。たとえば、泡立てた卵白（メレンゲ）に、溶かしバターを加えると、たちまちその気泡は壊れます。卵に限らず、シャボン玉やせっけん溶液などのように泡立つ性質がある液体に油が入ると、水に溶けずに液体と空気の境目（気液界面）に広がって消泡剤としてはたらきます。

これは、バターなどの動物性油脂やサラダ油などの植物性油脂に含まれる脂質だけの話ではなく、卵黄の脂質でも少なからず同じことが起こるのです。

とはいえ、卵黄の脂質は、乳化剤（水と油の間をとりもつはたらきをする物質）に取り囲まれた粒状の形をしているので、これらの油脂ほど直接的に卵の泡を壊すことはありません。そのため、全卵は卵白よりもボリュームは小さいながら、卵黄を含んでいても泡立つのです。

卵白の気泡に対する油脂の影響

泡立てた卵白をそのまま放置したもの。

泡立てた卵白に溶かしバターを混ぜて放置したもの。

卵の成分 表31

	水分	タンパク質	炭水化物	脂質
卵白	88.40%	10.50%	0.40%	微量
卵黄	48.20%	16.50%	0.10%	33.50%

『五訂日本食品標準成分表』

3　卵黄が泡立ちにくい理由

また卵黄は、卵白に対して消泡剤としてはたらきますが、卵黄だけで泡立てると、まったく泡立たないわけではありません。よく混ぜることによって空気はいくぶん取り込まれて卵黄内に分散しますが、できた気泡を持続させる性質が卵白に比べて著しく低いので、私たちの目に見えるほどの大きな気泡を作るにはいたらないのです。

卵白と卵黄の泡立て後の顕微鏡写真

卵白

空気をたくさん含んで気泡が形成されていることがわかる。

卵黄

ほとんど泡立っていないように見えても、空気はいくぶん取り込まれていることがわかる。

＊卵白：グラニュー糖＝1:1の割合で、20℃に調整し、ミキサーにより高速攪拌を行ったもの。卵黄：グラニュー糖＝1:1の割合で、30℃に調整し、ミキサーにより高速攪拌を行ったもの。これらを倍率200倍で撮影した。

写真提供：キユーピー（株）研究所

Q 卵を泡立てるときの器具選びのポイントを教えてください。

A ボウルの大きさや材質、泡立て器の種類、ボウルの大きさと泡立て器の長さのバランスが大切です。

卵を泡立てるとひと言で言っても、泡立て器を使って手で泡立てる場合、ハンドミキサーで泡立てる場合、また少量を泡立てる場合、大量に泡立てる場合と、状況に応じた泡立て方が必要です。

そのためには、適切な泡立て器、ボウルを用いることが大事です。

1　器具の大きさのバランス

(1) 手立ての場合

①ボウルと泡立て器のバランス

卵を泡立てる際には、泡立て器を、空中を通って卵液に入り、また空中に抜けるように動かして混ぜますが、この動きで空気を効率よく取り込むためには、泡立て器が卵液に入ったときに、なるべく卵液につかる比率を大きくすることが大切です。

ボウルの大きさに対して泡立て器が小さ過ぎても大き過ぎても、卵液に泡立て器がつかる比率が減るし、泡立ての動作がしにくくなり、効率よく空気を取り込むことができません。ボウルの口径：泡立て器の全長=1：1〜1.5が適度なバランスです。

ボウルと泡立て器のバランスは、ボウルの口径1に対して泡立て器の全長1〜1.5が適切。

②卵の分量とボウルの大きさのバランス

手立ての場合、卵が十分に泡立ったときに、ボウルの容積の2/3くらいに達するように見越してボウルを選びます。

ボウルが大きすぎると、卵液に泡立て器がつかる比率が減り、効率よく泡立てられません。例をあげると卵3個ならば口径24cmのボウル、卵白3個分ならば口径21cmのボウルが適切です。

(2) ハンドミキサーの場合

ハンドミキサーで卵を泡立てるときも同様で、ボウルが大きすぎると泡立てパーツの先の部分しか卵液につからず、十分な気泡を得ることができません。

卵白3個分であれば、手立ての場合より少し小さめの口径18cmくらいのボウルを使用します。手立てのような大きな動きで泡立て器を動かさないし、泡立てパーツも普通の泡立て器よりも小さいので、やや小さめのボウルが適するのです。

2　泡立て器の種類

泡立て器には、ワイヤーが多い卵の泡立て用と、ワイヤーが少ない生クリームの泡立て用があります。

卵を泡立てる場合は、ワイヤーの本数の多い泡立て器を使用することで、きめの細かい泡立ちを得ることができます。卵が泡立っていく際に、泡立て器のワイヤーに大きな気泡がぶつかって、分化して小さな気泡になっていくので、そのワイヤーの数が多く、密なほうが、きめ細かく泡立てられるのです。

ただし、ワイヤーが多いほど、混ぜたときの抵抗を受けるので、泡立てるのに強い力が必要になります。

上はクリーム用（ワイヤー8本）、
下は卵用（ワイヤー12本）。

3　ボウルの材質

一般的に卵の泡立てには、ステンレス製のボウルを用いますが、メレンゲを手立てできめ細かく泡立てるには、銅製のボウルが適しています。

銅製のボウルで泡立てると、なめらかで、きめが細かくなる上に、しっかりとした壊れにくい気泡になります。また、空気も多く含み、比重が軽くなります。

これには、卵白のタンパク質のひとつオボトランスフェリン（コンアルブミン）が関係しています。オボトランスフェリンは空気変性しやすいために、卵白を泡立ちやすくしてくれるのですが、その反面、かえって過剰に空気変性が進み、気泡の安定性を悪くしてしまうのです。

このオボトランスフェリンには銅や鉄などの金属と強く結合する性質もあり、結合すると変性に対する抵抗性が増します。

銅製のボウルで卵白を泡立てると、オボトランスフェリンは銅と結びついて、過剰な空気変性を抑えてくれるので、非常にきめが細かく、しっかりとかたく泡立つのです。

ボウルの材質の違いによるメレンゲの比較

銅製ボウルで泡立てたメレンゲ。きめ細かくなめらか。比重0.17。

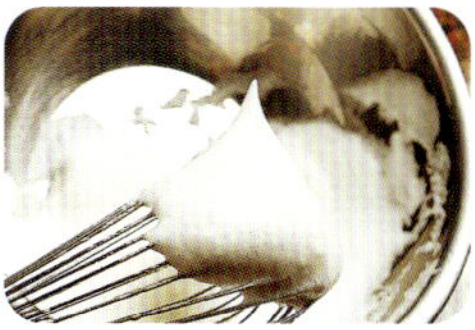

ステンレス製ボウルで泡立てたメレンゲ。比重0.19。

Q 卵を泡立てるときに、必ず砂糖を入れるのはなぜですか？

A きめが細かく、壊れにくい気泡を得るためです。

卵を泡立てるときに、必ず砂糖を入れて泡立てるのは、きめが細かく安定した泡立ちを得たいからです。つまり、ひとつひとつの気泡が小さく、しっかりとした壊れにくい状態を作りだすためです。

1　求められる小さく壊れにくい気泡

スポンジ生地を例にあげると、泡立てた卵の気泡が小さくてきめが細かい状態であれば、焼きあがりの生地もきめが細かくて、口当たりがよくなります。また、泡立てた卵に小麦粉やバターなどを加えて混ぜていく工程で、適切に混ぜても気泡はダメージを受けていくらか壊れてしまうのですが、気泡が壊れにくく、全体になめらかで生地になじみやすい状態であれば、生地のボリュームを保つことができ、ふくらみのよい生地になります。

2　小さな壊れにくい気泡ができるわけ

卵の泡立てでは、空気を取り込んで、気泡を作りだす性質（起泡性）と、できた気泡を持続させる性質（気泡の安定性）という2つのバランスが取れて初めて、ボリュームのある泡立ちが得られます。卵に砂糖を加えて泡立てると、これらの起泡性と気泡の安定性に影響を与えます。

(1) 砂糖が気泡の安定性に与える影響

卵の気泡の膜に砂糖が溶け込んでいると、砂糖が卵の水分を吸着するので、気泡は壊れにくくなって安定します。

(2) 砂糖が起泡性に与える影響

卵を泡立てると、卵白のタンパク質の空気変性によって、気泡の膜がかたくなり、安定した気泡ができます。しかし、砂糖にはタンパク質の空気変性を抑制する作用があるので、砂糖を加えることによって、気泡ができにくくなります。

一見、欠点のようにも思えますが、砂糖を加えて、空気の取り込みをある程度制限しながら泡立てたほうが、小さい気泡が得られます。結果として、スポンジ生地の焼きあがりのきめが細かく、口当たりがよくなる場合が多いのです。

つまり、砂糖によって泡立ちが抑えられた状態だとしても、きちんと泡立てることができるならば、かえって利点としてはたらくのです。

砂糖の有無が卵白の泡立ちに与える影響 表32

卵白のみで泡立てしたもの	卵白に砂糖を3回に分けて加えたもの
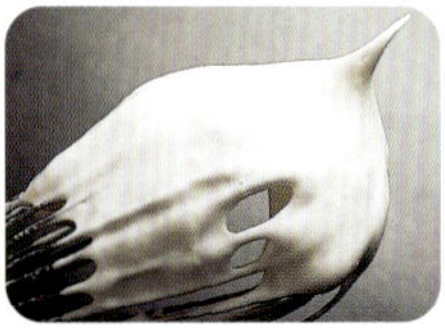	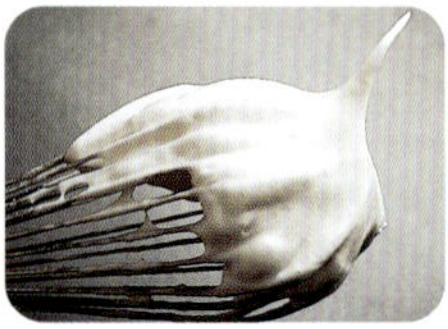
きめが粗く、締まりのない泡立ち	きめが細かく、なめらかで締まりのある泡立ち
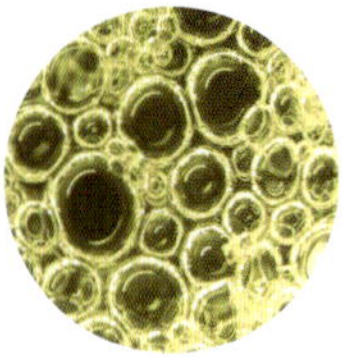	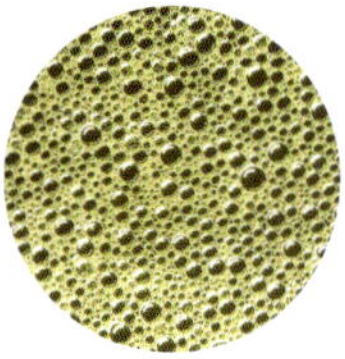
気泡が大きく、壊れやすい	気泡が小さく、壊れにくい

＊上の写真は、ともに手立てで泡立てたもの。
＊下の顕微鏡写真は、左は卵白のみで、右は卵白：グラニュー糖=1:1の割合で、それぞれ20℃に調整し、ミキサーにより高速攪拌を行ったものを倍率200倍で撮影。

顕微鏡写真提供：キユーピー㈱研究所

Q 卵を泡立てるときに、砂糖の分量を変えると、泡立ちの質感に違いが出るのですか？

A 砂糖が少ないと軽くふわっとした泡立ちに、砂糖が多いと重く粘りが強い泡立ちになります。

砂糖が極端に少ないと、起泡性はよいのですが、気泡の安定性は悪くなって気泡が壊れやすく、ふわふわして締まりのない泡立ちになります。

反対に、砂糖が極端に多い場合には、起泡性が悪く、気泡をあまり含まない、粘性のある泡立ちになります。

つまり、ボリュームがあって、かつ壊れにくい泡立ちを得るためには、起泡性と気泡の安定性のバランスが大切なのです。砂糖の量が極端に多かったり少なかったりすると、このバランスが崩れて、ボリュームのある泡立ちを得ることができません。

共立てのスポンジ生地を例に考えてみましょう。80頁でもお話しましたが、砂糖の配合量は全卵に対して40～100%にしています。その範囲内では、砂糖の量を少なくするほど、気泡がやや大きくきめが粗いながらも、ふわっと軽い泡立ちになります。一方、砂糖の量を多くするほど、泡立ちのボリュームが抑えられた、気泡が小さくきめが細かい、なめらかで締まりのある緻密な泡立ちに近づきます。

ただし、卵の泡立ちのみを重視して配合を考えることはできません。配合されるすべての材料が、生地を混合、焼成する中で、それぞれの役割を十分果たせるようなバランスを考慮しなければなりません。

また、生地は材料を混ぜ合わせることによってできあがっているということも忘れてはいけません。泡立てた卵は、ほかの材料にさっとなじんで混ざりやすく、混ぜても壊れにくい気泡であるということも大切です。単に、泡立ちのボリュームのみを重視すると、ほかの材料と混ぜている間に気泡が壊れてしまうし、逆になめらかさのみを重視すると、混ざりやすいけれど気泡量が少ない生地になってしまいます。

また、卵の気泡量が多すぎると、ふくらんだ生地を支えきれずにしぼんだり、反対に卵の気泡量が少なすぎると、十分なふくらみが得られないということもあります。

砂糖の量が全卵の泡立ちに与える影響 表33

全卵に対する砂糖の配合量	**標準 60～70%（写真は60%）**	**少ない 60%未満（写真は30%）**	**多い 100%以上（写真は150%）**
泡立ちあがり		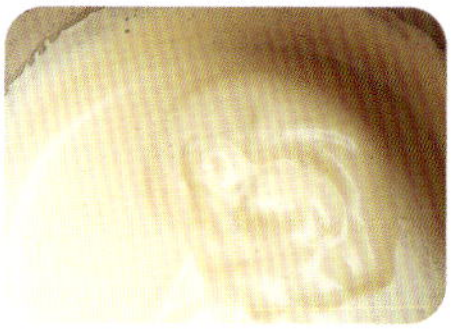	
泡立ちやすさ	標準	砂糖が少ないほど、泡立ちやすい	砂糖が多いほど、泡立ちが抑えられる。砂糖が100%を超えると、泡立てにくくなる
泡立てに必要な力	標準	弱い力で泡立つ	強い力が必要
気泡の安定性	気泡が壊れにくく、安定	砂糖が少ないほど、気泡の膜が弱く、壊れやすく不安定	砂糖が多いほど、気泡の膜が強く、壊れにくく安定
泡立ちあがりのボリューム	ボリュームが大きい（かさが高い）	砂糖が極端に少ないと、気泡が壊れやすくて、ボリュームが小さくなる	砂糖が極端に多いと、泡立ちにくく、ボリュームが小さくなる
気泡の大きさ	標準	砂糖が少ないほど、ひとつひとつの気泡が大きくなる	砂糖が多いほど、ひとつひとつの気泡が小さくなる
質感	空気を適度に含み、つやがある、しっかりとした泡	砂糖が少ないほど、つやが少なく、やわらかく、締まりのない、軽い泡	砂糖が多いほど、つやが出て、粘りが強くねちっとした、緻密な重い泡

Q 卵白を泡立てるときに、卵の鮮度が泡立ちに影響するのですか？

A 鮮度のよい卵を用いると、しっかりとした泡立ちが得られます。

卵白は、どろっとしていて粘りの強い濃厚卵白と、さらっと液状の水様卵白に分かれており、卵の鮮度がよいほど、濃厚卵白が多いのが特徴です。鮮度のよい卵を使って泡立てると、粘りが強くなるので、気泡の安定性が高まって、かたく壊れにくい気泡が得られます。

ただし泡立ちが抑えられるので、泡立てるのには強い力が必要です。

参考…217〜218頁

Q 卵白を泡立てていたら、水分がにじみ出てきたのはなぜですか？

A 泡立て過ぎが原因です。

卵白が泡立つ仕組みは、泡立てて卵白中に空気が入ると、その空気のまわりにタンパク質が集まってつながり、薄い膜を作りだして取り囲み、そのタンパク質が空気に触れて固まり、気泡ができるというのは、すでにお話したとおりです。

このように、卵白の泡立ちの主役はタンパク質ですが、タンパク質は卵白全体の約10%にすぎず、約88%が水分でできており、タンパク質は水分に分散した状態で存在しています。そのため、卵白のタンパク質がつながるときに、となり合うタンパク質の間にある水を排除してくっつきます。それによって、卵白の膜はかたくなるのです（タンパク質の空気変性）。

ベストな状態を越えて、過剰に泡立ててしまうと、卵白から水分がにじみ出てきて（離水）もろもろの状態になるのは、このタンパク質の空気変性が過剰に進み、多くの水が排除されてしまうからです。

砂糖にはタンパク質の空気変性を抑えるはたらきがあるので、卵白の量に対して砂糖の配合量が少ないほど、この離水は起こりやすくなります。

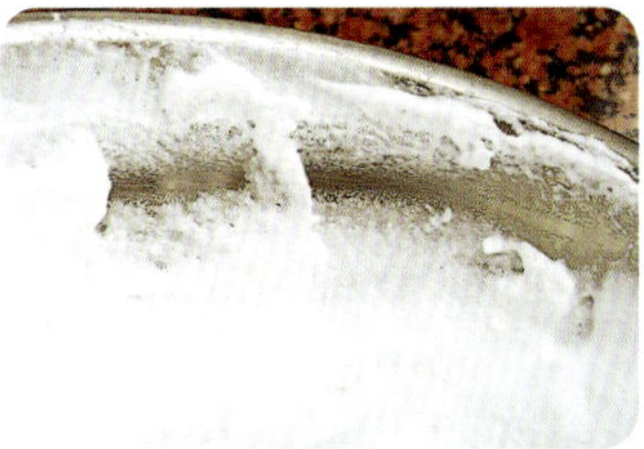
泡立て過ぎで離水した卵白。

Q 泡立ての途中で、少しの間中断して再び泡立てたら、泡立ちませんでした。なぜですか？

A タンパク質が変性してしまうからです。

卵は泡立てている途中で、いったん泡立てるのを中断すると、再び泡立てても泡立たなくなります。そのため、手立てで泡立てる場合、どんなに手が疲れても、一気に泡立てなければならないのです。

卵を泡立てて空気が取り込まれると、その空気のまわりに卵白のタンパク質が集まってつながり、卵の薄い膜を作りだして取り囲み、そのタンパク質が空気にふれて固まる（タンパク質の空気変性）ことで気泡ができます。

途中で中断すると、すでにできていた気泡は、時間の経過とともに液化して、卵液に戻ります。それを再び泡立てようとしても、すでに空気変性を起こしているタンパク質が混ざっていることになります。

タンパク質が変性してしまうと、再び同じように気泡を作りだすはたらきは望めないのです。

卵を熱によって固める（卵の熱凝固性、タンパク質の熱変性） Q&A

Q ゼリーやバヴァロワは冷やし固めるのに、プリンは蒸し焼きにして固めるのはなぜですか？

A プリンは卵が熱で固まることを利用して作るからです。

ゼリーやバヴァロワなどは、ゼラチンを加えて冷やし固めて作ります。プリンは同じように冷たく固まったお菓子ですが、卵、砂糖、牛乳を混ぜ合わせて蒸し焼きにし、卵が熱によって固まる性質（熱凝固性）を利用して作るのです。

プリンの材料となる卵は、卵黄と卵白が違う温度で固まるのが特徴です。

卵黄は65℃で固まり始めたらすぐにかたくなります。70℃では流動性を失って固まり、80℃で粉質状に固まります。

一方、卵白は、58℃くらいから固まり始めるのですが、卵黄よりも固まる速度がゆるやかです。初めはゆるいゼリー状をしていて、65℃くらいからやわらかく固まり始めて、透明な色が濁った白色に変化してきます。真っ白になってかたくなるのは、80℃くらいです。

このように卵黄と卵白が固まるのは、卵に含まれるタンパク質が固まるからです。タンパク質は水分に分散した状態で存在しています。加熱されると、タンパク質は構造が変化して、それまでは水に溶けやすい状態であったのが、水に溶けにくい疎水性領域が露出してきます。その疎水性領域は水と接することができなくなるので、タンパク質は寄り集まってきて、疎水性領域同士でくっつきます。そのときに、タンパク質とタンパク質の間にあった水を排除してくっつくので、かたく固まるのです（タンパク質の熱変性）。

ただ、同じ卵でも、卵黄と卵白では固まり方が違います。卵黄よりも卵白のほうが、ゼリーのように水分を含んだ状態でゲル状に固まります。

卵白は、タンパク質の寄り集まり方がゆるやかで、網目状につながり、その網目を作るときに、網目の間に水分を閉じ込めるので、卵白全体が水分を保持してゲル状にやわらかく固まるのです。

プリンの作り方には、全卵で作る場合、卵黄で作る場合、そして全卵に卵黄を加えて作る場合がありますが、卵白と卵黄の割合がどのくらいかによって、味のみならず、固まり方にも違いが生じます。

卵の凝固温度　グラフ14

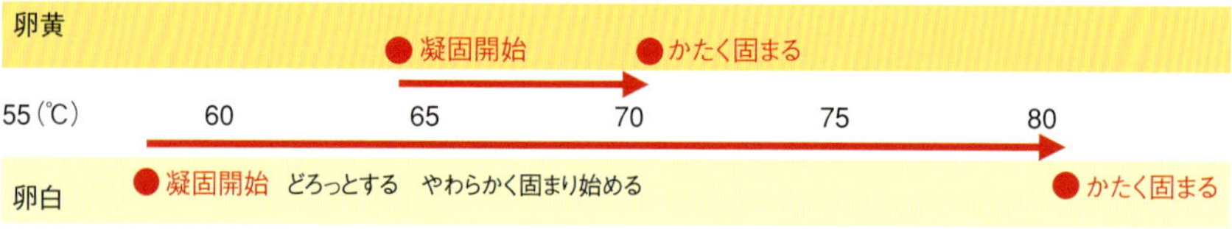

Q　プリンを作るときに、砂糖の量を増やすと仕上がりがやわらかくなるのはなぜですか？

A　卵は砂糖を加えると、固まりにくくなるからです。

プリン、フラン、アングレーズソースなど、卵が熱で固まる性質（熱凝固性）を利用して作るお菓子は数多くあり、主に砂糖、牛乳や生クリームを加えて作ります。その際、砂糖の配合量を増やすほど、ゆるやかに固まったり、固まる温度が高くなるのはなぜでしょうか。

卵が固まるのは、卵の中で水に分散しているタンパク質が、加熱されると構造が変化して寄り集まって、となり合うタンパク質の間にある水を排除してくっつくからです（タンパク質の熱変性）。特に卵白の場合は、タンパク質が網目状につながって、網目の間に水分を保持するので、ゲル状に固まります。

卵に砂糖を加えて加熱すると、砂糖の主成分であるショ糖が、卵白のタンパク質に作用し、その構造が熱によって変化するのを妨げるため、固まりにくくなると考えられています（表34配合比Aによる比較）。

同様に卵を牛乳や生クリームで薄める（希釈する）と固まりにくくなります。この場合は、タンパク質の間に水分が多くなるのでくっつきにくくなったり、網目の間に保持する水分の量が増えるので、卵だけの場合よりも固まりにくくなります。

このように、卵に砂糖、牛乳や生クリームを加えることによって、固まりにくくなるということが、結果的にやわらかく固まったり、固まる温度が高くなることにつながります。

参考 …209～210頁

砂糖と牛乳がプリンのかたさに与える影響　表34

配合比A		硬度
卵1：牛乳2	砂糖	
100	0	27.5
90	10	23.0
80	20	14.9
70	30	8.1
60	40	5.2
配合比B		**硬度**
卵1：水2	**砂糖**	
90	10	4.5

『調理と理論』山崎清子、島田キミエ共著

＊硬度はカードテンションメーターにより、重錘50g、感圧軸直径8mmを使用し、ゲル表面が切れたときの重量で示した。

STEP UP 牛乳を加えた卵の凝固

卵に液体を加えてから加熱して固めるお菓子を作るとき、水よりも牛乳のほうが、固まりやすくなります（表34配合比Bによる比較）。

それは、牛乳に含まれているミネラル（無機塩類）が、卵が熱によって固まる力（熱凝固性）を強めるためだと言われています。

Q プリンを作ったときに、「す」がたってしまったのはなぜですか？

A 加熱温度が高かったからです。また、鮮度がよい卵を使うほど、「す」がたちやすくなります。

プリンは卵が熱によって固まる力（熱凝固性）を利用したお菓子で、そのなめらかな舌触りが魅力です。しかし、加熱に失敗すると、小さい穴である「す」ができて、ざらついた、舌触りの悪い仕上がりになってしまいます。

ではどうしたらなめらかに仕上げることができるのでしょうか?　そのポイントは温度調節にあるのです。

プリン型（110mlカップ）を使用した場合の温度調節を例にあげて考えてみましょう。オーブンプレートにふきんなどをしき、その上にプリン型を置いて、まわりに型の高さ1/3くらいに約60℃の湯を注ぎ、160℃のオーブンで蒸し焼きにします。

オーブンの温度は160℃に設定しているものの、湯が蒸発して蒸気となり、型のまわりは温度が上昇しにくい状態になっています。また、型が湯につかっている部分も、上がっても100℃までなので、全体がゆるやかに加熱される仕組みになっています。

なめらかなプリンを作りだすためには、プリン液の温度変化が大切です。40℃くらいから焼き始めて、1分間のうちに1～2℃上昇させながら、約25分で85℃に達するように調整します。

ところで「す」ができるメカニズムについては諸説ありますが、その中に、炭酸ガス（二酸化炭素）が作りだす穴ではないかという考え方があります。

プリンは生菓子なので、衛生面を考えて、卵はできるだけ鮮度がよいものを使用します。ただ、卵は鮮度がよいほど炭酸ガスを多く含んでいます。プリン液をじっくりと加熱する過程で、その炭酸ガスはプリン液から出ていき、全体が固まっていきます。しかし、高温で加熱してしまうと、炭酸ガスがプリン液から抜ける前に、プリン液が固まって、「す」となるのです。

また、プリンの型が金属製のほうが陶器製に比べて「す」がたちやすいのは、金属は陶器よりも熱伝導がよく、温度が上昇しやすいからです。

参考…219頁

失敗例

「す」がたったプリン。

卵の乳化力で油脂と水分を混ぜ合わせる（卵黄の乳化性）　Q&A

Q バター生地やクッキーを作るときに、油であるバターに、水分の多い卵を加えても分離しないのはなぜですか？

A 卵黄に含まれている乳化剤が油と水の間をとりもって、バターの油に、卵の水分を分散させて混ぜ合わせることができるからです。

お菓子作りでは、バターなどの油脂に、水分が多い卵を分離しないように均一に混ぜ合わせる「乳化」という作業がしばしば登場します。

たとえば、クリーム状のバターに全卵や卵黄を混ぜる（例：バター生地、タルト生地、クッキー生地、アーモンドクリームなど）、あるいは卵黄に植物油を混ぜる（例：シフォンケーキ）という工程です。

これらは、油と水を混ぜているようなものなので、分離してもおかしくないのです。しかし、均一に混ぜ合わせることができるのは、卵黄には、レシチンやLDLタンパク質（低密度のリポタンパク質）などの乳化剤が含まれていて、油と水を乳化させる力（乳化性）があるからです。そして、卵黄の乳化性をうまく利用できるような方法で混ぜ合わせるからです。

1　「乳化」について

お菓子作りにおける「乳化」は、乳化でできた食品を利用する、あるいは、2種類以上の材料を混ぜ合わせて私たちの手で乳化の構造を作りだす、という2つのパターンがあります。そして、その乳化は、表35のような2タイプに分けられます。

乳化の種類　表35

<table>
<tr><th></th><th>水中油滴型</th><th>油中水滴型</th></tr>
<tr><td>全体図</td><td>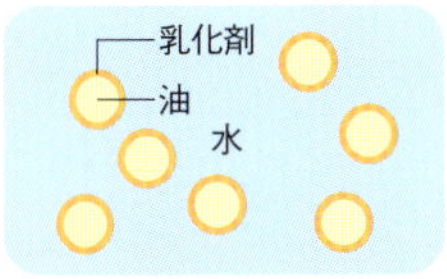
</td><td>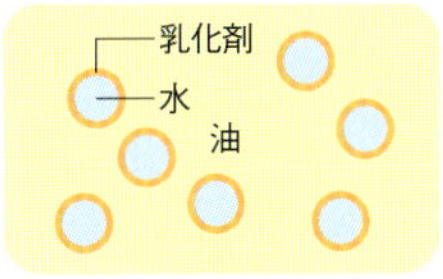
</td></tr>
<tr><td>拡大図</td><td>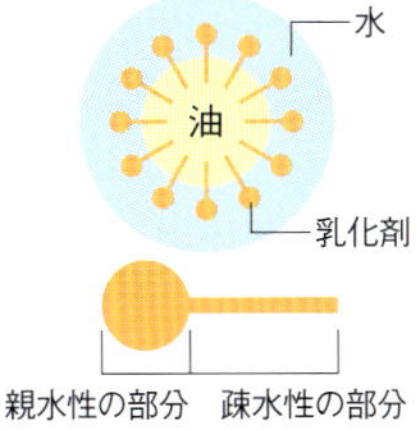
</td><td>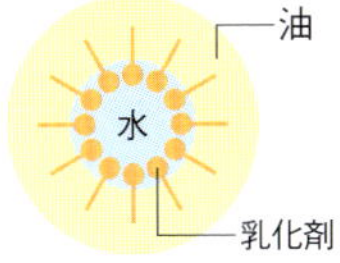
</td></tr>
</table>

	水中油滴型	油中水滴型
状態	「水」の中に、乳化剤に取り囲まれた「油」が粒状になって分散し、安定した形をとっている	「油」の中に、乳化剤に取り囲まれた「水」が粒状になって分散し、安定した形をとっている
食品	牛乳、生クリームなど	バターなど
お菓子作りの工程での利用	シフォンケーキなど	バター生地、タルト生地、クッキー生地、アーモンドクリームなど
	水分材料をベースに、油脂材料を加える場合	油脂材料をベースに、水分材料を加える場合

2　油と水が混ざり合うわけ

油と水が乳化して混ざり合うのは、乳化剤のはたらきです。乳化剤は、水となじみやすい部分（親水基）と油となじみやすい部分（疎水基）を持っていて、本来混ざり合わない水と油の仲立ちをして、両者を混ぜ合わせるはたらきをします。

たとえば、油中水滴型の場合では、乳化剤が水の粒のまわりを取り囲み、水と油が直に接しないようにして、油の中に水を分散させているのです。

3　混ぜ方が「乳化」のカギ

(1) 少しずつ混ぜる

お菓子作りにおいて、乳化の作業で大切なことは、その混ぜ合わせ方です。たとえば、バターに卵を混ぜ合わせるときに、ボウルに全量を一度に入れて混ぜると分離してしまいます。

乳化性を発揮させるためには、ベースとなる材料のバターに、分散させたい卵を少しずつ加えながら混ぜ合わせることが大切です。

この際に、バターの量に対して卵の配合量が多くなると、卵の量が少ない場合よりも、当然卵を分けて加える回数が増えるということも頭に入れておきましょう。

(2) よくかき混ぜる

バターに卵を加えるような油中水滴型の乳化を作りだす場合には、ベースとなるバターに、卵に含まれる水分をより細かい粒状にして分散させるほど、分離しにくくなり、安定します。

バターに卵を少しずつ加えながら、かつよくかき混ぜることで、卵の水分を細かく分散させることができます。

参考…108～110頁／121～122頁／157～159頁／211～212頁

CHAPTER 2

お菓子作りの素材を識る

小麦粉

お菓子の主材料の中で、小麦粉だけがそのまま生で食べることができません。しかし、卵などの水分を与える材料と一緒に混ぜて焼くと、生地を食べたときに、さくさく、ぱりぱり、ふんわりといったその特徴を主張するボディ部分に変化します。

小麦粉にはタンパク質とデンプンが含まれていて、この2つの性質を、引きだしたり、抑えたり、うまく利用しながら生地はできています。タンパク質からできるグルテンの弾力を意識して作ることもあれば、デンプンが糊化したときの粘りや焼きあがったときのふっくらとしたやわらかさを重視して作ることもあります。この章ではこれらの性質とお菓子への生かし方を学びましょう。

小麦粉の種類　Q&A

Q　小麦粉は、ふるってから使うのはなぜですか?

A　生地に小麦粉を混ざりやすくするためです。

小麦粉をふるうというのは、お菓子作りにおいて必要とされる基本作業のひとつです。ふるっておくと、小麦粉の粒同士が離れるので、生地に分散しやすくなるのです。

小麦粉は通常、袋や密封容器に入っていてぎゅっとつまった状態で保存されています。使用時にふるうと、粒と粒の間に空気が入り、小麦粉全体がふんわりとしてかさが増します。また、小麦粉のダマを取り除くこともできます。

Q　薄力粉と強力粉は何が違うのですか?

A　薄力粉や強力粉はタンパク質量の違いで分けられています。

日本では、小麦粉の種類はタンパク質がどのくらいの量含まれているかで分類され、一般的にはタンパク質量が少ないものから、薄力粉、中力粉、準強力粉、強力粉に分けられています。

そしてそれぞれを外皮の混入割合によって等級分けをしています。1等粉ほど小麦粒の中心部に近い粉を集めており、灰分が少なく、灰分含有量は1等粉0.3〜0.4%、2等粉0.5%前後、3等粉1.0%前後を目安として分類されています。

タンパク質からはグルテンが形成されるので、作りたいお菓子にグルテンがどの程度必要かによって、小麦粉の種類を選ぶとよいでしょう。スポンジ生地に適した製菓用の薄力粉もあります。

参考…72〜73頁／140頁／165頁

小麦粉の種類別タンパク質量の比較　表36

種類	薄力粉	中力粉	準強力粉	強力粉
タンパク質量	菓子（6.5〜8.0%）	ゆで麺、乾麺（8.0〜9.0%） 菓子（7.5〜8.5%）	パン（11.0〜12.0%） 中華麺（10.5〜11.5%）	パン（11.5〜12.5%）

Q 打ち粉に強力粉を使うのはなぜですか?

A 強力粉は、粒子が粗く、分散しやすいからです。

タルト生地やパイ生地、クッキー生地などをのばすとき、台に生地がくっつかないように、あらかじめ打ち粉をしておきます。その際、打ち粉には強力粉を使います。なぜ強力粉なのかというと、ダマにならず、きれいに分散しやすいからです。

それぞれの小麦粉を強く握ってから手を開くと、薄力粉は粒子同士がくっついて固まり、ダマになりやすいということがわかります。しかし強力粉は固まりません。

このように、強力粉が分散しやすいのは、ひとつひとつの粒子が粗く、粒子同士がくっつきにくいためです。

ちなみに、強力粉の粒子が粗いのは、原料の小麦粉が硬質小麦という、かたい小麦粉で、圧力をかけて粉にするときに、粗くしか砕けないからです。一方、薄力粉の原料は軟質小麦でやわらかく、砕くともろく崩れて、粒子が細かくなります。

台の上にふった強力粉（左）と薄力粉（右）の比較

きれいに分散する。

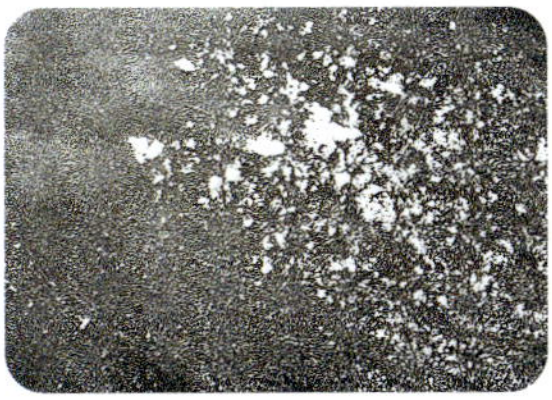

ダマになって分散しない。

手で握った強力粉（左）と薄力粉（右）の比較

握っても固まらない。

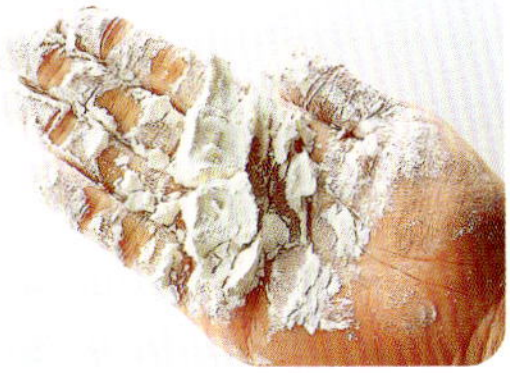

粒子同士がくっついてひとかたまりになるのは、ダマになりやすいという証拠。

タンパク質とグルテン　Q&A

Q　グルテンとは何ですか？

A　小麦粉のタンパク質からできる、粘りと弾力のある物質です。

パンを作るときに、小麦粉（強力粉）に水を加えてよく練ると、粘りと弾力のある生地ができますが、その粘りと弾力を作りだしているのがグルテンです。

小麦粉には特有の2種のタンパク質（グルテニンとグリアジン）が含まれていて、小麦粉に水を加えてよく練ることで、これらのタンパク質がからまり合って、粘りと弾力のあるグルテンができます。

強力粉と水をパン生地のようによく練ってから水の中で洗うと、デンプンが水に流れて、最後に弾力のある物質が残ります。これがグルテンです。

グルテンは生地の中に網目状に広がり、生地の骨格の役割を果たします。取り出したグルテンを引っ張ってみると、膜状にのびます。

焼成前のパン生地の粘りや弾力は、グルテンが生地中に広がって作りだしています。その生地を焼くと、加熱によって固まり（タンパク質の熱変性）、パンをかんだときの押し戻すような弾力を作ります。

このグルテンの性質は、お菓子ではパイ生地のデトランプののびのよい弾力を生みだしたり、切れずに薄くのびることを可能にしています。またスポンジ生地では、糊化したデンプンのボディがばらばらに崩れないように適度につなぎ、ふくらみを適度に支えて、食べたときの心地よいソフトな弾力を与えています。タルト生地では、生地のつながりを作りだしています。

お菓子作りでは、泡立てた卵（水分を多く含む）に小麦粉を混ぜたり、小麦粉に水や卵を加えて混ぜる工程がよくあるので、グルテンができて、そのお菓子の構造に影響を与える場合が多いと言えます。

お菓子によって、必要なグルテンの量、粘りや弾力の度合いには差があります。グルテンの形成に影響を与える、つぎの要因を考え合わせて、お菓子作りに役立ててください。

①小麦粉の種類。

②加える水（卵などの水分も含む）の量。

③練り（混ぜ）具合。

④卵や砂糖や油脂などの副材料と混ぜ合わせるタイミング。

⑤塩などの添加材料の有無、それを加えるタイミング。

参考…62～63頁／75頁／119頁／141頁

グルテンを取り出す

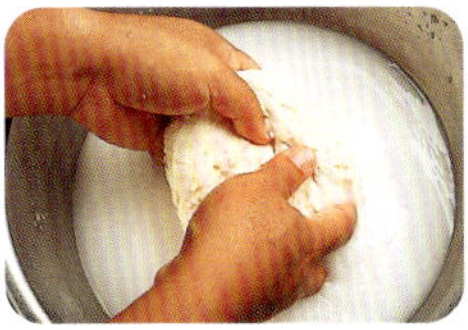

1　強力粉に水を加えて練った生地を水で洗ってグルテンを取り出す。

2　左は洗う前の強力粉の生地。右は取り出したグルテン。

3　グルテンは引きのばすと膜状に広がる。

グルテンの網目構造

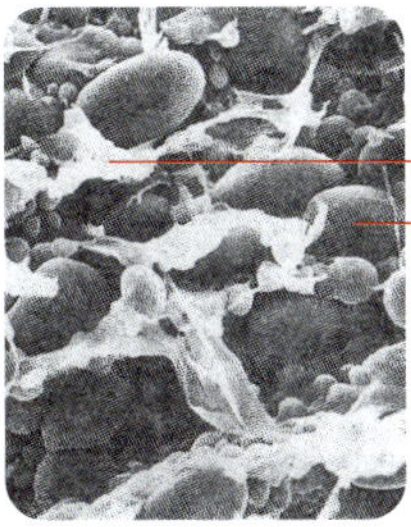

＊手打ちうどんの横断面を走査型電子顕微鏡にて倍率730倍で撮影。

長尾：1989

Q　スポンジ生地には薄力粉を、パンや発酵菓子には強力粉を使うのはなぜですか？

A　生地のふくらみ方や食感を考慮して、グルテンの性質がどれだけ必要かで、小麦粉の種類を選んで作ります。

同じ小麦粉でも、薄力粉、強力粉のどちらを使うかによって、仕上がったお菓子のふくらみやかたさに違いが生じます。ここではその理由を説明します。もし薄力粉と強力粉の中間的な性質を得たい場合は、これらを好みの割合で混ぜ合わせて使うこともできます。

1　スポンジ生地に薄力粉が適する理由

スポンジ生地の中で、グルテンの骨組みは、糊化したデンプンのボディがばらばらに崩れないように適度につなぎ、ふくらみを適度に支え、食べたときの心地よいソフトな弾力を作りだしています。

このときに、強力粉を用いると、粘りと弾力が強いグルテンの網目がたくさんでき、焼きあがりがかたくなります。また、生地全体がふくらもうとする力が、強いグルテンによって押さえつけられてふくらみにくくなり、焼きあがりのボリュームが小さく（かさが低く）なります。

薄力粉を使って作ると、グルテンができる量が最小限で、かつそれ自体の粘りや弾力が弱いので、生地のふくらみをさまたげずにその形を支えることができるからです。

2　パンや発酵生地に強力粉が適する理由

パンや発酵菓子がスポンジ生地と違うのは、そのふくらみ方です。まず発酵によってイースト（パン酵母）が発生させた炭酸ガスで生地がふくらみます。そして、オーブンで焼くことによって生地に閉じ込められた空気（炭酸ガスを含む）が熱膨張し、生地に含まれる水分が水蒸気になって体積を増やすことで、さらにふくらみます。

オーブンで焼くとふくらむ構造の変化は、スポンジ生地と同じですが、その前段階の発酵が特徴的で、この際に特に粘りと弾力が強いグルテンが必要になるのです。

まず強力粉を使った生地をよく練って、生地全体にグルテンの網目構造が密にできるようにします。たとえるなら、グルテンの膜で囲まれた小部屋を生地の中にぎっしりと作るイメージです。イーストが発酵して炭酸ガスを出したときに、グルテンの膜に強い粘りと弾力があれば、ガスを受け止めて、風船のようにその小部屋をふくらませることができます。

強力粉はグルテンのもとになるタンパク質の量が多いだけでなく、グルテンを形成しやすいタンパク質の性質を持っています。そのため、強力粉は、薄力粉よりもグルテンができる量が多く、できたグルテンの粘りと弾力が強いという特徴があります。

仮に薄力粉で生地を作ったとすると、薄力粉のグルテンではできる量が少ないばかりか、粘りや弾力が弱いので、発生した炭酸ガスが外に逃げてしまって、生地がふくらみません。そのため、パンや発酵菓子には、強力粉が適するのです。

参考…236頁

薄力粉と強力粉の成分の比較　表37

	薄力粉	強力粉
タンパク質の量	6.5～8.0％	11.5～12.5％
グルテンの量	少ない	多い
グルテンの質	粘りと弾力が弱い	粘りと弾力が強い

STEP UP グルテンと水の量の関係

パイ生地のデトランプは、薄力粉と強力粉を混ぜ合わせて使いますが、これらの割合を変えて作る場合には、水の量も変化させます。強力粉を増やしたのに、水の量をそのまま変えずに作ると、生地がかたくて練りにくいと感じるでしょう。強力粉を増やすほど、グルテンが多くでき、それだけ水を必要とするため、水の配合量を増やす必要があるのです。

合わせた小麦粉にグルテン形成に適した量の水を入れてよく練ると、グルテンがたくさんできますが、水の配合量が少なかったり逆に多かったり、またあまり練らないとグルテンはそれほどできません。

参考…140頁

Q グルテンを強めたり、弱めたりする材料を教えてください。

A 塩や油脂、酢などがグルテンの生成に影響を与えます。

塩はグルテンをできやすくしたり、強めたりします。一方、油脂、酢などはグルテンをできにくくしたり、弱めたりします。グルテンの強弱に影響する材料を表にまとめました。小麦粉で生地を作るときに、その材料がどう影響するか、どのタイミングで加えるとその影響が強く出るかを知って、お菓子作りの応用に役立ててください。

副材料、添加材料がグルテン形成に与える影響　表38

グルテンを強める	塩	小麦粉と塩を混ぜてから水分を加えて練る（混ぜる）と、グリアジンの粘性が増し、グルテンの網目構造が緻密になり、粘りや弾力が強まる
グルテンを弱める	油脂	小麦粉と油脂を混ぜてから水分を加えて練る（混ぜる）と、小麦粉粒子のまわりを油脂がおおうので、グルテンの形成に必要な水の吸収がさまたげられて、グルテンをできにくくする 生地にグルテンができたあとで油脂を加えると、グルテンのつながりを切り、グルテンの粘りや弾力を弱める
	砂糖	小麦粉に砂糖を混ぜてから水分を加えて練る（混ぜる）と、砂糖が先に水を奪うため、グルテンの形成が抑制される
	酸（酢、レモン汁）	小麦粉と水分を混ぜ合わせるときに酸を加えると、グルテニンが溶けて、軟化したグルテンができる
	アルコール	小麦粉と水分を混ぜ合わせるときにアルコールを加えると、グリアジンが溶けて、軟化したグルテンができる

参考…141頁／147〜148頁

デンプンの糊化　Q&A

Q スポンジ生地を作ってから日数が経つと、かたくなるのはなぜですか？

A 糊化した小麦粉のデンプンが、老化したためです。

スポンジ生地、バター生地、パンなどのふわふわしたボディを作りだすのは、小麦粉の成分の約70～75%を占めるデンプンです。

これらの生地は、焼きあがった直後はふっくらしています。これは、デンプンの「糊化《こか》」現象が作りだす食感です。一方、時間が経過するとかたくなるのは、デンプンの「老化」現象による変化です。

小麦粉のデンプン量とタンパク質量　表39

	デンプンの量	タンパク質の量
薄力粉	75%前後	6.5～8.0%
強力粉	70%前後	11.5～12.5%

1　デンプンの糊化

スポンジ生地は、小麦粉、砂糖、卵や牛乳などの水分、バターを合わせて作ります。生の段階の生地は、当然のごとく食べられませんが、材料中で生のまま食べられないのは、実は小麦粉だけなのです。そして、オーブンで焼くと食べられるようになるのは、小麦粉のデンプンが糊化し、タンパク質が変性（→238頁）するからです。

小麦粉のデンプンは、デンプン粒の状態で存在し、その中にはアミロースとアミロペクチンという分子が入っており、これらが互いにくっつき合って束の状態となり、全体に緻密な構造を作っています。これを仮に食べたとしても、消化酵素がほとんど作用しないため、消化できないので、食用に適しません。

というわけで、小麦粉は加熱して食べるわけですが、小麦粉だけを加熱するのではなく、「小麦粉のデンプンを水とともに加熱する」ことによって、初めておいしく食べられるようになるのです。

デンプンは水とともに加熱されて温度が上がっていくと、水をどんどん吸収してふくらみ、糊《のり》のような粘りのある物質に変化します。この現象を「糊化」と言います。

スポンジ生地、バター生地、パンなどは、この糊化によってふっくらした生地のボディが生まれます。

2　糊化したデンプンの構造

糊化する過程で、デンプン粒の中では、アミロースとアミロペクチンの分子がどのように変化しているのでしょうか。

デンプンを水とともに加熱すると、デンプン粒は水を吸収し始めます。直鎖状のアミロースはアミロース同士の間に、また分岐状（枝状）のアミロペクチンはその枝と枝の間に水分子が入り込み、束を広げ（→244頁図7）、緻密な構造が壊れていきます。それによってデンプン粒がふくらんで、やがては崩壊します。

いくつものアミロースやアミロペクチンが束の間に水分子を閉じ込めた状態で水の中に分散し、全体に流動性がなくなってきて粘りが出てきます。

3　老化したデンプンの構造

デンプンの老化は、デンプンの成分が糊化の状態からもとの規則正しい並び方に戻ろうとする動きです。時間の経過にともなって、アミロペクチンの枝と枝のすき間にあった水や、アミロース同士の間にあった水は排出され、スポンジ生地やバター生地、パンなどは、乾燥したわけでもないのにかたくなってしまうのです。

そこに冷却がともなうとさらに「老化」という現象が進みます。パンを冷蔵庫に入れるとかたくなるのはそのためです。

冷たくかたくなったパンをトースターで焼き直すと、ある程度やわらかさを取り戻すのは、老化したデンプンが糊化の状態に戻ろうとするからです。しかし、老化したデンプンが排出してしまった水は、糊化と同じ状態には戻らないので、もと通りのふっくらとした食感には及ばないのです。

小麦デンプンの糊化による変化

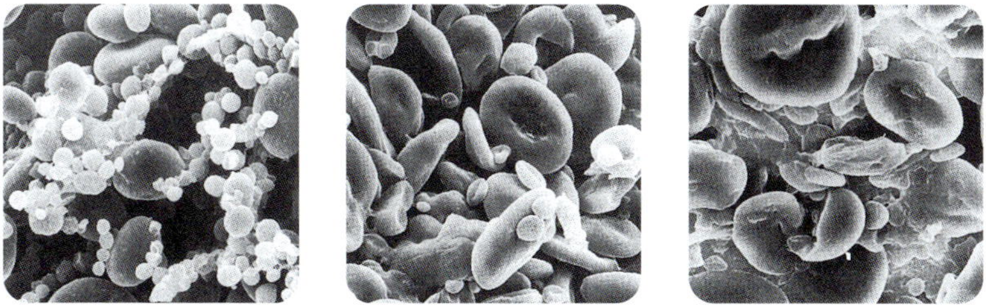

a　加熱前（生デンプン）。

b　75℃に加熱した生地からとったデンプン。

c　85℃に加熱した生地からとったデンプン。

長尾:1989

＊小麦デンプン:水=100:70の配合で作成した生地を加熱し、その生地から分離したデンプン粒の走査型電子顕微鏡写真。

STEP UP 水分量による粘り度合いの差

ルーでとろみをつけたシチューも、タルトのさくっとした生地も、スポンジ生地のふわっとした生地と同様に、小麦粉のデンプンの糊化により、その性状を呈します。

糊化による粘りと言っても、その度合いにずいぶん差があります。デンプンに水を多く加えるほど、デンプンは十分に糊化して、水のベースの中に分散するので、シチューのように全体がどろっとするような粘りが出ます。タルト生地のように水分量が少なく糊化が抑えられた状態で作られたものは、そのような粘りは感じられません。

その度合いが違うにしろ、いずれの場合もデンプンの糊化が起こっています。

Q スポンジ生地を作るときに、砂糖の量を多くすると、日数が経過してもやわらかさを保てるのはなぜですか？

A 砂糖には、小麦粉の糊化を維持するはたらきがあるからです。

砂糖には、水を吸着して保持する保水性という性質があります。スポンジ生地に加えた砂糖は、水に溶けて、デンプンが糊化したときに、アミロペクチンやアミロースの間に存在します。そして、老化によって、これらの水は排出されますが、そこに砂糖があると水を保持して、糊化の状態を維持するようにはたらきます。

そのため、砂糖を増やして作ったスポンジ生地は日数が経ってもかたくなりにくいのです。

参考…252頁

デンプンの糊化と老化の様子　図7

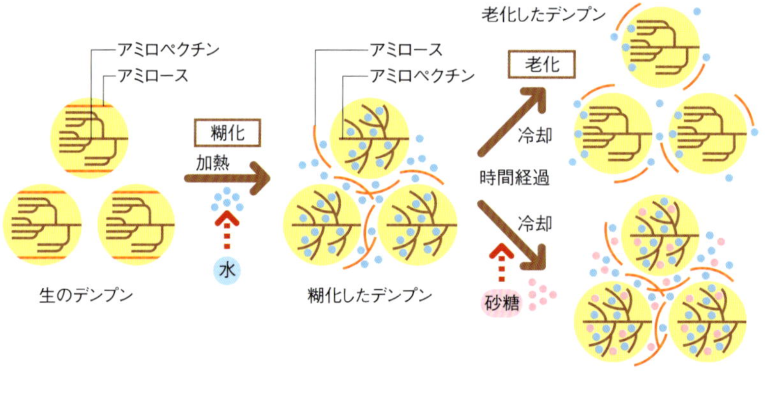

Q 小麦粉のデンプンが糊化すると、粘りはどのように変化するのですか?

A 50℃前後で糊化による粘りが出始め、95℃で最も粘りが強くなります。

小麦粉に水を加えて加熱すると、50℃前後から粘りが出てきて、その粘りは95℃でピークに達し、完全に糊化します。その後、加熱を続けるとブレークダウンという現象が起きて、デンプンの分子の一部が加熱によって切れて少し粘度が下がります。

カスタードクリームを作るときに、沸騰してからしばらく加熱を続けるのは、小麦粉のデンプンをブレークダウンさせ、コシを切っておきたいからです。

また、糊化したデンプンを冷却すると、粘りが強くなります。完全な糊化に達していない状態でも、ピークの粘度に達した状態でも、ブレークダウンさせた状態でも、どのような状態からでも、その時点の粘度から、冷却によってさらに粘度が上がります。カスタードクリームを冷やすとかたくなるのはこの例です。

シュー生地は、生地作りの段階では80℃前後までしか達しておらず、糊化は途中段階ですが、作業が遅くて生地が冷めると、粘度が上がるため、かたくなって絞り出しにくくなります。

参考 …161頁／198〜199頁

小麦デンプンのアミログラム グラフ15

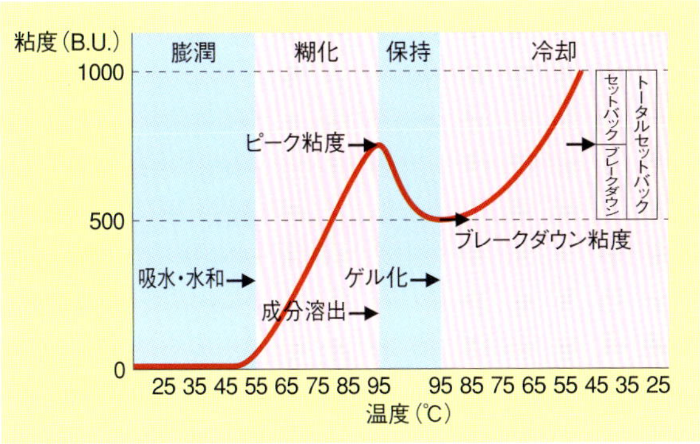

『小麦の科学』長尾精一編

STEP UP 各種デンプンの糊化温度と粘性

小麦粉のデンプンは、コーンスターチ（とうもろこしデンプン）、片栗粉（じゃがいもデンプン、さつまいもデンプン）などに比べて、糊化のピークに達する温度が高く、粘度が低いのが特徴です。お菓子作りの中で、小麦粉の一部をほかのデンプンに置き換えると食感が変わるのは、糊化による性状の違いが大きく影響しています。

各種デンプンの糊化における粘度変化　グラフ16

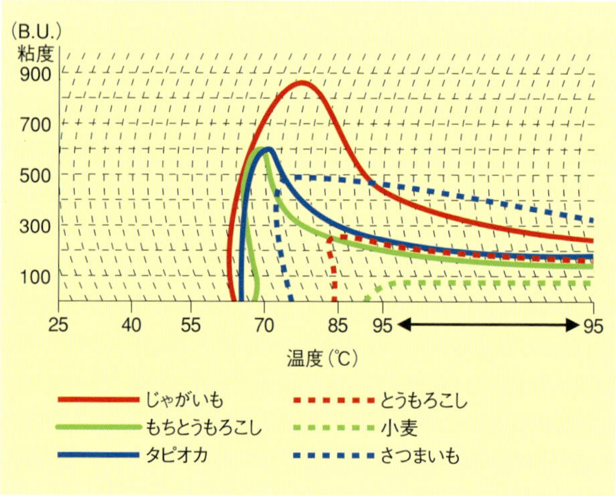

＊じゃがいもデンプンは4%、そのほかのデンプンは6%で調整（すべて同じ濃度で調整した場合、じゃがいもデンプンは著しく粘度が高くなるので、じゃがいものみ濃度を変えている）。95℃まで加熱したあと、保温して測定。

檜作:1969

CHAPTER 3

お菓子作りの素材を識る

砂糖

砂糖は甘いお菓子の味を作りだす主役です。

そして、甘みをつけるだけでなく、ほかの材料のはたらきを助ける役割もあります。たとえば、卵の泡立ちをしっかりと安定させたり、焼き色をきれいにつけたり、スポンジ生地をしっとりさせ、ふわふわしたやわらかさを保ったり、ジャムを腐りにくくしたりと、実にさまざまです。

また、砂糖は水とともに煮詰めていくと、温度が上がっていくにつれて性状が変化するという特徴があり、それを生かしたお菓子も数多くあります。高温まで煮詰めると、キャンディーやあめ細工、キャラメルができます。同じように煮詰めていって、途中で急冷すると、砂糖が再び結晶化する性質を利用して、フォンダンやウイスキーボンボンを作ることもできます。

砂糖はどんなお菓子にも使われるだけに、砂糖の性質をきちんと理解すると、お菓子作りの工程でなぜそうするのかが見えてくるでしょう。

砂糖の種類　Q&A

Q 洋菓子作りに適した砂糖の種類を教えてください。

A 主にグラニュー糖や粉砂糖を使います。

砂糖の種類と成分・特徴　　表40

			ショ糖	転化糖	灰分	水分	粒径	特徴
分蜜糖↓	双目糖（ハードシュガー）	グラニュー糖	99.97%	0.01%	0.00%	0.01%	約0.2〜0.7mm	さらさらした白色の結晶。純度が高い。甘みは淡白で、上品な甘さを持つ
		白双糖	99.97%	0.01%	0.00%	0.01%	約1.0〜3.0mm	大粒の無色透明で、光沢のある結晶。比較的溶けにくい。純度が高い。甘みは淡白で、上品な甘さを持つ
		中双糖	99.80%	0.05%	0.02%	0.03%	約2.0〜3.0mm	大粒で、表面にカラメル色素で着色した黄褐色の結晶。比較的純度が高い
	車糖（ソフトシュガー）	上白糖	97.69%	1.20%	0.01%	0.68%	約0.1〜0.2mm	細かい粒で、表面にビスコ（転化糖液）をふりかけたしっとりした感触のある結晶
		中白糖	95.70%	1.90%	0.10%	1.60%	約0.1〜0.2mm	上白糖に似たしっとりとした感触のある褐色の結晶。転化糖を上白糖よりも多く含む。灰分が比較的多いので、味は濃厚で、独特の風味がある。三温糖と中白糖は成分に大差はなく、色の濃淡を示す色価（ICUMSA色価）が三温糖は600程度に対して、中白糖は200程度とやや白っぽい点に違いがある
		三温糖	96.43%	1.66%	0.15%	1.09%	約0.1〜0.2mm	
↑含蜜糖		黒砂糖	85.6〜76.9%	3.0〜6.3%	1.4〜1.7%	5.0〜7.9%		さとうきびからショ糖を含む糖汁を取り出して、そのまま固化させたもの。茶色。灰分や不純物を多く含み、コクがある

『砂糖百科』社団法人糖業協会・精糖工業会編

＊砂糖は原料となる植物で分ける方法と、製造法によって分ける方法があるが、上記の表は後者で分けている。

砂糖の成分は、そのほとんどがショ糖で、ショ糖の純度が高いほど精製度が高く、それに転化糖や灰分が少量加わっています。それぞれの砂糖の味や性質の特徴は、ショ糖、転化糖、灰分の各成分の含有量の差によって生じます。

洋菓子作りでは主にグラニュー糖を使用します。日本ではむしろ上白糖になじみがありますが、ヨーロッパではグラニュー糖が主流だからです。表40で紹介した砂糖は、日本で一般的に出回っているものですが、現在、製菓用として使われている砂糖には、粉砂糖などの加工糖や、カソナードなどの輸入品も含めて数多くあります。

Q お菓子作りにおいて、グラニュー糖と上白糖はどのように違うのですか?

A 甘さと焼き色のつき方、吸湿性や保水性に違いが出ます。

お菓子作りでは、砂糖は甘みを与えるだけでなく、さまざまなはたらきをします。その中には、何の砂糖を使うかによって、仕上がりの質感が変わるような役割もあります。

それぞれの砂糖が持つ味や性質は、ショ糖、転化糖、灰分の成分がどのような割合で含まれているかが大きく関わっています。つまり、砂糖を構成する成分であるショ糖、転化糖、灰分の特徴を知っていれば、砂糖の特徴もわかるというわけです。

ここで紹介するのは、グラニュー糖や上白糖、黒砂糖の違いですが、紹介しきれなかったほかの砂糖も、構成成分の割合さえわかれば、これらの砂糖と割合を照らし合わせながら考えることで、その砂糖が持っている性質が見えてくるものです。以下にそれぞれの特徴を解説しますので、お菓子作りの参考にしてください。

1　甘みの特徴

ショ糖はあっさりとした甘みが特徴で、グラニュー糖をはじめとする双目糖の味わいは、ショ糖の味がそのまま特徴としてあらわれています。

上白糖などの車糖は、大部分がグラニュー糖などと同じショ糖でできていますが、製造工程で結晶にビスコ（転化糖液）をかけているため、少量とはいえ転化糖が含まれているのが特徴です。転化糖はショ糖に1%ほど加わるだけで、転化糖そのものの味が前面に出るので、上白糖などの車糖は、あとを引く甘みになっています。

また、灰分（無機成分）が多いということは、ミネラルが多いということです。ミネラル自体に味はありませんが、砂糖の甘みにミネラルが加わることで、コクのある味わいになります。黒砂糖にコクが感じられるのは、それが理由です。

①ショ糖…砂糖の甘さを作りだす主成分。淡白な、あっさりした甘み。
②転化糖…ショ糖が分解してできるブドウ糖と果糖の混合物。ショ糖よりも甘く感じる、あとを引く濃厚な甘みを持つ。

2　着色性

生地を焼くと、材料中のタンパク質やアミノ酸と還元糖が加熱されて、アミノ－カルボニル（メイラード）反応が起こり、茶色い焼き色がつきます。

転化糖は還元糖の一種なので、転化糖を多く含む上白糖などの車糖を使って焼き菓子を作ると、焼き色がつきやすいという特徴があります。

プリンに使うカラメルは、砂糖を単独で加熱すると茶色に変化する反応ででき、アミノ－カルボニル反応とは別の、カラメル化によって起こります。

スポンジ生地の焼き色の違い。
左はグラニュー糖、右は上白糖。

3　親水性（吸湿性・保水性）

砂糖には、水分を吸着しやすく（吸湿性）、吸着した水を保持する（保水性）という性質があります。転化糖は特にその性質が強いため、転化糖が多い砂糖を使って作ったスポンジケーキなどのお菓子は、しっとりとした仕上がりになります。

Q　グラニュー糖を加工した砂糖は各種ありますが、お菓子作りでよく使うのは何ですか?

A　粒の小さな微細粒グラニュー糖を使います。

砂糖は、多くの場合、生地やクリームに混ぜ込んで使われ、その中の水分に溶けて、さまざまな性質を発揮します。生地によっては水の配合が少なかったり、混ぜる回数を少なめにして作る場合があり、その状況では砂糖が溶けにくくなってしまいます。そのようなときは、溶けやすく作業性がよいように、粒子の細かい砂糖を用います。

一般に売られているグラニュー糖は粒子が大きめですが、製菓用としてそれよりも粒子が小さい微細粒グラニュー糖があります。これをさらに細かく粉末にしたものが粉砂糖です。

たとえば、タルト生地作りで、バターに砂糖を混ぜる操作などは、バターに水分が少ないので、砂糖が非常に溶けにくい状態です。このような場合は、粉砂糖を使います。ここで粒子の大きいグラニュー糖を使うと、焼きあがりにグラニュー糖が結晶状に残って、見た目も食感も悪くなります。粉砂糖は生地に混ぜ込む以外に、お菓子の仕上げに上からふりかけて使う方法もあります。

砂糖の粒子の大きさの違い

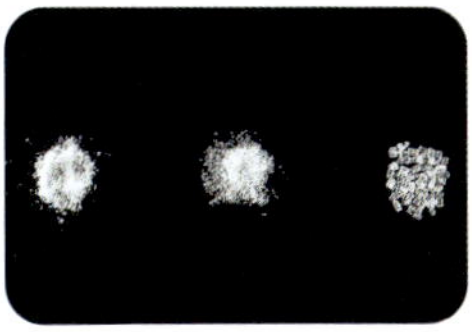

左：微細粒グラニュー糖、中央：通常のグラニュー糖、右：白双糖。

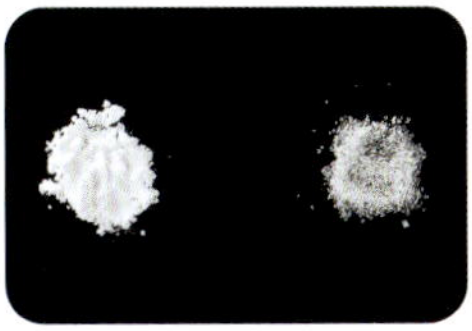

左：粉砂糖、右：通常のグラニュー糖。

左：粉砂糖を使用したタルト生地、右：グラニュー糖を使用したタルト生地。グラニュー糖を使用すると、表面にグラニュー糖の結晶が浮き上がり、がりがりとかたくなる。

お菓子作りに影響を与える、砂糖の主な役割

1　砂糖の親水性が与える影響

砂糖は水となじみやすい「親水性」という性質を持っています。食品中の水分にどのようなはたらきかけをするかによって、その表現を変えて考えると理解しやすいでしょう。

(1) 水分を奪う「脱水性」

ジャムを作るとき、果物に砂糖をかけてしばらく置くと、水分が出てきます（→255〜257頁）。

(2) 水分を吸着する「吸湿性」

①卵を泡立てるときに砂糖を加えて泡立てると、卵の中の水分を吸着し、気泡を壊れにくくします（→225〜226頁）。
②ジャムやフルーツのコンフィ（砂糖漬け）は、砂糖の濃度を高めて腐りにくくして保存性を高めた食品で、微生物の繁殖に必要な水分（自由水）を砂糖が吸収しているので、微生物が繁殖する余地がありません（→255頁／258〜259頁）。
③ペクチンなどの粉末を果汁やジャムなどに加えて溶かすときに、そのまま加えるとダマになりますが、砂糖と混ぜ合わせてから加えると、湯に分散しやすくなり、ダマにならずに溶けます。これらの粉末の粒子の間に砂糖が入り込んで水を吸着し、粒子同士がくっつくのをふせいでいます（→257頁）。
④スポンジ生地、バター生地、タルト生地などの焼き菓子では、生地を混合、焼成するときに、砂糖が小麦粉などの乾燥材料と、生地の中で水分を奪い合います。配合を考える際は、砂糖、小麦粉の配合と、水分をもたらす卵や牛乳などの材料の配合のバランスを考えてください（→83〜84頁／115〜116頁／129〜130頁／168頁）。

(3) 吸着した水分を保持する「保水性」

①ゼリーは砂糖が多いほど、ゼリー液の網目構造の間に水を保持するので、ゼリーに弾力やかたさが出ます（→295頁）。
②ゼリーを長時間置いておくと、水がしみ出てくる「離水」の現象が起こる場合がありますが、ゼリーに砂糖が多く含まれているほど、砂糖が水分を保持して離水しにくくなります（→254頁／295頁）。
③ジャムにどろっととろみがつく（ゲル化する）のは、多量の砂糖が水分を保持することによって、ペクチン分子が結合するためです（→257頁）。
④スポンジ生地をオーブンで焼くと、水分が蒸発しながら焼きあがりますが、砂糖が多く含まれているほど生地の中に水分を保持し、しっとり焼きあがります（→76頁／80頁／254頁）。
⑤スポンジ生地は砂糖が多いほど、デンプン分子の間に水を保持できるので、デンプンの老化が起こりにくくなり、日数が経ってもかたくなりにくくなります（→244頁）。

2　卵のタンパク質の変性を抑える

(1) タンパク質の熱変性を抑える

プリンが固まるのは、蒸し焼きをすると、卵のタンパク質が熱によって変性を起こして固まるからです。砂糖はタンパク質の熱変性を抑えるので、砂糖を増やすほど卵液の凝固温度が高くなり、やわらかく固まります（→230～231頁）。

(2) タンパク質の空気変性を抑える

卵を泡立てると、卵白のタンパク質が空気によって変性を起こして、気泡の膜がかたくなり、安定した気泡ができます。砂糖はその空気変性を抑える役割を果たします。卵に砂糖を入れると泡立ちにくくなるので、砂糖を数回に分けて入れるのは、このためです（→89～91頁／225～226頁）。また、卵白を泡立てる際に、砂糖の配合量が少ないと、タンパク質の空気変性が過剰に起こって離水しやすくなります（→228頁）。

卵に含まれているタンパク質は、水に分散した形で存在し、加熱や泡立てによる空気との接触によって寄り集まり、となり合うタンパク質の間にある水を排除してくっついて変性し固まります。砂糖を加えると、この水を吸着して保持するので、水が排除されにくくなり、変性が抑えられるのです。

3　再結晶

糖度の高いシロップが結晶化します。この性質を生かして、フォンダン（→262～263頁）やウイスキーボンボン（→264～265頁）などが作られます。

4　着色性

お菓子作りで、砂糖の加熱によって色づく反応には、つぎの2通りがあります。

(1) アミノ－カルボニル反応（メイラード反応）

焼き菓子などで、砂糖が卵や小麦粉などのほかの材料と一緒に加熱され、茶色の焼き色がつきます（→266頁）。

(2) カラメル化反応

カラメルソースなどを作るときに、砂糖に水だけを加えて加熱し、茶色に変化させます（→267～268頁）。

砂糖の親水性　Q&A

Q　スポンジ生地の配合で、甘みを控える目的で砂糖の分量を減らしたら、しっとり感が失われてしまったのはなぜですか?

A　砂糖は水を吸着して保持する性質があるので、砂糖の分量を減らすと、焼いたときに生地から水分が蒸発しやすくなるためです。

砂糖には「保水性」という、水を吸着して保持する性質があります。スポンジ生地をオーブンで焼く際に、オーブン内は高温で乾燥した空気が充満しているので、スポンジ生地からは水分が蒸発しながら焼きあがります。このときに砂糖の配合量を減らすと、その分生地内に水分を引きつけておく力が弱まるので、蒸発が進み、しっとり感が失われた焼きあがりになるのです。

ですから、甘みを控えたいからといって、極端に砂糖の量を減らしてはいけません。

Q　時間が経つと、砂糖の量を控えたゼリーから水がにじんできたのですが、なぜですか?

A　砂糖の量が少なかったからです。

きちんと固まっていたはずのゼリーから、時間が経つと水がにじんでくることを離水と言います。ゼリーの甘さを控えようと、砂糖の配合量を減らしたときに、離水が起こりやすくなります。

ゼリーはゼラチンなどの凝固剤をベースとなる液体に溶かして冷やし固めたものです。凝固剤は液体の中で網目構造を作り、網目の中に水を閉じ込めて、ぷるんとした弾力のあるかたさを作りだしています。

砂糖には保水性があるため、ゼラチンの網目の中で砂糖が水を吸着して、しっかりと保持し、離水しにくくしています。

ですから砂糖の量を減らすと、ゼラチンの保水性がおちて、やわらかくなったゼリーから、水がにじみ出てくることがあるのです。

参考…295頁

Q ジャムはどうして腐らないのですか?

A 砂糖の脱水性によるものです。

ジャムは果物を砂糖で煮て作りますが、砂糖には、微生物の繁殖を抑える防腐作用があります。

食品が腐るのは、微生物が繁殖するからです。微生物は水を必要とするので、繁殖を抑えるには、食品から微生物が繁殖に使える水を減らせばいいのです。そこで、砂糖が果物をいくらか脱水し、果物の中にしみ込んで果物内に残っている水分を吸着することによって、腐らないようにできるのです。

また、ジャムは瓶づめにして加熱殺菌することが保存性を高めるために大切です。

1　自由水と結合水

食品中の水分には、自由水と結合水があります。結合水は食品の成分と結合していて、その食品を加熱したり、乾燥させたりして水分を蒸発させようとしても、しっかりと結合したまま食品の中にとどまります。このときに、蒸発するのが自由水で、食品中に束縛されずに自由に動きまわることができます。微生物が繁殖するときに使えるのは、この自由水です。

2　ジャムにおける砂糖の「脱水性」

いちごジャムを作るときに、最初にいちごに砂糖をふりかけてしばらく置いておきます。すると、砂糖は水となじみやすいので、いちごの水分をどんどん奪い、いちごを脱水させます。

言い換えれば、いちごの外部の砂糖の濃度（糖度）が高くなっているので、いちごの内部から水分を外に出して、この濃度を一定に近づけようとはたらいているとも言えます。これによって、いちごに含まれる自由水の量が減ります。

ちなみに、この現象はいちごが生のときにしか起こりません。

3　ジャムにおける砂糖の「吸湿性」

いちごが脱水したあとは、砂糖がいちごから出た水分に溶けて糖度が高いシロップの状態になっています。これを煮込んでいくうちに、シロップの水分が蒸発してさらに糖度が上がります。同時にシロップの砂糖がいちごの内部に時間をかけて拡散して、いちごの内部の糖度も上昇してきます。

いちごの内部に拡散した砂糖は、自由水を吸着します。それによって、微生物が繁殖するのに必要な自由水が不足し、微生物が繁殖できない状況を作りだし、ジャムの保存性が高まります。

いちごジャムの作り方

【参考配合例】

いちご　1000g

グラニュー糖　180g
トレハロース　120g

グラニュー糖　300g

レモン汁　1個分

ペクチン(粉末)　3g

瓶につめて殺菌したジャム。

1　いちごに、グラニュー糖180gとトレハロースをふりかけてひと晩置くと、いちごから水分が出る。

＊トレハロースとは糖の一種で、吸湿性が高いが、甘さがショ糖の45%という特徴があるので、甘みを控えてジャムを作るために使用した。

2　1を中火にかけて、沸騰したらアクを取る。いちごがふくらんできたら弱火にして5分ほど煮て、中の空気が抜けるのを待つ。グラニュー糖270g（30gはペクチンと混ぜるために残す）を加え、中火で5分ほど煮詰める。

＊シロップの糖度を高めるために、さらにグラニュー糖を加える。

3　再び沸騰したら、いちごがぷくっとふくれて浮いてくるので、火を止めてそのまま20分ほど置く。

＊沸騰していちごが浮いてきた時点では、まわりのシロップの糖度が高く、いちご内部の糖度が低い。最終的に外側のシロップの糖度を測ってBrix55%以上に調整するが、火を止めずにこの状態のまま煮続けて、シロップが煮詰まって糖度が高くなっても、いちご内部の糖度は低い。外側のシロップで糖度を調整したとしても、時間が経つと、いちご内部の水分がシロップに出てきて、シロップの糖度が下がり、保存性のある糖度を下回ってしまう。ゆえに、一度火を止めてそのまま置くことで、いちごの内部に砂糖を徐々に拡散させる。内部と外部の糖度が近づいてから、再び煮ていくとよい。

4　しばらく強火で煮る。

5　沸騰したらレモン汁を加える。

＊ペクチンは細胞をつなぐ役割を担う物質。果物のペクチンは、大量の砂糖、酸とともに加熱されることでゲル化して、ゼリーのようなどろっとした状態になる。いちごに含まれる酸では足りないため、レモン汁を加えて酸を補う。

6　糖度を測ってBrix55%になったら、あるいは温度を測って104～106℃になったら、ペクチンと残りのグラニュー糖30gを混ぜ合わせて加える。

＊果物によってペクチンの含有量が違う。いちごはペクチンの量がやや少なめなので、ゲル化を強めたい場合に、粉末のペクチンを加えて補う。

＊粉末のペクチンはそのまま加えるとダマになりやすいので、グラニュー糖と混ぜ合わせてから加える。ペクチンの粒子の間に入り込んだグラニュー糖が水を吸着するので、ペクチンの粒子同士がくっつきにくくなるため。

7　沸騰したら火を止めて、ていねいにアクを取り除く。

8　熱湯殺菌した瓶にジャムをつめ、湯せんにして瓶ごと加熱する。ジャムの中心温度が85℃になったら、瓶のふたをいったんゆるめて、ぷしゅっという音がして空気が抜けたこと（抜気）を確認してからふたをし、さらに20分熱湯殺菌する。

1　いちごに砂糖をふりかける。

2　しばらく置くと水が出てくる。水が出たら火にかける。

3　粉末ペクチンは、ダマにならないようにグラニュー糖と混ぜてから加熱したいちごに加える。

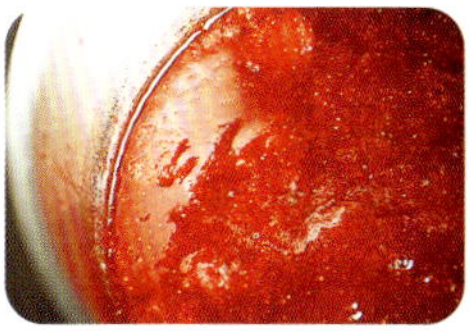
4　沸騰したら火を止めてアクを取り除く。

STEP UP ペクチンのゲル化を助ける砂糖の保水性

いちごに含まれるペクチンや粉末のペクチンは、熱水に溶けます。これらがどろっとゲル化するのは、多量の砂糖がペクチンのまわりにある水を吸着して保持し、それによってペクチン同士が結合し、安定した網目構造が作りやすくなるためです。

Q ジャムはどのくらいまで糖分を高めれば腐らずに保存できますか?

A 中糖度で糖度55～65%、高糖度で65%以上です。

ジャムは多量の砂糖を加えて保存性を高めた食品です。手作りのジャムは、果物の重量と同じだけの量の砂糖を加えて煮るのが目安です。

ジャムを煮詰めている間にどのくらい水分が蒸発したかで、ジャムに占める砂糖の割合が変化するので、ジャムが煮上がった時点で最終的な糖度を測定して、中糖度ならば55～65%、高糖度では65%以上になるように調整します。

ジャムの糖度はBrix《ブリックス》計で測定するのが一般的で、その際にBrix○%の単位で糖度を表わすこともあります。糖度55%、Brix55%とは、100g中の溶液中にショ糖が55g溶けているということです。

最後に糖度を測り、まだ55%に達していなければ、さらに煮詰めて糖度を上げます。

Q フルーツのコンフィ(砂糖漬け)はどのようにして作るのですか?

A フルーツをシロップに漬け込み、そのシロップだけを取り出して煮詰めて、また漬け込む作業を毎日くり返して、徐々にフルーツの糖度を上げます。

オレンジのコンフィ

フルーツのコンフィ(フリュイ・コンフィ Fruits confits)とは、果物の砂糖漬けのことです。たとえば、オレンジの皮で作るコンフィは、細く切ってチョコレートでコーティングしたり、細かく切ってバター生地に混ぜ込んだりします。

作り方はつぎのとおりです。下ゆでし、たっぷりの水につけて苦みを抜きます。Brix55%のシロップに漬け、1日置きます。すると、オレンジから水分が出てきてシロップが薄まり、同時に砂糖がオレンジの皮の内部に拡散していきます。翌日にシロップだけを煮詰めて水分を蒸発させて(または砂糖をシロップに加えて)、Brix60%のシロップにしてオレンジの皮を再び漬け込みます。次はBrix65%のシロップに漬け、徐々にオレンジの皮に糖分をしみ込ませて、4～7日かけて最終的にはBrix70%にまで糖度を高めます。

最初からBrix70%の糖度の高いシロップに漬け込むと、脱水されてオレンジの皮がかたくなってしまいます。

オレンジのコンフィの漬け込み過程

左:Brix55%、中:Brix60%、
右:Brix70%。

砂糖の再結晶　Q&A

Q 溶けていったん透明になったシロップが、なぜ固まるのですか？

A 砂糖が「再結晶」したからです。

砂糖自体が結晶した製品ですが、これを再度水に溶かして煮詰めたシロップを過飽和状態にして、再び違う形で結晶化させることを「再結晶」と言います。砂糖の再結晶という現象を利用して、製菓では、フォンダンのほかに、ウイスキーボンボンなどを作ることができます。ここで再結晶について、詳しくお話しましょう。

1　砂糖の「再結晶」とは

砂糖の成分の大部分はショ糖です。ショ糖の結晶は無色透明ですが、この非常に小さな結晶は集まると光が乱反射して白く見えます。グラニュー糖や上白糖が白いのはそのためです。

一方、同じ砂糖なのに氷砂糖が透明なのは、結晶が大きいためです。糖濃度が高いシロップに、結晶が始まる核となる種糖を入れ、時間をかけて徐々に結晶化することで、大きい結晶を作りだしています。

結晶構造を持つ砂糖を水に溶かして煮詰めた溶液に、結晶ができるきっかけを与えると、砂糖が再び結晶を作りだすことを「再結晶」と言います。

2　ショ糖の溶解度

砂糖（ショ糖）を水に溶かしていくと、ある時点でもうそれ以上溶けられないという限界（飽和状態）に達します。たとえば、20℃で水100ml（g）に溶けられるショ糖の最大量は203.9gです（→表41）。飽和状態のときのショ糖の濃度（%）を、ショ糖の溶解度と言い、溶解度は温度上昇にともなって上がります。0℃の水100ml（g）に、溶けきらないくらいの砂糖300gを溶かしてみると、まだ水が冷たいうちは、砂糖は溶けきっていませんが、加熱すると溶解度が上がり、65℃に達する手前で溶けます。

3　再結晶を利用して、お菓子を作る要領

これとは逆に、100℃では水100ml（g）に砂糖（ショ糖）480gほどを溶かしたシロップが作れても、これを20℃に冷ますと溶けきれない約280gのショ糖が結晶となって容器の底にかたまることがあります。このように飽和状態のシロップを冷やすと、溶解度が下がり、溶けきれなくなったショ糖があらわれるのが普通です。しかし、シロップを煮詰めてショ糖濃度を高くしてから、徐々に冷ますと、そうならずに見かけ上は溶けているように見えることがあります。これを過飽和状態と言い、本来は溶けきれないショ糖が不安定な状態で水分子に混ざり合っています。過飽和状態になった

シロップは不安定なので、結晶が始まるきっかけを与えると、過剰なショ糖が結晶となってあらわれてきます（再結晶）。お菓子作りではこの性質を生かし、うまく結晶が作り出せるように、シロップをそのお菓子に適正な温度まで煮詰め、ショ糖濃度を高めてから、冷まします。

結晶が始まる核を与え、そのまま静かに置いておくと、時間の経過にともなってそれが大きくなって結晶になります。これを利用して作るのがウイスキーボンボンです。この場合は、結晶ができるまでに時間がかかり、透明度の高く大きい結晶ができます。

もっと小さな結晶を作るには、フォンダンのように、40℃に冷ましてから激しく混ぜます。これによって、核の形成率が増加し、数多くの小さな結晶ができるのです。

ショ糖の溶解度と温度の関係 表41

温度（℃）	溶液100g中におけるショ糖のg数またはショ糖濃度%	100gの水に溶けるショ糖のg数	溶液の比重
00	64.18	179.2	1.31490
10	65.58	190.5	1.32353
20	67.09	203.9	1.33272
30	68.70	219.5	1.34273
40	70.42	233.1	1.35353
50	72.25	260.4	1.36515
60	74.18	287.3	1.37755
70	76.22	320.5	1.39083
80	78.36	362.1	1.40493
90	80.61	415.7	1.41996
100	82.87	487.2	1.43594

『調理と理論』山崎清子、島田キミエ共著

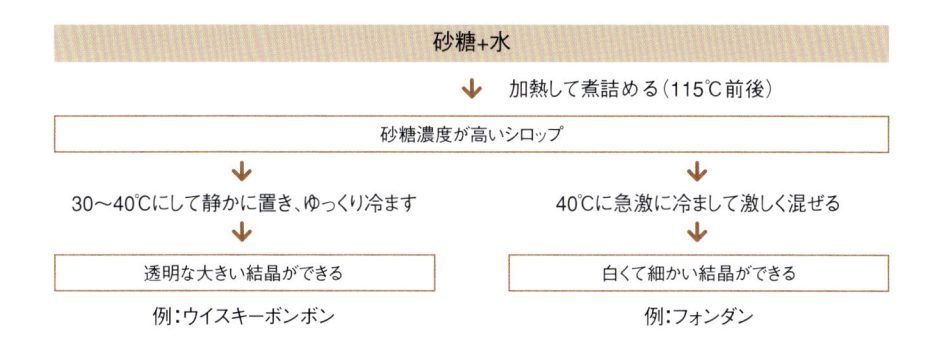

ショ糖濃度と沸騰点 表42

沸騰点（℃）	ショ糖濃度（%）	沸騰点（℃）	ショ糖濃度（%）
100.2	10	108.2	78
100.3	20	109.3	80
100.6	30	112.0	84
101.1	40	115.0	87
101.9	50	118.0	89
103.1	60	120.0	90
104.2	66	122.0	91
105.2	70	124.0	92
106.5	74	130.0	94

『洋菓子材料の調理科学』竹林やゑ子著「砂糖濃度と沸騰点」より一部抜粋

砂糖+水

↓ 加熱して煮詰める（115℃前後）

砂糖濃度が高いシロップ

↓ 30〜40℃にして静かに置き、ゆっくり冷ます

↓ 透明な大きい結晶ができる

例：ウイスキーボンボン

↓ 40℃に急激に冷まして激しく混ぜる

↓ 白くて細かい結晶ができる

例：フォンダン

Q エクレアにかかっているフォンダンは、どのようにできるのですか？

A 砂糖と水のシロップを煮詰めてから攪拌し、砂糖を「再結晶」させて細かい結晶を作ります。

チョコレートとカラメルのフォンダンをかけたエクレア。

エクレアの上には、砂糖でできた白いフォンダンに、チョコレートやカラメルを加えたものがかかっています。このフォンダンは、先に説明した砂糖の「再結晶」によって作られています。

この再結晶をうまく行うことがフォンダンを上手に作るコツになります。

まず水とグラニュー糖のシロップを加熱して溶かしてから、115〜118℃まで煮詰めて水分を蒸発させます。

そして、40℃に温度を下げるとショ糖の溶解度が下がるので、水1ml当たりに溶けることが可能なグラニュー糖の量が減り、過飽和状態になります。

このとき、激しく混ぜるという刺激によって結晶ができるきっかけを与えると、再結晶し始めます。

フォンダンのように微細な結晶を得るためには、十分に結晶化するまで続けて激しく混ぜることが大切です。激しく混ぜることで、核の数を増やして、たくさんの小さい結晶を作るのです。もし、途中で混ぜるのをやめてしまうと、核の数が少なくなり、結晶が成長して大きくなってしまいます。また、混ぜるときの温度が高いと、結晶が大きくなってしまいます。

たとえば、プラリーヌ（Praline＝糖衣がけアーモンド）はフォンダンより高い温度で、混ぜる時間も短かくして結晶させるので、アーモンドのまわりに粗い結晶がついています。

フォンダンが全体にやわらかいのは、砂糖の微細な結晶と濃度の高いシロップが混ざり合っているからです。

●●●フォンダンの作り方

【参考配合例】

グラニュー糖　1000g

水　300ml

水あめ　200g

1　鍋にグラニュー糖、水、水あめ※を入れて混ぜる。火にかけて、115〜118℃まで煮詰める。大理石の台の上に霧吹きで水を吹きかけ、大理石の上に枠を作って枠内に流し入れ、40℃まで冷ます。

2　麺棒で攪拌する（またはミキサーを用いる）。

3　ざらざらの状態に再結晶する。練ってひとまとめにし、表面が乾燥しないようにして、冷所で保存する。1日置くと、なめらかになる。

※水あめを加えるのは、水あめ中のデキストリンには急激な再結晶をふせぐはたらきがあるため。

＊種糖として少量のグラニュー糖を加えて同様に攪拌する方法もある。

＊煮詰め温度は、使用目的や季節によって変わる。

STEP UP フォンダンの使い方

フォンダンは使う前に練ると、光沢が出て、なめらかになります。使用前のフォンダンには結晶化した部分とシロップとして残っている部分がありますが、冷所で保存していると過飽和になっています。手で練るとその熱が伝わり、小さな結晶が溶けて、シロップに結晶が分散して流動性が出ると考えられます。これを「結晶のかどを落とす」という言い方もします。

エクレアにかけるときには、練ったあとでシロップを少量加えて35℃前後に温め、流動性をよくしてから使います。

35℃よりも低いと固まらず、高いと結晶が溶けて再び固まるときに結晶が粗くなってつやがなくなってしまいます。

フォンダンの使い方

1　練る前はぼろっと割れるような状態。

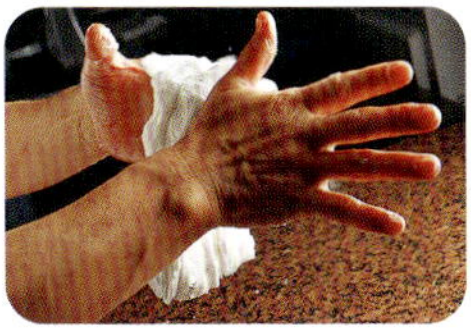

2　練ってなめらかにする。光沢が出てくる。

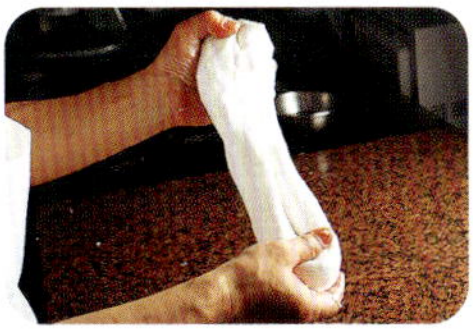

3　流動性が出てフォンダンが切れずにのびるようになる。

4　エクレアにかけるときは、シロップを加えて温め、かたさを調節して使う。

Q **ウイスキーボンボンは、どのようにして薄いあめの中に、ウイスキーシロップを閉じ込めることができるのですか?**

A **ウイスキーシロップの砂糖を一部「再結晶」させて、外側のあめ部分を作ります。**

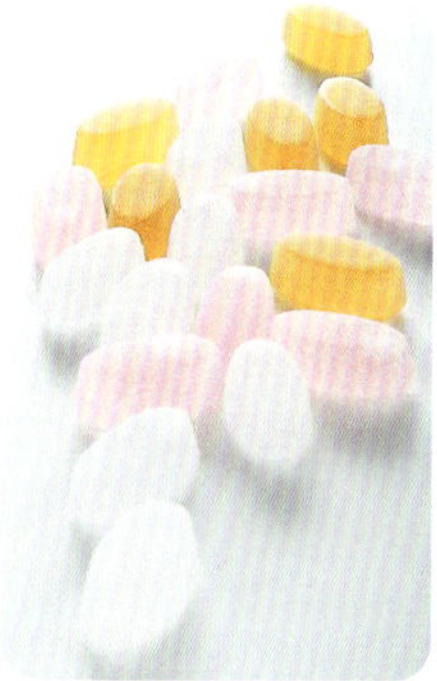

ウイスキーボンボン。薄いあめの中にウイスキーシロップが入っている。

ウイスキーボンボンに代表される、ボンボン・ア・ラ・リキュール（Bonbon à la liqueur）というお菓子は一見するとキャンディのようですが、口に含むと非常に薄いあめが、はかなくぱりんと割れて、中からウイスキーシロップが流れ出てきます。

ウイスキーボンボンは、空洞のあるあめを作ってウイスキーシロップを注入するのではなく、ウイスキーシロップをあめの型につめて、型と接する部分のシロップ中にある砂糖を「再結晶」させることにより、あめのように固まった薄膜を作ります。では、どうして薄いあめができるか、そしてなぜ中までかたくならないかを、工程を追いながら説明しましょう。

まずフォンダンと同様、水とグラニュー糖のシロップを加熱して溶かしてから、110〜115℃まで煮詰めて水分を蒸発させます。

そのあとで、シロップをウイスキーに加えて混ぜて40℃に温度が下がると、過飽和状態になります。

このとき、種糖となる異物を入れて静かに置いておくと、それを核としてゆっくりと大きい結晶ができます。

ウイスキーボンボンでは、ウイスキーシロップを、40℃くらいに温めておいたコーンスターチの型に入れ、30〜40℃が保てるよう温かい場所で放置します。シロップにとっては、コーンスターチが異物となり、これを核にして結晶がゆっくりできていきます。接している部分だけ結晶化が起こるため、中はシロップ、外は結晶化してシロップを包み込んだ状態になるのです。

●●●ウイスキーボンボンの作り方

【参考配合例】

グラニュー糖　750g

水　250ml

ウィスキー　250ml

1　木枠に40℃くらいに温めたコーンスターチをたっぷり入れ、専用の型で押して穴をあけておく。鍋に水、グラニュー糖を入れて火にかけて、110～115℃まで煮詰める。ボウルにウイスキーを入れ、シロップを加えて混ぜる。ウイスキーシロップを型のくぼみに流し入れる。

2　上からコーンスターチをふるいながらかける。くぼみがすっぽりと隠れたら、30～40℃に保ちながらゆっくりと再結晶させる。

3　6～7時間後に反転させる。その後6～7時間くらいそのまま置いて、全体がかたまったら取り出す。

砂糖の着色性　Q&A

Q 生地に加える砂糖の配合量を増やすと、焼き色がつきやすくなるのはなぜ?

A アミノ－カルボニル反応が起こるからです。

タルト生地やクッキーのようにオーブンで焼くお菓子や、ホットケーキのようにフライパンで焼くお菓子、ドーナッツのように油で揚げるお菓子を作っていると、加熱するにしたがって、焼き色（揚げ色）がこんがりとついて、こうばしい香りが漂ってきて、それだけでおいしそうに感じるものです。

これは、卵、砂糖、小麦粉、バターなどの材料に含まれているタンパク質、アミノ酸と還元糖が、高温（約160℃以上）で一緒に加熱されることによって、アミノ－カルボニル反応という、一種の化学反応を起こすからです。この反応によって、メラノイジンという茶色の物質ができ、焼き色になります。

アミノ－カルボニル反応では、砂糖の配合量を増やすと、還元糖が増えるので、焼き色（揚げ色）が濃くつき、こうばしい香りが強くなります。

とはいえ、この反応には必ずしも砂糖が必要なわけではありません。卵や肉だけを焼いたときの焼き色や香りも同様で、その材料にタンパク質、アミノ酸と還元糖が含まれていれば、この反応は起こります。

アミノ－カルボニル反応（メイラード反応）

タンパク質・アミノ酸　＋　還元糖　──高温加熱──→　焼き色　＋　こうばしい香り
（メラノイジン系色素）

STEP UP 還元糖とは

還元糖とは、反応性の高い還元性基を持つ糖のことです。ブドウ糖、果糖、麦芽糖、乳糖などがこれに当たります。

転化糖は、ブドウ糖と果糖が混ざり合った混合物で、還元糖に分類されます。

ですからグラニュー糖よりも転化糖が多い上白糖は、アミノ－カルボニル反応が起きやすく、焼き色が濃くつきます。

Q グラニュー糖にはほとんど還元糖が含まれていないのに、焼き菓子でグラニュー糖を増やすと焼き色がつくのはなぜですか？

A グラニュー糖に含まれるショ糖の一部が分解されて、還元性基があらわれるためです。

グラニュー糖は還元糖である転化糖がほとんど含まれていないのに、焼き菓子でグラニュー糖の配合量を増やすと、焼き色が濃くつくのはなぜでしょう。

それは、グラニュー糖に含まれるショ糖が、ブドウ糖と果糖が還元性基同士で結合した糖で、それ自体は還元糖ではありませんが、高温や酸性側に寄ると一部が分解されて、還元性基があらわれるためです。グラニュー糖の分量が多くなれば、当然分解された還元性基が多くなり、アミノ－カルボニル反応が起きやすくなります。

しかしながら、上白糖と比べると還元性基は少ないため、焼き色は上白糖よりも薄くなります。

参考 …250頁

Q プリンを作るときに、カラメルを上手に作るコツを教えてください。

A シロップを強火で加熱し、かき混ぜないように注意します。

糖類は単独で加熱すると140℃くらいから徐々に色づき始めます。160℃以上でカラメル化反応を起こして色づき、カラメル特有の香りが出てきます。茶色になればカラメルのできあがりです。それ以上加熱すると最終的には黒く焦げてしまいます。

実際に作るときは、砂糖に少し水を加えたほうが、均一に加熱しやすいので、実際は水を加えてシロップにし、それを煮詰めて作ります。煮詰める段階では混ぜたりせず、再結晶させないように気をつけましょう。

●●●カラメルの作り方

1　鍋にグラニュー糖を入れて、水を入れる。

＊水が多いと、蒸発するのに時間がかかってカラメル化するのに時間を要するので、水はグラニュー糖の重量の1/4～1/3量くらいが適量。

＊均一に水を行き渡らせておく。溶け残ったグラニュー糖があると、それが核となって再結晶しやすくなるため。

2　強火にかける。

＊弱火では、高温になるまで長く加熱することになり、水が多く蒸発して、再結晶しやすくなる。

3　火通りを均一にしたいときには鍋を傾けてゆらす程度にし、かき混ぜないこと。鍋肌にはねたシロップは、水でぬらした刷毛でこすり取る。

＊シロップが煮詰まってきたときに、混ぜるという刺激を与えると、それが原因で再結晶してしまうおそれがある。また、液面で泡が消えるときに、シロップが鍋肌にはねて焦げて、その焦げがシロップに入ると、それが核となってシロップが再結晶してしまうおそれがある。

4　160℃を過ぎて茶色く色づき始めたら、好みの色の濃さになる少し手前で、ぬれ布巾の上に鍋底を当てて加熱を止める。

＊余熱で火が通るのを考慮して、色づけたい色よりも少し手前で止めるとちょうどよくなる。

カラメルの作り方

透明のシロップを強火で加熱する。

茶色く色づいてきたらカラメルのでき上がり。

左：色づき始め（140℃）、中：薄いカラメル（165℃）、右：濃いカラメル（180℃）。

CHAPTER 4

お菓子作りの素材を識る

牛乳
生クリーム

牛乳も生クリームも牛から搾った生乳を加工したものです。牛乳は生乳を飲みやすく加工したものを指し、生クリームはその昔、生乳を放置して浮き上がってきたクリーム層を集めて使ったことが始まりと言われています。

生クリームは、泡立て用では乳脂肪分35～50%のものを使い分けていきます。乳脂肪分の低いものは気泡を多く含むので、ムースのような軽いクリームに、乳脂肪分の高いものは気泡を含む量は少なめですが、なめらかな泡立ちとコクのある風味で、口溶けのよい仕上がりが得られます。このように濃度によって泡立ち方が違うのは、乳脂肪が泡立ちのカギとなっているからです。

牛乳は卵と相性がよく、これらを合わせて加熱し、カスタードクリーム、アングレーズソース、プリンやアイスクリームなどを作ります。

この章では、牛乳と生クリームの種類の違い、生クリームの泡立ちについて主に解説します。

牛乳の種類　Q&A

Q　搾りたてのミルクは、コクがあると言われるのはなぜですか?

A　脂肪球が大きいため、乳脂肪分が濃く感じられるのです。

牧場の搾りたてのミルク（生乳）は、均質化や加熱殺菌などの処理を行って、牛乳という製品になります。

生乳と市販されている牛乳とでは、含まれている乳脂肪の割合は同じです。それなのに、牧場で搾りたてのミルクを口にするとコクがあると感じるのはなぜでしょう。

生乳と牛乳で異なるのは、それぞれの乳脂肪球の大きさです。乳脂肪は、脂肪球という粒の形をとって、乳漿《にゅうしょう》と呼ばれる水分に分散しています。

生乳は脂肪球が15ミクロン前後で、しばらく置くとそれが表面に浮いて、クリーム層を作ります。脂肪（油）は水よりも軽いので、脂肪球の大きさが大きいほど、浮力を受けて浮きやすいのです。

牛乳として出荷するときには、そのように脂肪球が浮いてくるのをふせぎ、安定した製品にするために、脂肪球を1ミクロンにまで小さくして、均一に水分に分散させる「均質化（ホモジナイズ）」という加工を行います。

さて、生乳が牛乳よりもコクがあると感じるのは、脂肪球が大きいと、舌の上で油っぽいと感知しやすいからです。もし、クリーム層を形成したときに飲めば、ひと口目はなおさら脂肪分をダイレクトに感じるでしょう。

均質化するのは、水分と脂肪が分離しないように安定化させるだけでなく、脂肪球を小さくすることで、さっぱりとした飲み口にするためなのです。

均質化による乳脂肪球の変化

均質化前の牛乳

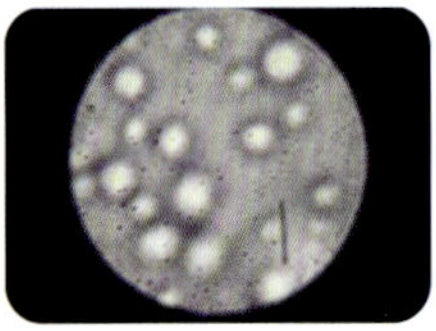

15ミクロン前後

均質化後の牛乳

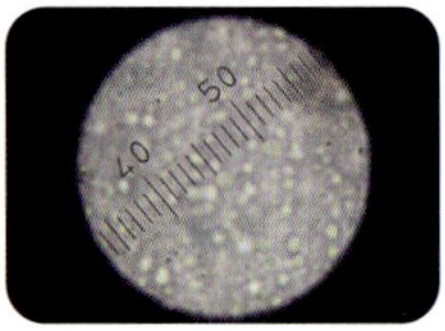

約1ミクロン

＊倍率1000倍撮影。

写真提供:日本ミルクコミュニティ(株)

Q 乳脂肪分が同じ牛乳なのに、風味が異なるのはなぜですか？

A 殺菌法の違いによって、香りに差が出ます。

日本の90%以上の牛乳は、超高温瞬間殺菌法によって処理されています。この加熱によって若干風味の変化が生じます。その原因のひとつが、70℃以上の加熱で起こる、ホエータンパク質（特にβ－ラクトグロブリン）の変性です。これによって、硫化水素が生じて独特のイオウ臭が感じられるのです。ただ、日本ではこの臭いも含めて牛乳の香りと感じている人が多いのではないかと思います。

一方、ヨーロッパでは約75℃以下の温度の殺菌が主流と言われており、この風味の変化がわからない程度にしか起こらないのが特徴です。

近年日本でも、低温保持殺菌法による「低温殺菌牛乳」が、風味の変化が起こらず、さわやかさをあと口に感じるという理由から好む人も増えています。

牛乳の殺菌法　表43

低温保持殺菌法	62～65℃で30分間殺菌
高温保持殺菌法	75℃以上で15分間殺菌
高温短時間殺菌法	72℃以上で15秒間以上殺菌
超高温瞬間殺菌法	120～130℃で2～3秒間殺菌
超高温瞬間滅菌法	130～150℃で1～4秒間殺菌

Q ジャージー牛乳は、一般の牛乳と何が違うのですか？

A 乳牛の違いです。日本の一般的な乳牛はホルスタイン種ですが、この牛乳はジャージー種のミルクでできています。

私たちが、乳牛といって思い浮かべるのは、白いからだに黒いまだら模様の牛です。これはホルスタイン種で、1頭当たりが出す乳量が、ほかの種類の乳牛の2倍ほどの量で、しかも食肉用に転用して、肉としても食べることができ、生産性がよいのが特徴です。

生産量は少ないのですが、近年、ジャージー種の牛乳の人気が出てきています。ジャージー種はホルスタイン種に比べて、脂肪分が高く、濃厚で、風味がよいと言われています。このほか、ガンジー種の牛乳もそのおいしさで評価が高くなっています。

ヨーロッパで修業した菓子職人たちが、ヨーロッパの牛乳や生クリームがおいしいという所以は、どうやら乳牛の種類や殺菌法の違いがあるようです。

日本の乳牛 表44

	ホルスタイン種	ジャージー種
日本での飼育割合	約99%	約1%未満
1頭当たりの乳量（年間）	約8000kg	約4000〜5000kg
乳脂肪分	約3.7〜3.9%	5%前後
	ドイツからオランダにかけてのホルスタイン地方で生まれ、アメリカで改良されたもの	イギリスのジャージー島で生まれた、フランスのノルマンとブリタニーを交配した改良種

生クリームの種類　Q&A

Q　牛乳と生クリームは何が違うのですか？

A　違いは乳脂肪の割合。お菓子作りに使うタイプの生クリームは牛乳の10倍以上の乳脂肪を含んでいます。

牛乳も生クリームのどちらも、牛のミルク（生乳）からできています。この2つの違いは乳脂肪の量です。牛乳は一般に乳脂肪分3.7%前後、生クリーム（ホイップタイプ）は、35〜50%です。

生乳の中の乳脂肪は、脂肪球という粒の形で、水分の中に分散しているのですが、その粒が大きいために、しばらく置くと脂肪球が表面に浮いてきて、クリームの層ができます。

簡単に言えば、そのクリーム層を取り出したのが生クリームです。工業的には、生乳を少し温めて遠心分離機にかけて、脱脂乳とクリームに分けます。

そして、そのクリームに、加熱殺菌、冷却、エイジング（熟成）を行って、製品として加工します。

Q　生クリームの種類には、乳脂肪と植物性脂肪がありますが、これらの違いを教えてください。

A　植物性脂肪の生クリームは、本来の乳脂肪の生クリームの代用品として、植物性油脂から作られたものです。

牛のミルクからクリーム層を取り出したものが、乳脂肪の「クリーム」で、その代用品として作られたのが、「植物性クリーム」です。植物性の名の由縁は、乳脂肪の代わりに、植物性油脂を用いて作られていることにあります。これには、パーム油、ヤシ油、なたね油、大豆油などが使用されます。

しかし、これらの植物性油脂は、乳脂肪とはかたさや口溶け、酸化に対する安定性が異なるので、まず水素添加、エステル交換、分別などの加工をほどこすことによって、乳脂肪の特性に近づけます。

そして、乳脂肪の「クリーム」と同じ構造にするために、脱脂乳を原料として、そこに植物性油脂を小さい粒状にして分散させます。とはいえ、これらはまるで水と油ですから、そのまま混ぜ込むと分離してしまいます。

そもそも、乳脂肪の「クリーム」で、乳脂肪が脂肪球という小さい粒状の形をとって、乳漿《にゅうしょう》（大部分が水分）に均一に分散しているのは、水と油が直に接しないように、乳化剤と呼ばれる水とも油とも仲がよい物質がまわりを取り囲んでいるからです。

乳脂肪の「クリーム」には天然の乳化剤がもともと含まれていますが、植物性クリームを作る場合は、工業的に数種の乳化剤を加える必要があります。この際、脱脂乳には水溶性の乳化剤と、乳化状態を保つための安定剤を、そして植物性油脂には脂溶性の乳化剤を添加してから、両者を混ぜ合わせます。

また、脱脂乳には、乳脂肪の「クリーム」に近い香りや色を出すために、香料や着色料も加えられます。そして、均質化（ホモジナイズ）、加熱殺菌、冷却、熟成（エイジング）を経て、製品化されます。

参考…233～234頁

生クリームの顕微鏡写真

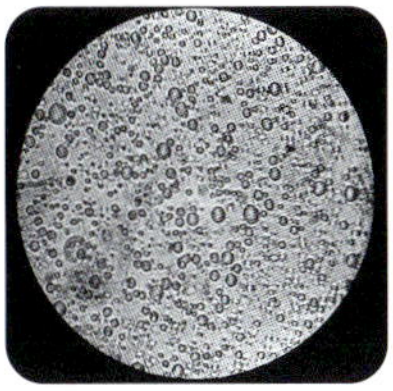

乳脂肪が脂肪球となって水分に分散している。

＊生クリームは濃度が高く、脂肪球が密集して見えにくいため、20倍に希釈し、倍率900倍で撮影した。

写真提供：日本ミルクコミュニティ（株）

生クリームの表示

種類別	クリーム（乳製品）
乳脂肪分	47.0％
原材料名	生乳
内容量	1000ml
賞味期限	上部に記載
保存方法	要冷蔵（3℃～7℃）
製造者	日本ミルクコミュニティ（株）日野工場 東京都日野市日野753番地

乳脂肪の「クリーム」。

名称	乳等を主要原料とする食品
無脂乳固形分	3.5％
植物性脂肪分	40.0％
原材料名	植物油脂、乳製品、乳化剤（大豆由来）、カゼインNa、香料、メタリン酸Na、安定剤（増粘多糖類）、着色料（カロチン）
内容量	1000ml
賞味期限	上部に記載
保存方法	要冷蔵（3℃～10℃）
製造者	日本ミルクコミュニティ（株）豊橋工場 愛知県宝飯郡小坂井町大字伊奈字南山新田350番79

植物性クリーム。

Q 植物性クリームを泡立てると、乳脂肪のクリームよりも分離しにくいのはなぜですか？

A 植物性クリームは、泡立てて使うという目的で作られているからです。

生クリームは、菓子作りで主に泡立てて使われるほか、料理ではソースやスープなどに加える加熱調理に用いられます。とはいえ、日本では圧倒的に菓子作りで用いられることが多いので、植物性クリームは菓子作りに使われることを想定した製品に仕上げています。

つまり、植物性クリームでよく見かける「ホイップ」という表記は、「これはホイップする（泡立てる）のに適する生クリームとして作られています」ということを表わしているのです。

植物性クリームは、乳脂肪の「クリーム」に比べて、ベストの状態に泡立ってから、長い時間泡立ててもなかなか分離しません。つまり、泡立ててから、ケーキの上に塗ったり、絞ったりするときの作業性をよくするために、多少のことでは分離しないように作られているのです。また、泡立て時の温度変化に比較的強いのも特徴です。

乳脂肪の「クリーム」と違って、このように分離しにくいのは、工業的に乳化剤を加えているからです。乳化剤はそれぞれ、クリームの乳化を安定させて保存性をよくする、泡立てた際に空気を安定に取り込む、泡立ちやすくするために適度に乳化を破壊するという特色を持っていますが、それらの乳化剤を数種組み合わせることで、分離しにくい生クリームを作りだしているのです。

その反面、加熱することを重視して作られていないので、熱が加わるとすぐに分離してしまいます。

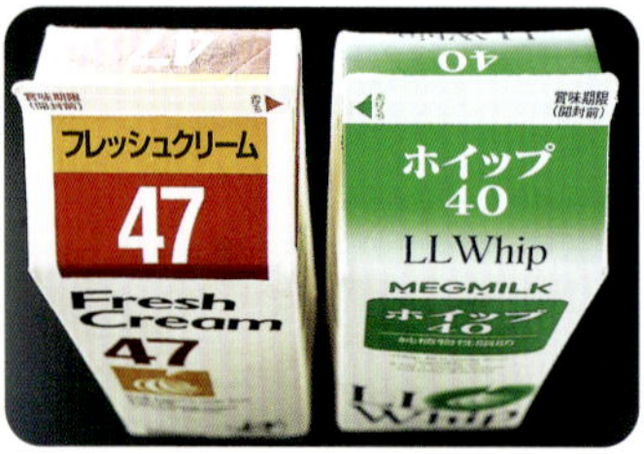

左:乳脂肪の「クリーム」、
右:植物性クリーム。

Q 乳脂肪の生クリームで、品質保持期限が短いものと、長いものがあるのはなぜですか?

A 生乳のみを原料として作られている製品と、それに乳化剤、安定剤を加えた製品があり、後者は品質保持期限が長く設定されているのが特徴です。

乳脂肪の生クリームには、2種類あります。ひとつは、生乳だけでできている種類別が「クリーム」になっているものです。もうひとつは、そのクリームに、乳化剤と安定剤を加えたもので、生乳以外に何かが加われば、クリームとは呼べないという規定から、それは「乳又は乳製品(乳等)を主要原料とする食品」に分類されています。

後者の乳化剤と安定剤は、保存性と作業性を高める目的で加えられています。生クリームは、輸送中に与えられた振動で、乳化状態が壊れやすいデリケートな製品です。もともと天然の乳化剤は含まれていますが、工業的に乳化剤を追加することで、乳化状態が安定した製品を供給することができます。また、安定剤によって、品質保持期限が長くなるという利点もあります。

さらに、乳化が安定すると、泡立て、コーティングや絞り出しなどの操作でも分離しにくく、保形性がよくなって扱いやすくなります。

一般的に、乳化剤や安定剤が加わることで、味が落ちることはないと言われており、それよりも、メーカーごとに原料の生乳や製造法が違うということが味の違いに影響があるようです。

生クリームの種類 表45

	種類別	分類	脂肪の種類	添加物	通称	特徴
A	クリーム(乳製品)		乳脂肪	なし	この2つに限定して「生クリーム」という名称を使う場合もある	生乳中に含まれる乳脂肪を濃縮しただけの純粋なクリーム
B	乳又は乳製品(乳等)を主要原料とする食品	乳脂タイプ	乳脂肪	乳化剤 安定剤		「クリーム」を分離しにくくし、保存性をよくするために、乳化剤・安定剤を加えたもの
C		植脂タイプ	植物性脂肪	乳化剤 安定剤	植物性クリーム	脂肪分が植物性油脂のみから作られたもの
D		混脂タイプ	乳脂肪 植物性脂肪	乳化剤 安定剤	コンパウンドクリーム	脂肪分が乳脂肪、植物性脂肪から作られたもの

＊主に業務用として、乳脂肪と植物性脂肪を混ぜたコンパウンドクリームと呼ばれる混脂タイプの生クリームも使われている。

Q 生クリームは製品によって、色が違うのはなぜですか?

A 乳脂肪からできている生クリームは、メーカーが同一ならば、濃度が高くなるほど黄色みが増します。ちなみに植物性クリームは真っ白です。

生クリームの色は、脂肪で決まります。

植物性クリームが純白なのは、植物性油脂にもともと色がついていないからです。

乳脂肪からできている生クリームは、やや黄色みがかっています。それは飼料の牧草に含まれる、カロテノイド色素（黄色〜オレンジを呈する）の色です。カロテノイド色素は脂溶性なので、牛の体内に取り込まれたときに乳脂肪に溶け込むからです。つぎの条件が加わると、さらに黄色みが強くなります。

①濃度

濃度が高いほど黄色みが強くなります。乳脂肪の量が多くなり、それだけカロテノイド色素も多く含まれるためです。

②季節

夏は冬よりも黄色みが強くなります。飼料が青々とした牧草で、カロテノイド色素が多いからです。

③集乳地域・メーカー

②と同様の理由で、放牧地帯で青草を飼料としている地域の牛から原料乳を取っている場合は、黄色みが強くなります。北海道産のものは一般的に黄色みが強いと言われますが、メーカーによっても異なります。

生クリームを泡立てる（起泡性）　Q&A

Q 生クリームはなぜ泡立つのですか?

A 脂肪球同士がつながって、空気（気泡）を取り囲むためです。

生クリームが泡立つ過程　表46

A　泡立て前

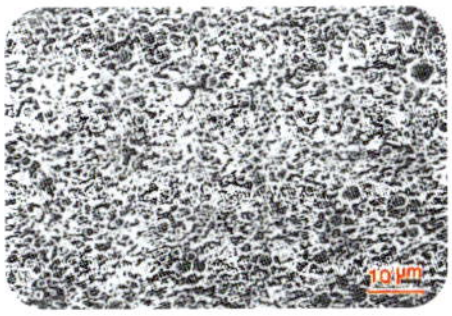

水分に脂肪球が均一に分散している

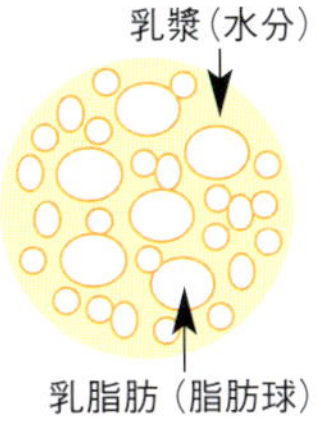

B　泡立て初期

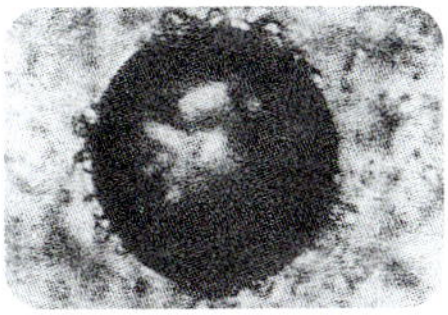

C　泡立て中期

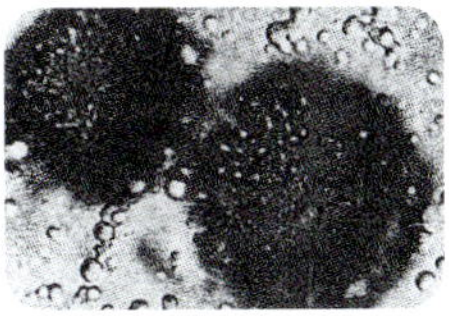

D　泡立て終了

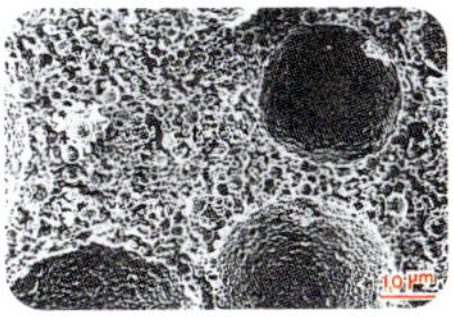

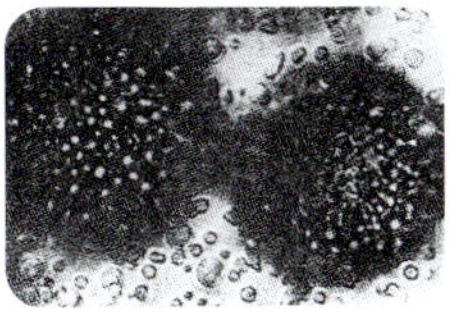

左列顕微鏡写真：野田正幸『Milk Science48』1999.171頁
右列顕微鏡写真：高橋康之,吉田利郎『食品用乳化剤と乳化技術』衛生技術会1979

生クリームは、水分の中に、乳脂肪が脂肪球という小さい粒状の形をとって分散しています。いわば、水の中に油が分離せずに混ざっている状態で、これを「乳化」と言います。

この脂肪球は、脂肪球膜に包まれていて、この膜の乳脂肪と接している側は、油や空気と仲がよい（疎水性）物質を、脂肪球膜の表面上には、水と仲がよい（親水性）物質を配しているため、脂肪球は油であっても、水の中にうまく分散できているのです。

生クリームは保存性をよくしたり、液状のまま使うときのために、乳化が安定するように作られています。しかし、生クリームを泡立てるという作業は、それとは正反対で、混ぜるという物理的な力を加えて乳化を壊すという「解乳化」に当たるのです。

まず泡立て器で混ぜると、空気が生クリームの中に細かい気泡の形で入り込みます。この気泡の表面に脂肪球膜の表面上にあるタンパク質などが吸着されて、空気によって変性し、脂肪球膜が壊れ始めます。そして、攪拌によって脂肪球同士がぶつかり、ついにはその衝撃で脂肪球膜が壊れて、脂肪球膜の表面に部分的に疎水性の領域が出てきます。その疎水性の領域が空気と結びつこうとして、脂肪球は気泡のまわりに集合します（表46写真B）。そして、脂肪球同士がぶつかって次々とつながり、それが気泡と気泡の間に網目構造を作り、泡立てられたクリームにかたさを与えるのです（表46写真C、D）。

Q 生クリームを泡立てると、黄色みを帯びるのはなぜですか？

A 生クリームの脂肪球を取り囲む膜が壊れて、乳脂肪の本来の色があらわれてきたからです。

生クリームが泡立つにつれて黄色みを帯びてくるのは、泡立つことによって脂肪球を取り囲む脂肪球膜が壊れて、乳脂肪の本来の黄色みがかった色があらわれるからです。前にもお話したように、乳脂肪の色は、飼料の牧草に含まれるカロテノイド色素によるものです。

特に、生クリームの分離によって脂肪球が融合し、バターとなったときには、はっきりと黄色に見えます。

そもそも、乳脂肪が含まれているのに、生クリームや牛乳が白く見えるのは、脂肪球と、タンパク質のカゼイン（カゼインミセル）が、微粒子となって水分の中に分散し、それが光を乱反射するからです。物体は、光をすべて通すものは透明に、すべて吸収するものは黒色に、そしてすべて乱反射するものは白く見えるのです。

その他　Q&A

Q　生クリームに酸味の強いフルーツのピュレを混ぜると分離してしまうのはなぜですか?

A　生クリームのタンパク質が酸によって固まったためです。

フルーツのムースを作るとき、生クリームと酸味の強いフルーツのピュレを合わせると、分離することがあります。それは、生クリームに含まれるタンパク質が、フルーツの酸によって固まったためです（タンパク質の酸変性）。

生クリームに強い酸性のものを混ぜる場合は、通常より少し弱く泡立てて混ぜ合わせると、分離しにくくなります。

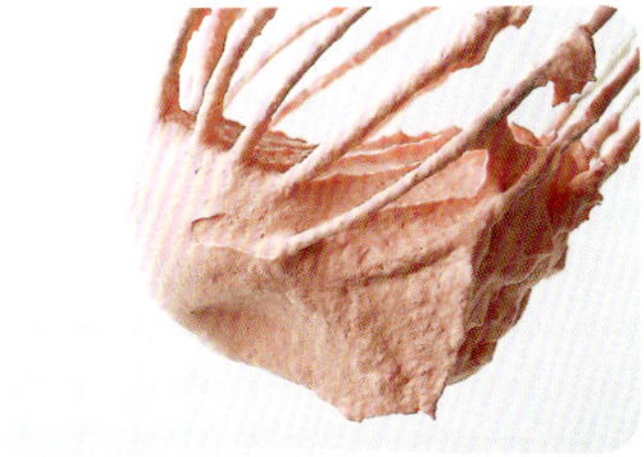

フルーツの酸によって分離したクリーム。

Q　カプチーノの牛乳はどうして泡立つのですか?

A　牛乳は60℃に温めてから泡立てると、泡立ちます。

牛乳は生クリームと違って、普通に泡立てても泡立ちません。生クリームは脂肪球が衝突してつながることによって泡立ちますが、牛乳は脂肪分が少ないので同じようには泡立たないのです。

では、カプチーノの牛乳の泡（ミルクフォーム）はなぜできるのでしょうか。

それは、牛乳を約60℃で温めたのちに泡立てているからです。牛乳を60℃に温めると、脂肪球が集まって合体して上昇していきます。脂肪球が大きくなると、浮力を受けて浮きやすくなるからです。そして、生クリームのように脂肪分が多くなった上の層のみが、生クリームと同じ原理で泡立ちます。また、ホエータンパク質が熱によって固まり始め（タンパク質の熱変性）、それが安定した泡の形成を促すと言われています。

なお、下の層には泡立たなかった牛乳が残ります。また、乳脂肪分が高い牛乳ほど泡ができやすくなります。

温めた牛乳が泡立つ様子

＊ミルク専用の電動泡立て器で泡立てると、きめ細かく泡立てることができる。

牛乳の温度の違いによる泡立ちの違い

左：冷たい牛乳を泡立てたもの、右：60℃の牛乳を泡立てたもの。冷たい牛乳は泡立たない。

CHAPTER 5

お菓子作りの素材を識る

バター

パウンドケーキやマドレーヌなどの焼き菓子をオーブンで焼いているとき、バターの芳醇な香りが部屋中に広がります。

バターの醍醐味は、そのコクのある深い味わいと香りでしょう。バターたっぷりのお菓子を作るときは、おいしいバターを選びたいものです。フランスでは日本と違って、発酵バターが主流で、このバターを使うとコクと香りが一層引き立つと言われています。

そして、味や香り以外に、バターは生地の食感、質感を作りだすのにも重要なはたらきをしています。それは、温度によってかたさが変わり、その時々で、可塑性、ショートニング性、クリーミング性を発揮して、お菓子の仕上がりに大きな影響を与えるという点です。

この章では、主に生地の食感を支配するバターのはたらきを解説し、その性質を効果的に発揮するためのバターの扱い方をご紹介します。

バターの種類　Q&A

Q　バターには食塩が加えられている有塩(加塩)のタイプと、無塩(食塩不使用)のタイプがありますが、お菓子作りにはどちらが適していますか?

A　通常、無塩(食塩不使用)のバターを使います。

日本では食塩が入った有塩（加塩）タイプのバターが主流です。保存性を高めるため、そしてそのままパンに塗る際の風味を高めるために、食塩が1.5%程度加えられています。

しかし、お菓子作りに有塩バターを用いると、塩味がついてしまうので、一般的には無塩（食塩不使用）のタイプを使います。

限られてはいますが、お菓子によっては有塩のバターを使う場合もあります（→24頁）。

Q　発酵バターで焼き菓子を作ると、風味が出るのはなぜ?

A　原料のクリームを乳酸菌で発酵させることによって、無発酵のバターにはない香りとうまみが生まれるからです。

バターの香りに関わる成分は数百種とも言われており、加熱するとふわっと香る、ほかの油脂製品にはない芳しい香りが、お菓子においしさを与えます。

発酵バターはクリームを乳酸菌の力で発酵させてからバターを作るので、無発酵のバターにはない香りとうまみが生まれます。

生乳に含まれていた成分である糖質からは、発酵によって乳酸ができてさわやかな酸味となったり、タンパク質が分解されてできるアミノ酸はうまみとなったり、糖質やクエン酸から発酵バターに独特の香り成分が生みだされたりと、乳酸発酵によってさまざまな物質に変化して風味が増すのです。

バターを使う焼き菓子などで、風味に深みがほしいときなどは、発酵バターを用いるとより一層風味が強くなり、個性を出すことができます。

Q 生クリームからバターができるって本当ですか?

A 生クリームの乳脂肪が集まってかたまりとなり、水分が分離します。脂肪分のかたまりは、バターになります。

生クリームは脂肪球がつながって泡立っていきますが、よい状態を過ぎてもなお泡立て続けると、最終的に脂肪球が融合してかたまりとなり、水分が分離します。その乳脂肪のかたまりを集めたものがバターです。

工業的な製法では、クリームを殺菌、冷却、熟成（エージング）のあとに、攪拌（チャーニング）してバター粒を形成させてから、水洗、練る（ワーキング）の流れで加工を行います。

参考…277～278頁

生クリームからバターができるまで

1　生クリームを泡立てる。

2　分離が始まる。

3　離水してバターとなる。

Q バターには脂肪だけでなく、水分が含まれているのですか?

A 成分規格では、乳脂肪80%以上、水分17%以下と定められているように、水分は含まれています。

バターは生クリームの脂肪球を融合させて、バター粒を取り出して練ったものです。このとき、水分は完全に分離されて乳脂肪のかたまりになるのではなく、バターの中にはまだ水分が残っていて、成分規格では水分は17%以下と定められています。その水分は乳脂肪の中で、油中水滴型の乳化の構造をとって均一に混ざり合っています。

バターに水分が含まれているというのは、鍋に入れて火にかけるとよくわかります。バターが溶けてから、泡が出てきてぱちぱちと音がするのは、バターから水分が蒸発している証拠です。

菓子の配合を考えるときに、バターの16%程度は水分であると知っておくことが大切です。

STEP UP 低水分バターとは?

一般のバターは水分が16%程度ですが、製菓用として水分が14%前後に抑えられた低水分バターがあります。低水分バターはのびがよく、折り込みパイ生地などに使用すると作業性がよくなります。

バターの加熱　Q&A

Q　フィナンシェを作るときに焦がしバターを使いますが、なぜ焦がすのですか?　また、どうして焦げるのですか?

A　バターに含まれるタンパク質や糖質が加熱されて、茶色くなると同時にこうばしい香りも生みだされ、それがフィナンシェにこうばしさを与えるからです。

焦がしバターは、その色からブール・ノワゼット（beurre noisette＝ハシバミ色に色づきかけたバター）と呼ばれています。バターの加熱によって生じるこうばしい風味を表現したい場合に用います。これを利用した代表的な焼き菓子と言えば、フィナンシェです。

ブール・ノワゼットは、鍋にバターを入れて火にかけて混ぜながら加熱し、茶色く焦がして作ります。そのまま使うこともできますが、細かい焦げが点在するので、気になる場合は漉してから使うといいでしょう。

バターを加熱するとこのように焦げるのは、バターに含まれるタンパク質やアミノ酸と還元糖（糖質）がアミノ−カルボニル（メイラード）反応を起こすことによって、メラノイジンという茶色の物質ができるからです。また、同時にこうばしい香りも発生します。

これはバターの色も香りも大きく変化させてしまう反応ですが、その立役者のタンパク質は、バター全体の約0.6%、糖質にいたっては約0.2%しか含まれていません。ほんの少量でもこの反応は起こるのです。

お菓子やパンが焼けたときの、焼き色やこうばしい香りも、この反応に由来しています。

参考…266頁

ブール・ノワゼットの作り方

1　バターを加熱する。

2　茶色く焦がす。

3　漉して使ってもよい。

Q 澄ましバターはどのような場合に使うといいですか?

A 焼き色をつけたくない場合に適しています。

澄ましバター（ブール・クラリフィエ beurre clarifié）とは、溶かしたバターをそのまま置いて、乳漿《にゅうしょう》（水分、タンパク質、糖質など）が沈殿したら、液面にあるアクを除いてから、黄色い層の油脂だけを静かにすくって取り出したものです。

加熱して生じる焦げの原因となるタンパク質や糖質が取り除かれているので、バターの風味は欲しいけれども焼き色をつけたくないという場合に使われます。

とはいえ、乳漿に含まれる水分以外の微量な成分にこそ、バターのうまみや香りの一部が含まれているとも言えるので、そのことを考慮した上で用いてください。

溶かしバター

Q 一度溶けたバターは、冷蔵庫に入れて冷やし固めると、ざらざらとしてもとのなめらかさがなくなるのはなぜ?

A バターの結晶構造が変わってしまうからです。

冷蔵庫で冷やしていたバターを温かい場所に置くと溶けてくるのは、バターに含まれる固体脂と液体脂のバランスによって起こります。

低温では固体脂が大半を占め、温度を上げると液体脂が増加します。

固体脂がほとんどを占めているときは、β´型という分子が緻密に充填された結晶型で安定しています。それが、ひとたび溶けて液体脂が多くなると、たとえ冷蔵庫に入れて凝固させても、α型という分子の充填状態がゆるい結晶型に変わって不安定になり、結晶型が崩れてしまっているのでβ´型には戻らずに、ざらざらとしてなめらかさがなくなるのです。

質感が変わるだけでなく、クリーミング性やショートニング性、可塑性も失われてしまいます。

参考…107〜108頁

バターのクリーミング性　Q&A

Q　バター生地を作るときに、バターに砂糖を加えてよく混ぜるのはなぜ?

A　バターに空気を取り込むためです。

バターをクリーム状にしてよく混ぜたときに、空気を抱き込む性質を「クリーミング性」と言います。バターはもともと黄色ですが、空気をたくさん取り込むと、白っぽくなります。

バター生地は、最初にバターに砂糖を加えてよく混ぜ、この性質によって空気を取り込み、オーブンで焼いたときにその空気が熱膨張してふくらみます。

バターをクリーム状のかたさに調整したときに、この性質を発揮するので、やわらかくし過ぎないように気をつけます。

参考…107頁

バターのクリーミング性

1　バターはクリーム状のかたさに戻す。バターの色は黄色。

2　砂糖を加えて泡立て器でよく混ぜる。

3　空気を含んで白っぽくなったバター。

バターのショートニング性　Q&A

**Q　タルト生地やクッキーを作るとき、
作業中に生地がやわらかくなるといけないのはなぜ?**

**A　生地がやわらかくなると作業しにくいだけでなく、
さくさく感が失われてしまうからです。**

タルト生地やクッキーは、口の中でもろく砕ける食感が身上です。そのさくさく感を作りだしているのは、バターの「ショートニング性」という性質です。

クリーム状のかたさに調整したバターが、生地中に薄いフィルム状になって分散して、グルテンをできにくくしたり、デンプンが結着するのをふせぐことによって、さくさく感が出ます。

バターがこの性質を発揮するには、生地中でフィルム状に散らばることができるかたさでなければならないので、手で押しつぶせるくらいの固形からクリーム状にかたさを調整します。

参考…119～121頁／136頁

生地に適したバターのかたさ

やわらかめ ↑↓ かため

タルト生地（クレメ法）

タルト生地（サブラージュ法）

パイ生地（フィユタージュ・ラピッド）

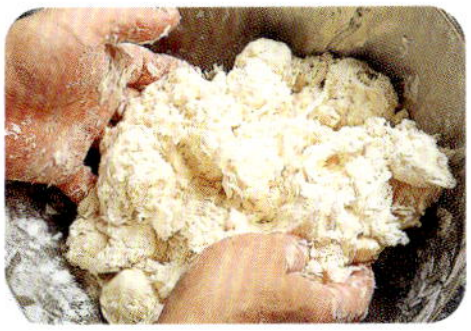

バターの可塑性　Q&A

Q　折り込みパイ生地で、バターが粘土のように麺棒でのびるのはなぜですか?

A　バターには可塑性という性質があるからです。

折り込みパイ生地は、小麦粉の生地（デトランプ）でバターを包み、それをのばしては折りたたみながら、何百にもおよぶ層を作りあげます。デトランプとバターがほぼ同じのび方をしなければ、途中でちぎれてしまうので層にはなりません。

バターは冷蔵庫から出したばかりのときは、かたくて指で押しても形が変わりませんが、常温に戻してしばらくすると、粘土のように指で押すとへこんだり、手で自由に形作ることができるようになります。この性質を「可塑性」と言い、13〜18℃の限られた温度帯でこの性質を生かすことができます。そして、折り込みパイ生地では、少しかためのかたさに調整して薄く板状にのばしていきます。

バターのメーカーや種類によって、可塑性の温度には若干の違いがありますが、折り込みパイ生地を作る場合は、冷蔵庫から出したてのバターをたたいてかたさと形を整えて10℃前後でバターを調整し、13℃前後で折り込み作業を行うと、この性質を生かしてのばすことができます。

バターが溶けると可塑性が失われてしまうので、パイ生地をのばしている間は、常にこの温度に保つことが必要です。

折り込みパイ生地のバター

バターのかたまりを麺棒でたたいて可塑性のよいかたさに調整する。

なめらかな平らな形に整える。

CHAPTER 6

お菓子作りの素材を識る

膨張剤・凝固剤
香料・着色料

膨張剤、凝固剤、香料、着色料は、少量添加するだけですが、お菓子の性状をよりよくするために役立つ材料です。

膨張剤は、焼き菓子などの生地のふくらみを助けます。マドレーヌに加えるベーキングパウダーが、その例です。

ゼリー、ムース、バヴァロワなどを固めているのは、ゼラチンです。凝固剤は、フランス菓子で主に用いるゼラチンをはじめ、寒天、カラギーナンなどがあり、固まったときの弾力や口溶けなどの性質が異なるため、それぞれの個性を生かしたゼリーを作ることができます。

そして、フランス菓子の香りの主役は、甘い香りが魅力のバニラです。バニラの香りは卵や牛乳と相性がよく、カスタードクリーム、プリン、アイスクリームなどには欠かせません。

また、お菓子を華やかに彩る目的で使われるのが、着色料です。カラフルな色素が夢のあるデコレーションを生みだします。

Poudre à lever
Gélifiant
Aromate
Colorant

膨張剤　Q&A

Q　重曹とベーキングパウダーは、どちらも加熱によって生地をふくらませますが、両者はどのように違うのですか？

A　ベーキングパウダーは、重曹をもとに改良を加えて作られたものです。

重曹やベーキングパウダーを加えた生地が、加熱によってふくらむのは、炭酸水素ナトリウムという成分が生地中の水に溶けて、加熱によって化学反応を起こして分解し、炭酸ガス（二酸化炭素）を発生させるからです。

重曹は炭酸水素ナトリウムのみでできていますが、それだけでは不完全にしか分解されず、炭酸ガスの発生率が低くなります。この分解でできた炭酸ナトリウムがアルカリ性であるがゆえに、生地に苦みを与えます。

また、アルカリ性の炭酸ナトリウムができると、生地が黄色みを帯びます。小麦粉中のフラボノイド色素は中性では無色ですが、アルカリ性では黄色になるからです。これによってチョコレートやココア入りの生地はかえって茶色に深みが出ますが、白く仕上げたい生地には適していません。

この重曹の短所を改良したものが、ベーキングパウダーです。ベーキングパウダーには、酸性剤と呼ばれる成分が数種類加えられていて、炭酸水素ナトリウムを完全に分解させ、炭酸ガスの発生を促進する工夫がされています。

ベーキングパウダーは、製品によって多少違いがありますが、炭酸水素ナトリウム、酸性剤がそれぞれ約30%ずつ含まれ、残りがコーンスターチです。

コーンスターチは、炭酸水素ナトリウムと酸性剤が保存中に触れ合って反応しないように、両者の接触をふせぐための遮断剤として入れられています。

重曹とベーキングパウダーの性質の違い　表47

	重曹	ベーキングパウダー
組成	炭酸水素ナトリウム	炭酸水素ナトリウム＋酸性剤＋遮断剤
反応の過程	$2NaHCO_3 \xrightarrow[\text{水}]{\text{加熱}} Na_2CO_3 + H_2O + CO_2$ （炭酸水素ナトリウム）（炭酸ナトリウム）（水）（炭酸ガス） 炭酸ガス1分子を発生させるのに、炭酸水素ナトリウムは2分子必要	$NaHCO_3 + HX \xrightarrow[\text{水}]{\text{加熱}} NaX + H_2O + CO_2$ （炭酸水素ナトリウム）（酸性剤）（中性塩）（水）（炭酸ガス） 炭酸ガス1分子を発生させるのに、炭酸水素ナトリウムは1分子でよい
反応の特徴	炭酸ナトリウムが発生し、生地に苦みを与え、生地の仕上がりを黄色っぽくする	アルカリ性である炭酸ナトリウムが発生しないように、酸性剤を加えて、重曹の問題点（苦み、着色）を改良している

Q 焼き菓子専用のベーキングパウダーを使うと焼き菓子がよくふくらむというのは本当ですか?

A 高温でガスが多く発生するように作られているので、ふくらみがよく、焼き色がきれいにつくように調合されています。

ベーキングパウダーは、一般にはオールマイティーに使えるものが出回っていますが、それ以外に、焼き菓子用、蒸し菓子用と用途が限定されたものもあります。これらは、何℃くらいで生地をよくふくらませることができるのかで区別されています。

焼き菓子用として用途が特化されているものは、高温の温度帯で炭酸ガスが最も発生するように調整されており、遅効型と言われます。

逆に蒸し菓子用の場合は、蒸し器の中が100℃以上になることがないので、それ以下の温度で、炭酸ガスが効率よく発生するように工夫されており、速効型と言われています。

一般に販売されているオールマイティーな持続型は、低温から高温まで、長く持続して炭酸ガスを発生できるのが特徴で、さまざまなお菓子に幅広く使えます。

このように炭酸ガスが発生する温度帯で特色を出すことができるのは、ガス発生を促す酸性剤の成分を製品によって変えているからです。

酸性剤の成分としてはいくつかあげられますが、それぞれ何℃で炭酸水素ナトリウムに作用して炭酸ガスの発生を促すのかが異なります。どのベーキングパウダーも、目的に合った温度帯で生地が徐々にふくらむように、それに適した酸性剤の成分を数種類組み合わせ、生地の温度が上昇するのにともなって、順々に酸性剤が作用して、ガスが持続的に発生するように工夫されています。

ただし遅効型のベーキングパウダーが焼き菓子用として売られていても、どの焼き菓子にも適するというのではありません。マドレーヌのように、短時間で焼きあげて最後に一気にふくらませて割れ目を入れたいときには遅効型が適していますが、パウンドケーキのように比較的長い時間かけて焼きあげるお菓子では、持続型のベーキングパウダーのほうが適しています。

主な酸性剤の種類とその性質 表48

<table>
<tr><th>酸性剤の成分</th><th>性質</th></tr>
<tr><td>酒石酸</td><td rowspan="3">速効性</td></tr>
<tr><td>酒石英</td></tr>
<tr><td>フマル酸</td></tr>
<tr><td>リン酸一カルシウム</td><td rowspan="2">中間性</td></tr>
<tr><td>リン酸二水素ナトリウム</td></tr>
<tr><td>焼きミョウバン</td><td>遅効性</td></tr>
</table>

資料提供:オリエンタル酵母工業株式会社

Q ベーキングパウダーを加えた生地をしばらく置くと、表面に気泡が浮いてくるのはなぜですか?

A ベーキングパウダーが常温で反応して、ガスを発生させたためです。

マドレーヌなどのベーキングパウダーを加えた生地をボウルに入れて常温でしばらく置いておくと、表面に気泡が浮いてくることがあります。これは、一般に売られている持続型のベーキングパウダーを使った場合に起こりやすい現象です。

この種のベーキングパウダーには、常温でもガスを発生させる酸性剤の成分が含まれており、生地を作って常温に置いておくだけでも、徐々にガスが発生してくるのです。遅効型のベーキングパウダーを使った場合は、この現象は起こりにくくなります。

Q ベーキングパウダーを入れたのですが、よくふくらみません。どうしてでしょう?

A ベーキングパウダーが古かったのかもしれません。開封後時間が経ったものは、熱湯に入れてチェックしてから使いましょう。

ベーキングパウダーは古くなると、ふくらませる能力が落ちてきます。開封後長く保存すると、炭酸水素ナトリウムと酸性剤の成分が、常温で徐々に反応してしまうからです。湿気を吸収して固まっている場合は、まず効力はないでしょう。

試しに、熱湯にベーキングパウダーをひとつまみ入れてみて、瞬間的にしゅわっと泡が出れば使えます。簡単なチェック方法ではありますが、加熱したときに、炭酸ガスが発生するかをこれで確かめることができます。

ベーキングパウダーは温度や水分で反応するので、開封後は密封し、高温多湿を避けて冷暗所で保存します。

凝固剤 Q&A

Q ムース、バヴァロワを固めるのにゼラチンを使うのはなぜですか？

A ゼラチンは口の中の温度で溶けるので、口溶けがよいからです。

ムース、バヴァロワ、マシュマロなど、凝固剤で固めるフランス菓子には、伝統的にゼラチンが使われてきました。

ゼラチンは、やわらかく固めてぷるんとした口当たりのよさを作りだし、口に含むとすっと溶けていきます。

日本では、昔から凝固剤として寒天も使われてきましたが、ゼラチンで作ったお菓子の口溶けのよさは、寒天では出せません。ゼラチンは20〜30℃で溶け始めるので、口の中の温度で十分溶けるからです。

一方、寒天は約85℃以上で溶けるので、ゼリーに使うと、歯切れのよいかたさに仕上がります。

Q ゼラチンには板状、粉末状のものがありますが、使いやすいのはどちらですか？

A それぞれに利点があり、使いやすい点が異なるので、それを理解した上で使用しましょう。

板ゼラチンと粉ゼラチンでは扱い方に違いがありますが、成分の違いはありません。

ゼラチンの製造は板ゼラチンから始まったと言われています。のちにゼラチンが食品以外にも医薬用や写真用として利用されるようになり、粉末状であればニーズに合わせてブレンドできるというメリットから、粉ゼラチンが作りだされました。

フランスのお菓子屋さんでは、一般的に板ゼラチンが使用されています。日本でもこちらを使用する店が多いようです。

1　板状のゼラチン

板ゼラチンは、1枚の重さが一定なので（1枚2〜10g程度で、メーカーや製品ごとにその重量が決められて製造される）、計量する手間がかかりません。また、水で戻す時間が粉ゼラチンよりも比較的短くてすむという利点もあります。

板ゼラチンを戻すときには、冷水につけて、やわらかくなったら水気を絞って使うのですが、厳密に言えば、この方法ではゼラチンの吸水量が一定でないという欠点もあります。つまり、ゼラチンがどのくらいやわらかくなるまで戻すかという戻し具合や、水気の絞り具合によっても、ゼラチンに含まれる水の量が変わり、お菓子にしたときに固まり方にばらつきが出てしまう可能性もあるのです。

常に吸水量を一定にするには、その板ゼラチンを戻したときの重量を測って値を決めておき、常にその値になるように、不足した水分量を補ったり、水気をもっと絞ったりして調整するとよいでしょう。

2　粉状のゼラチン

粉ゼラチンは、分量を測り、その重量の4〜5倍の水を計量して加えて戻し、湯せんで溶かしてから使用します。戻す水の分量を測るので、お菓子の固まり方はいつも一定になります。

さらに、戻す手間を省き、ベースの液体（40℃以上）にそのまま加えて溶かすことのできる顆粒状のゼラチンも開発されました。戻す必要がない利点はありますが、水で戻すタイプに比べてベースの液体にやや溶けにくいことがあります。

結論としては、上記にあげた利点や短所をふまえて、作業環境や好みによって選ぶようにするとよいでしょう。

Q　板ゼラチンを戻すときに、水が冷たくないといけないのはなぜですか？

A　水がぬるいとゼラチンが溶け出すからです。

板ゼラチンを戻すときには、冷水か氷水につけて戻します。水がぬるいと、ゼラチンが戻る間に、水にいくらか溶けてしまうからです。ゼラチンは、10℃以下の冷水には溶け出すことがなく、必要以上の水を吸収することもないので、全体を同じやわらかさに戻すことができます。

冷水はたっぷりの量が必要です。少ない水で戻すと、板ゼラチン同士がくっついてしまい、その部分が吸水しにくくなり、戻すのにも、溶かすのにも時間がかかってしまいます。そのため、たっぷりの冷水の中に、1枚ずつ入れて十分に戻します。

また、ゼラチンには独特のにおいがあるので、水をたっぷり使うと、においが水の中に溶け出していって弱まります。

Q レシピ通りに分量のゼラチンを入れたのに、ゼリーが固まらないのはなぜですか?

A 高温で加熱したり、酸味の強いフルーツの果汁やピュレを加えると、固まりにくくなります。

分量通りのゼラチンを加えて冷やしたのに、ゼリーが固まらないときは、ゼラチンを入れてから高温で加熱したり、酸味の強いフルーツの果汁やピュレを加えたことが原因となっている可能性が考えられます。

ゼラチンは高温で煮沸させると、分解されて固まりにくくなります。粉ゼラチンをふやかしてから湯せんするときの温度は50～60℃に、ゼラチンを加えるベースの液体の温度も60～70℃程度にして、それ以上温度が高くならないように気をつけます。

そのほか、ゼラチンは強い酸にも弱く、およそpH4以下の酸性になると分解されて固まりにくくなります。そのときにベースの温度が高いとさらに凝固力が弱まります。そのため、酸味の強いフルーツの果汁やピュレを加える場合は、ゼラチンをベースの液体に溶かして粗熱をとってから加えるようにします。

Q ゼリーの砂糖を減らすと、離水したり固まり方がゆるくなるのはなぜですか?

A ゼリーの中で砂糖は水を吸着して保持するので、砂糖の分量を減らすことで、ゼリーの構造から水が外へ出ていったためです。

ゼラチンなどの凝固剤をベースとなる液体に溶かし、ゼリー液にして固めたものがゼリーです。これらの凝固剤は固まるときに、網目構造を作り、その網目の中に水を抱え込むので、ゼリー液全体は流動性を失い、弾力が出ます。砂糖は水に溶けて分散して、網目構造の中で水を吸着して保持し、網目から水が外に出ていかないように食い止める役割を果たします。そのため、砂糖の配合量を減らすと、ゼリー液に流動性が出て、固まり方がゆるくなります。

また、ゼリーは作ってから時間が経つと、離水を起こすことがあります。ゼラチンなどの凝固剤の網目構造は、時間の経過にともなって収縮するため、網目のすき間が小さくなって水が押し出されて、離水するのです。

もし、砂糖の配合量が少ないと、網目構造の間に水を保持できなくなり、さらに離水が進みます。また寒天はゼラチンに比べて離水を起こしやすいので、甘さを控えたゼリーを作るときには、気をつけなければなりません。

これとは逆に、砂糖の配合量を増やすほどゼリーはかたくなり、離水しにくくなるとも言えます。

参考 …254頁

Q ゼリーを作るときに必要なゼラチンの量はどのくらいですか?

A 通常は液体量の約2.5%が目安になります。

ゼリーを作るときに必要なゼラチンの量は、ゼリーをどのくらいのかたさに固めたいか（ゼリー強度）、使用する砂糖の量、フルーツの酸味の有無などの条件によっても変わりますが、通常のゼリー型で作る場合は、液体量の約2.5%を目安とします。また型の高さが高くなれば、少し分量を増やします。

容器に入れた状態で提供する場合は、型から抜くときのような保形性を必要としないので、口溶けがいいようにゼラチンの量を少し減らして作ってもいいでしょう。

Q ゼリー強度とは何ですか?

A ゼラチンの固まり方の強さを表わす指標です。

ゼリー強度とは、ゼラチンの固まり方の強さを表わす数値で、単位はグラム（g）、またはブルーム（bloom）で表わします。数値が大きいほどかたく固まることを示しています。

製菓用では150〜350ブルーム程度のものが使用され、料理やお菓子の本などに書かれているゼラチンでは200ブルーム前後です。

ゼリー強度が高いゼラチンを使うと、固めるのに必要なゼラチンの量が減るので、ゼラチン独特のにおいを抑えられたり、透明感が失われないといった利点があります。

*ゼリー強度の測定方法:6.67%のゼラチン溶液を、規定の容器に入れて10℃で17時間冷却して調製したゼリーの表面を、2分の1インチ(12.7mm)径のプランジャーで 4mm押し下げるのに必要な荷重(g)を測定し、その値をゼリー強度とする。測定の単位はグラムであるが、この測定方法をブルーム法と呼ぶため、ブルームという単位で表現されることもある。

Q キウイで作ったゼリーが固まらないのはなぜですか?

A キウイには、ゼラチンの成分を分解する酵素が含まれているからです。

ゼラチンは、豚の皮や骨を原料として作られるタンパク質でできた凝固剤です。

ゼリーのぷるんとした食感は、ゼラチンを溶かしたゼリー液を冷やし固めたときに、ゼラチン分子が網目構造を作り、その網目の中に水が抱え込まれ、ゼリー液全体が流動性を失って固まることで生まれます。

このゼラチンを用いて、キウイのゼリーを作ったら固まらなかったという話を耳にすることがあります。これはキウイに原因があります。

キウイは、外敵（虫）がキウイのおいしい果実を食べようと侵入してきたときに、自分の身を守る目的で、虫のからだを溶かすためのタンパク質分解酵素を持っていると言われています。

ゼラチンもタンパク質が主成分なので、キウイのタンパク質分解酵素が、ゼリーを固めているゼラチンの網目構造を壊してしまうために、ゼリーが固まらなくなってしまうのです。

また固まりにくくなる度合いは、キウイの切り方にも関係します。キウイは細胞内にタンパク質分解酵素を持っているので、キウイをピュレに近い状態にまで細かくしてからゼリー液に混ぜ込むほど、タンパク質分解酵素がゼリー液に広がって固まりにくくなります。

この分解酵素の力は強く、ゼラチンを使って固めたゼリーの上に、キウイをスライスして飾っただけでも、キウイがゼリーと接している部分から溶けてきます。

では、どうしたらゼリーにキウイを入れることができるのでしょうか。タンパク質分解酵素は、75℃くらいに熱せられるとそのはたらきが失われます。ですから、キウイなどタンパク質分解酵素を多く含むフルーツ（パイナップル、マンゴ、パパイヤ、イチジクなど）を使う場合は、加熱処理されたものを使用するといいでしょう。

Q カラギーナンとは何ですか?

A ゼラチンや寒天のような凝固剤のひとつで、固まったときに透明度が高いのが利点です。

ゼラチンや寒天と同じように固まる、白っぽい粉末状の凝固剤で、お菓子では主にゼリーに使用します。寒天と同様に海藻が原料ですが、寒天にはテングサ科やオゴノリ科の海藻などが使われ、カラギーナンはスギノリ科の海藻などから作られています。

ゼラチンは冷やさないと固まりませんが、寒天やカラギーナンは常温でも固まり、常温で溶け出すことがなく、その形を保つことができます。
特に、カラギーナンの種類によっては、ゼリー液にカリウム、カルシウムなどのミネラルや、牛乳のタンパク質（カゼイン）が含まれていると急激にどろっと固まるというユニークな性質があります。口溶けはゼラチンほどよくはありませんが、寒天よりはよいと言えます。
カラギーナンで作ったゼリーはクリアなので、フルーツのゼリーなどできれいな色が表現できることが特徴です。また、ゼラチンや寒天のような独特のにおいがなく、ピュアな風味を表現することができます。

Q　カラギーナンと書かれていても、製品によって固まり方が違うようですがなぜですか？

A　カラギーナンには3種類の性質が違う成分があり、その組み合わせによってさまざまな固まり方をする製品が作られています。

カラギーナンがゼラチンや寒天と大きく違う点は、いろいろな固まり方をする製品があるということです。
なぜなら、カラギーナンには、カッパ（κ）型、イオタ（ι）型、ラムダ（λ）型という3種類の性質が異なる成分があって、その組み合わせや比率を調節して製品化することができるので、メーカーごとに特徴を出したさまざまな製品が作られているのです。
一般にゼリーを固める凝固剤として使用比率が多いのは、かたいゼリー状に固まる性質があるカッパ型です。ただ、カッパ型だけでは固まり方がもろいので、ローカストビーンガム、グルコマンナンなどのガム類を併用することで、弾力がある食感を作りだすことができます。
また、すでにお話したように、カリウム、カルシウムなどのミネラルによって固まりやすいので、製造するときにこれらのミネラルを調整してかたさを自在に決めることもできますし、牛乳のタンパク質（カゼイン）によっても固まるという特徴は、このタイプに由来しています。
イオタ型は、粘りや弾力があり、ジャムのようにやわらかく固まりますが、多くの量を必要とするので、それ単体で固めるような使い方はせず、少量用いて離水をふせいだりするのに使われます。
ラムダ型は水に溶かすと粘りは出ますが、カッパ型やイオタ型のようには固まらないのでゼリーには向きません。ラムダ型は保水性が高いので、主にアイスクリームなどの増粘剤に使用されています。

Q ジャムを作るときに加えるペクチンとは何ですか？

A ペクチンとは果物に含まれている成分で、ジャムのとろみを生みだします。

果物は多くの細胞から成っていますが、それらの細胞同士をつなぐ接着剤のような役割をしているのが、ペクチンです。

ジャムがどろっとしているのは、煮るとペクチンが溶け出すからです。そして、果物を大量の砂糖と強い酸とともに加熱した場合に、溶け出したペクチンがどろっと固まります。

そのため、固まる度合いと保存性を考慮して、十分な量の砂糖を加えることが必要で、果物に酸味が足りない場合は、レモン汁や粉末のクエン酸などを加えて補います（→255〜257頁）。一般に、ジャムのゲル化には、ペクチンが1％以上、できあがりの糖度が55〜65％、pH2.9〜3.4になるくらいの酸が必要です。

ペクチンは果物の種類によって、含まれている量が違い、カシス、オレンジには比較的多いですが、イチゴには少ないので、固まり方が足りない場合には粉末のペクチンを加えて調整します。

また、果物が熟しすぎるとペクチンが分解されて固まりにくくなります。

そのため、ジャムを作る際には、果物の種類、熟している度合い、酸味、甘みなどによって、配合上、砂糖、レモン汁やクエン酸、粉末ペクチンを加える量が決まりますし、甘みや酸味を控えた場合は、粉末ペクチンやその他の凝固剤や増粘剤などを用いてジャムをかたくする必要も生じます。

なお、粉末のペクチンにはHMペクチン（高メトキシルペクチン）とLMペクチン（低メトキシルペクチン）があり、用途が違います。

HMペクチンは、果物のペクチンの場合と同様に、固まるのに大量の砂糖と強い酸を必要とするので、甘みや酸味の強いジャムを作る場合に向いています。

LMペクチンは、大量の砂糖や酸を必要とせず、カルシウムやマグネシウムなどのミネラルによって固まるのが特徴です。そのために、糖度の低いジャムや甘みや酸味を抑えたデザート類に用います。またいったん攪拌しても、もとのようにどろっと固まる性質があるのでナパージュ（→18頁）にも使われています。

果物のペクチン含有量の比較　表49

	ペクチン含有量（100g当たり）
カシス	0.6〜1.7g
プラム（黄）	0.9〜1.6g
オレンジ	0.7〜1.5g
リンゴ	0.4〜1.3g
イチジク	0.35〜1.15g
ラズベリー	0.3〜0.9g
アンズ	0.4〜0.8g
イチゴ	0.3〜0.8g
サクランボ	0.1〜0.7g

資料提供：ユニペクチン社

香料　Q&A

Q バニラビーンズには、ブルボン系とタヒチ系の2種類がありますが、何が違うのですか?

A それぞれ生産地が違い、香りにも特徴があります。

バニラはラン科の植物の一種で、長さ15～30cmくらいのインゲン豆のような緑の実をつけます。バニラが持つ特有の酵素による発酵（キュアリング）と乾燥を経て作られ、黒くて細い姿になります。バニラの芳しい香りのもとは、発酵によって生じるバニリンという物質です。

バニラビーンズにはブルボン系とタヒチ系の2種類があります。

ブルボン系バニラ（バニラ・プラニフォリア種 Vanilla Planifolia）は、マダガスカル島、レユニオン島が産地として有名で、レユニオン島が昔ブルボン島と言われていたことから、この名があります。

バニラの生産量のほとんどをブルボン系バニラで占めているので、私たちがバニラからイメージする香りはこちらかもしれません。甘くおだやかな、マイルドな香りが特徴で、その香りは主にバニリンによるものです。

タヒチ系バニラ（バニラ・タヒテンシス種 Vanilla Tahitensis）は、タヒチ島が産地で、バニラ全体の生産量の数%です。甘く華やかで、個性的な強い香りが印象的です。タヒチ系バニラには、バニリンのほか、アニスの風味であるアニシック系のアロマ成分が多く含まれ、中でもヘリオトロピン（ピペロナール）という芳香成分が特徴的な香りを放っていると言われています。外観は、ブルボン系バニラよりも、太く、つやがあり、両者は容易に見分けられます。

Q バニラエッセンスとバニラオイルは、どうやって使い分けたらいいでしょうか?

A バニラエッセンスは加熱で香りがとんでしまうので、加熱しない菓子の香りづけに、バニラオイルは焼き菓子などに使用します。

バニラビーンズの香りを抽出した香料がバニラエッセンスとバニラオイルです。バニリンは化学的に合成することも可能で、このような合成香料は、天然香料よりも安い価格で出回っています。

高価なバニラビーンズよりも、エッセンスやオイルが使われることも多いようですが、やはりバニラビーンズの香りに勝るものはありません。

バニラエッセンスは加熱すると香りが揮発しやすいので、アイスクリームやクリーム類の香りづけに使われますが、加熱の工程があれば、その粗熱がとれてから加えるようにします。

一方、バニラオイルは油になじみやすく、オーブンの高温加熱でも香りが揮発しにくいので、バターなどの油脂を使った焼き菓子に適しており、焼きあがったあとも香りが残ります。

Q バニラビーンズはどうやって使ったらいいですか？

A さやを縦に裂いて、種子を取り出して使うのが一般的です。

バニラビーンズの甘い香りを生かすには、ペティナイフで縦に切り込みを入れて開き、中の種子をナイフでこそげ取って使います。香りが強い種子だけを使う場合もありますが、さやにも十分に香りがあります。

カスタードクリームのように、牛乳などの液体に入れて火にかけながら香りを移すようなときは、さやを一緒に入れて香りをプラスし、途中でさやだけ取り出す場合もあります。

種子を入れずにバニラの香りをつけたい場合は、さやを裂かずに液状の材料に入れて、おだやかな香りをつけることもできます。また種子を使って残ったさやを、砂糖が入っている容器に入れておくと、バニラの香りがほのかに移ったバニラシュガーができます。

このほかに残ったさやを乾燥させてから、フードプロセッサーやグラインダーなどで粉砕して茶漉しでふるい、グラニュー糖と混ぜると、バニラのさやが混じった、少し香りの強いバニラシュガーができます。これは一度液体で煮出したバニラのさやでも、きれいに洗って乾燥させれば、同じように使うことができます。カスタードクリームやアングレーズソースなどのクリーム、クッキーやタルト生地で使う砂糖として利用するといいでしょう。

着色料　Q&A

Q 着色料には天然と合成があるようですが違いを教えてください。

A 天然のものは動植物からとった色素が原料で、合成のものは石油製品から化学合成されています。

着色料は、食品本来の色を長期間維持することが難しいため、加工段階で着色して色調を調整する目的で使われてきました。また、食品によって着色が認められていないものがあるので、使用に当たっては注意が必要です。

着色料は食品添加物として認められている食用色素を使用します。海外から輸入された色素で、海外では食品への使用が認められているものの、日本では認められていないため、手芸用として売られているものもありますが、これらはあくまで工芸菓子（シュガーアート、あめ細工など食べる目的ではないもの）などのために使用するものであり、食品に添加してはいけません。

大きく分けて、着色料には天然色素と合成色素があり、粉末、ペースト、液体状で商品化されています。

天然色素は、赤色なら赤キャベツやシソ、黄色はベニバナやクチナシといった天然の動植物から抽出した色素で、数多くあります。水で抽出したものもあれば、エチルアルコールやプロピレングリコール、アセトンなどの化学物質を用いて抽出したものもあります。

合成色素はタール色素とも言われます。当初、コールタールを原料に用いたのがその名の由来ですが、今は石油製品を原料に化学合成しています。赤色○号、黄色○号という表示がされていて、現在12種類が認められています。

お菓子作りにおいては、天然色素、合成色素とも赤、黄、緑、青色が主に使われています。絵の具のように2色以上の色素を混ぜ合わせることによって、好みの色を作ることもできます。

Q 粉末状の色素は、直接ふり入れたら色がつけられるのですか？

A 粉末の場合は、水やアルコールに溶いてから使います。着色するものによって、溶き具合を調節します。

食用色素は、液体に溶いた状態で、着色したいものに混ぜていきます。粉末状の色素の場合は、主に水で溶いて使います。アルコールなどで溶く場合もありますが、色素によっては変色するものもあるので、少量で試してから使ってください。

そして、何に混ぜるのかによって、その溶き具合を調節します。

マジパンなどに加える場合は、やわらかくなり過ぎないように、ごく少量の水で溶いてペースト状にして加えます。アイシングを着色するときにも、やわらかくなり過ぎないように気をつけます。

メレンゲや液体のものに加える場合には、さっとなじみやすいかたさに溶いて使います。

Q ホワイトチョコレートのカラフルな色は、どのように着色しているのですか?

A チョコレート専用の油性の色素があります。

ホワイトチョコレートを着色したい場合は、専用の油性色素があります。

粉末状の色素は、カカオバターを加えて湯せんで溶かして使用します。あらかじめカカオバターに溶かした状態で売られている固形状のタイプは、湯せんで溶かしてから使います。また、その色素を油性の溶剤で練ってあるペースト状のタイプは、溶かしたチョコレートにそのまま加えて色づけできます。

索引

ア行

カ行

● サ行

● タ行

ナ行

●ハ行

マ行

ヤ行

ラ行

引用文献

◎グラフ12（199頁）…長尾精一（編）：小麦の科学、朝倉書店、1995、88頁

◎グラフ13（218頁）…佐藤泰（編著）：食卵の科学と利用、地球社、1980、180頁

◎グラフ15（245頁）…長尾精一（編）：小麦の科学、朝倉書店、1995、88頁

◎グラフ16（246頁）…山崎清子、島田キミエ（共著）：調理と理論（第二版）、同文書院、1983、117頁

◎顕微鏡写真（239頁）…長尾精一：調理科学22、1989、129頁

◎顕微鏡写真（243頁）…長尾精一：調理科学22、1989、261頁

◎表34（231頁）…山崎清子、島田キミエ（共著）：調理と理論（第二版）、同文書院、1983、292頁

◎表40（248頁）…高田明和、橋本仁、伊藤汎（監修）、社団法人糖業協会、精糖工業会：砂糖百科、2003、132・135・136頁(一部抜粋)

◎表41（261頁）…山崎清子、島田キミエ（共著）：調理と理論（第二版）、同文書院、1983、107頁

◎表42（261頁）…竹林やゑ子（著）：洋菓子材料の調理科学、柴田書店、1979年、38頁（一部抜粋）

◎表46顕微鏡写真（277頁）…野田正幸：Milk Science 48、1999、171頁

＊グラフおよび表番号、写真（本書収録頁）…編著者：引用文献、版元、発行年、引用該当頁の順。

参考文献

◎河田昌子（著）…お菓子「こつ」の科学、柴田書店、1987

◎島田淳子、下村道子（編）…植物性食品I、朝倉書店、1994

◎中村良（編）…卵の科学、朝倉書店、1998

◎山崎清子、島田キミエ（共著）…調理と理論（第二版）、同文書院、1983

◎蜂屋巌（著）…チョコレートの科学、講談社、1992

◎伊藤肇躬（著）…乳製品製造学、光琳、2004

◎社団法人菓子総合技術センター（編）…洋菓子製造の基礎と実際、光琳、1991

＊編著者…参考文献、版元、発行年の順。

資料提供・協力（順不同）

◎キユーピー株式会社研究所

◎日本ミルクコミュニティ株式会社

◎オリエンタル酵母工業株式会社

◎大東カカオ株式会社

◎ヴァローナジャポン株式会社

著者紹介

中山弘典(なかやま・ひろのり)…写真中央

1953年生まれ。辻調理師専門学校卒業。同校の製菓・製パン研究室に入職。東京・銀座のレストラン「ベル・フランス」での勤務を経て、辻製菓専門学校、辻調グループフランス校、辻製菓技術研究所で学生の指導にあたる。フランス「ベルナション」、ドイツ「カフェ・コッハス」などで研修。著書に『基礎から学ぶフランス菓子』(柴田書店)がある。現在、辻製菓専門学校技術顧問。調理科学の大切さとともに、お菓子作りにかける愛情を伝える。

木村万紀子(きむら・まきこ)

奈良女子大学家政学部食物学科を1997年に卒業後、辻調理師専門学校を卒業。辻調グループ・辻静雄料理教育研究所での勤務を経て、独立。現在は同校で講師を務めるかたわら、調理科学分野の執筆などを行う。共著に『西洋料理のコツ』(学研)がある。経験によって培われてきた製菓や調理の現場の技術の理解を深めるために、調理科学による考察が役に立てばという想いから、両者の架け橋となるような活動をしている。

◎辻製菓専門学校・菓子製作スタッフ

…集合写真左から(中央は中山先生)

當麻　功(とうま・いさお)
今村典子(いまむら・みちこ)
湯川浩延(ゆかわ・ひろのぶ)
荒木章夫(あらき・あきお)
瀬戸山知恵美(せとやま・ちえみ)
厚東宣洋(ことう・のぶひろ)

科学でわかる お菓子の「なぜ?」

基本の生地と材料のQ&A231

初版発行	2009年 3 月10日
13版発行	2019年 9 月10日
監修	辻製菓専門学校
著者	中山弘典（©辻料理教育研究所）
	木村万紀子©
発行者	丸山兼一
発行所	株式会社柴田書店
	東京都文京区湯島3-26-9 イヤサカビル 〒113-8477
	［営業部］ 03-5816-8282（注文・問合せ）
	［書籍編集部］ 03-5816-8260
	［URL］ http://www.shibatashoten.co.jp
印刷所	日本写真印刷コミュニケーションズ株式会社
製本所	株式会社常川製本
	ISBN978-4-388-25116-2